爱运动 会健体 懂自律

崔建 编著

——小学体育教学实践与研究

吉林大学出版社

·长春·

图书在版编目（CIP）数据

爱运动　会健体　懂自律：小学体育教学实践与研究 / 崔建编著. -- 长春：吉林大学出版社，2023.5
（聚焦核心素养涵养关键能力系列丛书 / 李庆元主编）

ISBN 978-7-5768-1775-1

Ⅰ.①爱… Ⅱ.①崔… Ⅲ.①体育课 – 教学研究 – 小学 Ⅳ.①G623.82

中国国家版本馆CIP数据核字(2023)第102968号

书　　名：爱运动 会健体 懂自律——小学体育教学实践与研究
AI YUNDONG HUI JIANTI DONG ZILÜ——XIAOXUE TIYU JIAOXUE SHIJIAN YU YANJIU

作　者：崔　建
策划编辑：张维波
责任编辑：周春梅
责任校对：张　驰
装帧设计：刘　瑜
出版发行：吉林大学出版社
社　　址：长春市人民大街4059号
邮政编码：130021
发行电话：0431-89580028/29/21
网　　址：http://www.jlup.com.cn
电子邮箱：jldxcbs@sina.com
印　　刷：长春市伟艺印务有限公司
开　　本：787mm×1092mm　　1/16
印　　张：17.25
字　　数：270千字
版　　次：2023年5月　第1版
印　　次：2023年5月　第1次
书　　号：ISBN 978-7-5768-1775-1
定　　价：58.00元

聚焦核心素养 涵养关键能力系列丛书
编委会

主　编：李庆元

《爱运动　会健体　懂自律》

——小学体育教学实践与研究

编　著：崔　建

著　者：（按姓氏拼音音序排序）

车永军	崔　凯	豆亚涛	冯　辉	方同轩	顾言玲
金瑞昌	李小刚	李　杨	李云飞	李　泽	刘　博
刘　晨	刘飞飞	刘　路	卢　超	吕　伟	彭　刚
宋诗宇	温树义	吴雨潇	肖　瑶	谢　飞	于贺凡
张　帆	张慧萍	张　强	张相明	张　尧	郑翔丞
郑学力	郑艳琴	周欣欣			

序

学校体育是实现立德树人根本任务、提升学生综合素质的基础性工程，是加快推进教育现代化、建设教育强国和体育强国的重要工作，对于弘扬社会主义核心价值观，培养学生的爱国主义、集体主义、社会主义精神和奋发向上、顽强拼搏的意志品质，实现在体育运动中享受乐趣、增强体质、健全人格、锤炼意志具有重要作用。

2021年12月，北京市教育委员会发布了《北京市义务教育体育与健康考核评价方案》，标志着北京市的学校体育工作改革创新进入了新阶段，从"双减"政策中的体育课后服务开始，落实每天一节体育课，提高体育教学质量，实现立德树人的根本任务，更好地推进"五育并举"，推动"三全育人"，真正做到"培养社会主义事业的合格建设者和可靠接班人"。

体育与健康教育是实现学生全面发展的重要途径，对促进学生积极参与体育运动、养成健康生活方式、健全人格品质，提升国民综合素质，推动社会文明进步，实现中华民族伟大复兴具有重要的现实和长远意义。一所学校的体育发展，并不仅是发展某些运动项目、教学方式的改革，更不是监督学生进行体育锻炼、获取分数的手段，而是理应成为推动健康中国、体育强国建设的支撑与方法，以体育心、育人、育德，促进学生德、智、体、美、劳五育并举、全面发展。

西城区师范学校附属小学坚持落实"健康第一"的育人理念，始终坚持将学校体育作为重要的基础和改革目标，也坚持提升学校体育教师的专业发展能力，实践"点滴积累，使每一天都有意义"的核心理念，在落实"双减"政策、《北京市义务教育体育与健康考核评价方案》、《义务教育体育与健康课程标准》（2022年版）等工作中，挖掘和探索出"爱运动，会健

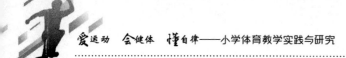

体，懂自律"的学校体育学科教学特色，让每一名学生"爱运动，会健体，懂自律"。西城区师范学校附属小学在这条促进学生全面发展和健康成长的必经之路上，基于高质量的教育体系，向着首都基础教育的根本目标前进！

王攀

北京市西城区委教委主任

目　录
C O N T E N T S

第一篇
爱运动

第二篇
会健体

第三篇
懂自律

第一篇
爱运动

引言——生命因运动而精彩

　　运动是随着人类社会的发展而逐渐形成和发展起来的。根据史学家和考古学家的研究，早在原始时代，人类就把走、跑、跳跃、投掷、攀登、爬越等作为最基本的生产劳动和日常生活的技能与本领传授给下一代。这是人类教学的萌芽，也是体育运动的萌芽。体育运动的发展与教育、军事、科学技术的发展，以及人们的宗教活动、休闲娱乐活动有密切的关系。

　　随着社会文明的发展，国家也对体育运动提出了更高的要求。体强劲而武风振，武风振而国力强。24岁的毛泽东曾经在《新青年》上发表了一篇文章，题为《体育之研究》。文章中"国力苶弱，武风不振，民族之体质日趋轻细，此甚可忧之现象也"和"体育于吾人实占第一之位置，体强壮而后学问道德之进修勇而收效远"这两句令世人深有感触。习近平总书记也多次强调，体育是促进人的全面发展的重要手段。在2018年的全国教育大会上，习近平总书记指出，"要树立健康第一的教育理念，开齐开足体育课帮助学生在体育锻炼中享受乐趣、增强体质、健全人格、锤炼意志"。钟南山院士从小就喜欢运动，足球、篮球、跑步都有涉猎。在北京大学医学部读书期间，钟南山也从未放弃过运动，参加学校的运动会曾创下几项纪录，至今无人能破。钟南山院士热爱运动、酷爱体育锻炼，使得自己有了强健的体魄，拥有了健康的身心，精力充沛的他为祖国做出了贡献，成为中国杰出的医生和院士。

　　古时十年寒窗、埋头只读书的书生，大多数手无缚鸡之力，缺乏运动的才子，能在书堆里体验到来自生命本能的喜悦吗？所以我们不仅要运动，还要热爱运动。

　　西城区师范学校附属小学（以下简称西师附小）高度重视体育与健康学

科的育人功能，将"健康第一"作为学校育人目标之首。在学校体育活动中积极创新，开展了一系列的体育学科研究，形成了系统的学校体育文化。在李庆元校长的指导下，严格落实每天锻炼一小时，使运动陪伴下的每一天都有意义。"让健身成为习惯，让文明成为习惯，让学习成为习惯"，这是我校培养孩子行为习惯的重要策略。要想更有效地培养学生的体育核心素养，坚持以人为本，进一步激发学生的主观能动性，不仅要培养学生的体育兴趣，更要引导学生加强体育锻炼，在培养学生健康行为、健康知识、运动习惯、运动能力、体育品格、体育情感等诸多方面取得突破。

运动，是身体的语言，是生命的呐喊。我们相信，活的生命，每一个细胞都在等待，等待被激活；每一份能量都在等待，等待被释放。那些潜藏的没有被激发的能量就会被默默代谢掉，而它们也是生命的一部分，悄悄逝去没有人为它们唱挽歌，这将是生命旅途中的缺失和遗憾。参与运动，给它们一个机会，也给自己一个机会，只要运动，就会使人难以忘怀。运动，可以增强体质；运动，可以放飞心情；运动，可以缓释压力。运动，是挑战自己的开始；运动，是超越极限的体验。生命不息，运动不止，生命因运动而精彩！

一、运动能够促进身体健康

（一）运动能够增强体质

科学有效的体育运动能够促进肌肉和骨骼的生长发育，帮助学生控制体重、保持身材。科学规律的运动可以促进生长激素的分泌，促进身体各组织细胞数增加及骨骼的生长，使骨骼长度增加，从而促进身高增长；还可以增加肌肉的供血能力，促进肌肉的新陈代谢，使肌纤维变粗变长，体积和弹性增加，代谢能力增强，使得日常能量消耗增加。有氧运动需要燃烧脂肪来提供能量，帮助我们减掉多余的脂肪，科学规律的运动能塑形美体，使身体拥有匀称和美观的姿态，把人体的整体形态塑造成想要的健康比例。

运动能够提高身体机能，改善身体八大系统的工作能力。运动能使人体器官的各项机能保持在最佳的状态，有很好的抵抗疾病、提高免疫力的作用。科学合理的体育运动，能够使人的神经系统与相应的肌肉建立神经联系，并通过反复的练习刺激形成神经通路，提高神经系统支配肢体肌肉的能力，强化呼吸循环系统运送氧气、二氧化碳和血液进行交换的能力，最终通过机体运动，使各系统功能稳定，并进一步促进各系统功能在现有水平上有所提升。

运动能够保障人体基本的走、跑、跳、投、攀爬、滚、翻、钻、悬垂、支撑、推拉等活动能力，科学合理的运动还能提高速度、力量、耐力、灵敏、柔韧和协调等素质。

（二）运动能够改造大脑

脑科学研究成果表明，科学、合理的体育运动不仅能够塑造良好的身体形态，提高儿童的身体机能和身体素质，还能影响和促进大脑的发育，从而保障儿童的身心健康发展，提高认知能力和学业成绩，使儿童更加聪明。

体育运动可以改善儿童的大脑。美国伊利诺伊大学厄巴纳—香槟分校的查多克等利用功能磁共振成像技术对55名10岁儿童的脑部结构进行扫描，研究后发现，体育运动能够提高儿童的有氧能力，从而促使大脑背侧纹状体逐渐增大并发生结构上的变化。

此外，研究表明，体育运动还可以改变儿童的脑功能。义务教育阶段是儿童神经系统生长发育的重要时期，可塑性很强，在这一时期增加相关的体育运动，对增强儿童注意力的稳定性具有很好的训练效果。儿童大脑的海马区也会因为体育运动的影响而发生积极的结构变化，从而使儿童的记忆能力增强。研究发现，短时间中等强度的有氧运动更有利于促进小学生执行功能的提高，小学生具有良好的执行功能，不仅可以帮助他们有效地计划、管理、实施多项任务，还能增强他们对社会环境的适应能力，约束自身的行为，遵守社会规范，促进学业进步。[①]

二、运动能够改善心理健康

体育运动不仅能强健学生体魄，而且对学生的心理健康也会产生积极影响。体育锻炼不仅能够提高学生的自尊心和自信心，提高学生的人际交往能力，还能够提高学生的环境适应能力，促进学生的心理健康。

（一）自己与自己、他人、社会、自然的对话

1.自己与自己的对话

---

① 刘文利，赖珍珍.体育运动如何促进儿童大脑发育［J］.人民教育，2015（05）：61-64.

人在实际生活中要不断面对与自己、他人、社会、自然的关系，其中人在处理与自己的关系时往往是最难的。在体育运动中，人与自己的关系可分成三个时间段，即人与过去的自己、人与现在的自己、人与未来的自己。这三种关系层层递进，在体育运动的每个阶段，我们无时无刻不与过去的自己进行对比，要时刻警醒现在的自己，努力刻苦奔向未来的自己。

2.自己与他人的对话

（1）语言沟通有助于学生人际交往能力的提升

在体育锻炼中，学生可以结合自身兴趣选择活动内容，活动的组织形式自由、灵活、不拘一格，在这一过程中，学生能够充分发挥自主性，通过非语言交流表达自己。在日常的体育课教学和一些体育比赛中，学生与老师、与其他同学的语言沟通，提高了学生的语言表达能力，缩短了学生与老师、与同学间的距离，加深了彼此间的了解，使师生关系、同学关系更加融合、协调，无形中提升了人际交往能力。

（2）通过体育器材的使用，加深学生间的沟通

在体育锻炼中，尤其是在体育课或体育比赛中，学生往往要使用一些体育器材来完成体育练习或比赛。在使用器材的时候，学生通过练习时自身的体验，可能会把一些好的方法传递给某个同学或本小组成员，这样能够更好地促进比赛的顺利进行并且取得最终的胜利。器材的合理使用，成为学生间沟通的纽带，原先很少沟通的学生，可能因为一项运动、一个小小的器材，而加深了彼此的了解，使自己与他人之间的关系更加密切，同时增强了个体主观的幸福感。所以说体育器材的使用是学生间沟通的桥梁。随着多种体育器材的使用，学生间的沟通也就多了起来，逐步提高了学生间的交往能力。

3.自己与社会的对话

（1）社会适应

社会适应是指个体为了适应社会生活环境而调整自己的行为习惯或态度的过程。在当今社会，我们每一个人都是其中的一个个体，但是随着社会竞争的日趋激烈，我们每个人都要去调整自己的情感，让自己去适应社会的发展，这样才能够在社会上更好地生存，否则就有可能为社会所淘汰。

（2）体育锻炼能够促进社会适应能力的发展

经常参加体育锻炼对学生社会适应能力的发展具有独特的作用。即通过学生在学校参加的体育活动，以集体项目为例，如耐久跑练习，在教学中通过学生自主领跑的方法，让每名学生都可以当领跑员，这样做既培养了学生的创新精神，又培养了学生吃苦耐劳、坚韧不拔的良好品质。在进行体育比赛时，赢的同学要做到胜不骄，不因为本队取得胜利就嘲笑别人；而失败的同学也不要气馁，不要因为失败就垂头丧气，丧失信心，要做到败不馁。总之，不论输赢，学生在心理上要有一定的承受能力，既能接受成功，也能接受失败。这样的锻炼，对学生坚强意志的形成起到了很好的促进作用，为学生形成健全的人格、良好的品德奠定了基础，这和学校的教学理念也是相辅相成的。

4.自己与自然的对话

人与自然之间的对话其实就是学生在运动时与天气因素、外界环境之间的对话。作为学生来说，在户外进行体育锻炼时，首先要考虑天气因素。如果学生选择的是户外运动项目，如篮球、足球、田径等，这些项目对天气具有一定的要求，如天气要保持晴朗或阴天，这样我们就可以通过户外运动，达到锻炼身体的目的；如果出现下雨、下雪，或者存在雾霾等天气状况，就不适合在户外进行这些运动了，所以说天气因素对我们进行户外运动起着十分关键的作用。在日常教学中，通过老师课上对学生的引导和学生自己对天气的判断，逐步让学生养成坚持锻炼的良好习惯，可以让学生根据天气情况选择适合自己的体育运动，如果外面下雨了，就选择室内的一些体育活动；如果天气特别好，就尽量选择一些户外的体育活动，使学生在呼吸室外新鲜空气的同时，身体也得到了锻炼，从而促进学生的身体健康，这和我们学校"健康第一"的教育理念是相吻合的。

除此之外，运动环境也对户外运动起着很重要的作用。学生在进行户外运动时，都需要有一个适合运动的场地，如篮球运动最好在篮球场进行，因为在那里有标准的场地和标准的篮架和篮筐；如果要进行田径的训练，就得拥有标准的田径场和一定米数的跑道；如果进行乒乓球的练习，就要有标准的乒乓球台和球网等。正是由于这些场地的存在，以及学校领导对体育工作的大力支持，所以我们的学生才得以在这些专业的场地里进行上课和训练。

这些举措为学生进行专业的体育锻炼提供了场地支持，也为学生更好地进行专业化学习奠定了基础，从而使学生能够通过自己喜爱的运动，达到强身健体的目的。

综上所述，体育锻炼可以提高学生的人际交往能力，改善学生间、师生间的关系，提高学生自己对自己的认识和对环境的适应能力，起到了很好的促进作用，这将为学生今后更好地去适应社会、培养能力奠定基础。

（二）学会调控情绪、提高自控力

体育运动一方面可使注意力集中到活动中去，转移和减轻原来的精神压力和消极情绪；另一方面还可以加速血液循环，加深肺部呼吸，使紧张的情绪得到舒缓。

在参加体育运动时，随着身体的发热、血液循环的加快、血管的扩张、神经紧张、脑力疲乏、情绪紊乱等负面情绪将得到积极的调节。同时在完成复杂练习的过程中，与周围同伴的默契配合或拼搏，会使人产生一种美妙的"快乐"，这种"快乐"会使参加者产生自尊、自信、自豪的情感，从而消除忧虑，舒畅心境。体育运动还能使身体产生"内腓肽"，这种激素能愉悦神经，调节心理，让人感觉到高兴和满足。在体育教学中，各种形式的体育练习可以消除学生的负面情绪，同时与同伴进行合作练习与比赛可以使学生产生高兴愉悦的正面情绪，提高学生对自我情绪的控制能力。在课上给学生树立良好的课堂常规以及开展丰富多彩的体育活动可以使学生养成良好的行为习惯，提高学生的专注度与自控能力。体育运动对于学生在学校的学习有着十分重要的作用。

（三）自信是一种力量

自信是对自身能力的信任程度，是学习生活的重要心理动力。自信就是相信自己，自信就是力量，因为有了自信，才会勇敢地面对挫折和困难；有了自信才会扬长避短，从胜利走向胜利。体育运动有助于增强学生的自信心，能够体现人类挑战自我、挑战自然的精神。在体育运动中克服各种困难和障碍并获得成功，有助于增强学生的自信。经常参加体育运动能够提高学生的体能，使学生更健壮，进而增强自信。一个非常有自信心的学生，一定会积极投身于体育锻炼中去。

体育活动多种多样，要让学生有明确的锻炼目标，看到自己长处的同时与同伴积极配合，努力展现自我。在课堂上要经常鼓励学生肯定自己，要经常对自己说"我可以""我行""我一定能成功"等等这些。要让学生选择自己最容易达到目标去努力，有了成功的开始，再去进行下一个目标，从而不断增强自信。在体育活动中要让同学们相互鼓励，这样有助于学生发展自尊、自信。

（四）提高环境适应能力

1.生活方面

在我们的生活中，环境一直在变化，我们也在不断地适应着环境，这一点从我们出生就已经开始了。

个体成长的过程就是一个不断适应新环境的过程，在此过程中，适应的关键是内部心理活动的自我调节。教师可以采取心理辅导与咨询的方式，帮助适应不良的学生提高适应水平。[①]根据对心理适应内部机制的分析，笔者提出以下几项增强心理适应能力的建议：

（1）要有较强的分析问题和做出正确判断的能力，面临新环境的变化，要能够尽快了解新的要求，明确新的努力方向。

（2）对自己要有一个全面、客观的评价，了解自己不适应的表现和存在的差距，同时也要看到自己的潜力，在此基础上形成积极的自我观念，做到自尊、自爱，对自己始终充满自信。

（3）要训练自己坚韧、顽强、果断的精神和较强的自制力、竞争意识和好胜心，还要有对人对事宽容的态度与豁达的胸怀。

（4）要增强自我监控的意识和自我调节的能力。实践证明，通过系统的心理辅导与训练，可以帮助学生在心理适应能力的发展上取得明显的进步。

（二）学习方面

为了促进体育教学中学生学习环境适应能力的提高，可以着手从情感、激励、榜样等方面来进行实践。

1.情感

---

① 夏青.特色体育及阳光体育研究 [M].北京：北京体育大学出版社，2012：601.

教师情感是学生学习环境适应能力培养的基础。师生关系如何直接影响着学生学习环境的适应能力。教师要尊重学生，设法帮助一些特殊孩子树立自信心，发挥他们的潜能，为学生学习环境的适应创造条件。

教师要重视"首因效应"，营造良好的环境氛围。人与人在第一次交往的过程中，给人留下的印象会在对方的头脑中占据主导地位，这种效应就是首因效应。教师要恰当地把握好与学生相关的每一个"第一次"，如第一次见面、第一次上课、第一次谈心等，让学生对教师有好的印象，良好的师生关系为营造良好的环境氛围奠定了基础。

2.激励

激励是学生学习环境适应能力培养的催化剂。从心理角度来讲，每一个人都渴望得到别人的肯定与认可，在教学过程中，教师要努力去激发学生的学习兴趣，每当一个学生顺利完成了一个教学动作，教师要不失时机地夸赞学生，让学生在激励中感受到自己的进步，感受到老师对他们的关注。激励是提高学生学习环境适应能力的一个有力措施。

3.榜样

榜样是促进学生学习环境适应能力提高的动力。教师首先应该以身作则，无论在学识还是道德品质上都应该成为学生的典范，面对自卑心重的学生，教师如果尊重他们、善待他们、鼓励他们，他们也会用相应的方式来反馈。我们做好每一个动作的示范，那么他们也会认真练习。教师所做的一点一滴学生都看在眼里，记在心里，在潜移默化中，他们会因为教师的态度和行为而改变他们自己。教师以身作则就是最好的榜样、最好的示范。

三、运动能够提升人际交往能力

体育作为一种特殊的社会文化活动，具有很多的功能。强身健体，在生活中实现完美的健康状态，是体育最原始的功能，也是体育运动生生不息的源泉。体育派生的功能则是体育与文化、经济、教育等领域的融合，是社会发展的新需要，也使体育的功能更加完善。

对于个人而言，通过积极的身体参与、激烈的对抗竞争、频繁的互动配合以及各种形式的群体活动，能够培养更健全的人格。对于社会而言，体育运动给社会生活注入了活力，协调了人际关系，使社会发展更加和谐。[1]这种社会化效果，是体育运动的精髓所在。[2]

人际交往是人们社会生活的重要内容之一，人的自我发展、心理调适、信息沟通、不同需求的满足、人际协调等都离不开人际交往。体育运动既是人们保持健康的一种方式，也是与他人交流、建立联系的手段。一方面，当人情绪消极或压力过大时，会产生疲劳感，而中等强度的运动会让这种疲劳感得到缓解，进而减缓或消除焦虑和抑郁等心理状况，而且运动中良好的人际交往，能够转移和释放压力，减轻负面情绪的积压；另一方面，爱好运动的人对自己的身体、思想和情感会有更清晰的自我认知，喜欢什么，不喜欢什么，也都能更积极地表现出来，对得失既不反应过度，也不会麻木无感，能够增进友谊，改善人际关系。

运动能够在运动者本人与他人（器材/场地/自然）之间架起一座桥梁，这座桥梁既能让参与运动的人们为了同一个目标团结合作，互利共赢，也能使运动者与对手达成一种排除一切困难，公平竞争，努力获胜的契约。运动中容易与同伴、对手、周围的观众建立亲密的关系，尽管这种亲密的关系有时是短暂的，但留给参与者的感受却是持久的、回味无穷的。

我校的培养目标中提到，坚持"健康第一"的教育理念，培养学生"终身体育"的意识，开启国际视野，促进学生全面发展。体育需要身体参与其中，这有别于平常的教育，更加直接地让学生进行实践，而不是单纯的说教，因此更容易被接受。西师附小的体育老师们很清楚体育与人际交往关系密切，这种关系对培养学生的个体健康、群体适应具有重要的作用。因此，老师们采用"理解、引导、陪伴"的育人方式，在体育教学中教授学生知识和技能的同时，关注学生的心理状态，在游戏、比赛、运动会等各项体育活动中，注意发挥群体活动竞争与合作的作用，引导学生多进行人与人之间的互动、沟通、配合和协调，学习和了解沟通交往的技巧，增强解决问题的能力，提升学生的品质修养和群体适应性，为将来适应社会做准备。同时，我

[1]　新华社. 习近平会见第31届奥运会中国体育代表团［N］.人民日报，2016-08-26（1）.

[2]　苏阳. 习近平"以人民为中心""大体育观"的内涵研究［J］.南京体育学院学报，2020，19（12）：30-33.

们在体育教学中还注意正确地引导学生热爱体育运动，培养兴趣爱好，通过长期的运动塑造良好的个人形象，鼓励学生结交志同道合的朋友，从而实现情感的合理倾诉与表达，锻炼和提高学生的人际交往能力。

四、以学校体育文化为引领，激发学生的运动兴趣

学校体育文化是学校体育发展的动力，我校体育组在李庆元校长的引领和支持下，不断完善体育软件、硬件设施，配齐配强体育教师队伍，结合学校每学年的教育主题和体育实践教学开展体育科学研究，努力为学生创设积极向上的学校体育文化。

（一）丰富的体育校园文化

我校体育文化物质建设有坚实的物质支撑，并且能够有效地利用设施。学校的体育场馆（篮球馆、乒乓球馆、形体教室等）和体育器材建设配套以及服务能够基本满足师生的需求，赋予校园物质环境充分的教育元素，为校园物质环境注入学校独特的精神内涵，应充分发掘、利用、拓展、延伸其教育价值，让校园的物质环境会说话。例如，操场上的体育文化宣传。利用网络、电视等传媒宣传体育，建设体育橱窗，举办体育图片展，购置体育图书等也是建设现代化校园体育物质文化的重要举措。

通过宣传树立榜样作用，激发学生参与体育锻炼的兴趣。在日常生活中，通过身边小伙伴或家长的榜样作用，以及电视、网络媒体上体育人物积极参与体育锻炼的影响，激发学生参与体育锻炼的兴趣和热情，使其慢慢参与其中，逐步养成坚持练习、刻苦锻炼的良好品质。

（二）愉快的课堂体育氛围

营造良好的学校体育氛围，并积极进行体育课程资源建设，在课堂体育教学中提升体育学习内容与设计形式的新鲜感，增强外界情境刺激的新颖性，激发学生对于体育学习内容的参与意愿。

在学校使每一天都有意义的核心理念和"健康第一"的教育理念的指导下，教学分层次，抓特色，努力探索教育教学经验，坚持德、智、体全面发展的正确方向，深入研究与时代相适应的教育、教学方法与策略，贯彻《学校体育工作条例》，落实"健康第一"的学生培养目标和每天一小时体育活动。

以常态教研活动为抓手，推进以"析（分析）—说（说教学意图、教学设计、教学目标）—上（上课）—评（评课）为基本流程的教学研究活动模式（即APDA教研活动模式），创新教学管理方式和研究方式，提高教学研究质量，共同完成主讲课和研究课。继续推进教师自主管理课程的研究，推进学校"使教师站在教育、教学正中央"理念的落实。

在APDA研讨教学中，我们根据体育教师的专项特点进行分组，发挥个人优势，取长补短。组内教师既分工明确又多角色参与。他们积极参与校级研究课，不仅在自己的小组内认真准备，还会主动参与到其他小组当中进行研究、备课、交流、讨论、评课，让学生爱上运动、主动参与运动，呈现出一节智慧且生动的课堂。

此外，学校分年级设置了校本课程：一年级为形体课、二年级为游泳课、三年级为乒乓球课、四年级为垒球课、五年级为足球课、六年级为篮球课。这些校本课程提高了学生参与体育锻炼的积极性。

（三）多彩的课间操

我校把课间操建设纳入学校思想品德教育、素质教育、审美教育。还专门组成了核心带操组，有教师专门负责课间操的常规纪律以及规定的广播操，其他教师负责创编操，他们结合自身专业创出适合各个阶段学生的减脂操、搏击操、武术操等。体育组其他教师，也在做课间操时协助核心带操组的教师进行巡视，这样全员参与，严格要求，使学生能够充分享受课间操带来的体育锻炼和良好的常规培养。在校领导的支持和体育组老师的共同努力下，我校多次获得百所课间操优秀学校的光荣称号。

（四）多样的体育社团

为了促进校园体育文化的开展，进一步提高学生参与体育活动的积极性，学校根据教师的体育特长开设社团，鼓励学生根据个人兴趣爱好自愿报名。体育社团是学校的特色品牌之一，其中丰富多彩的社团活动深受学生喜爱。学生是因为体育项目"好玩"而被吸引加入社团的，虽然训练有时会比较辛苦，但学生的兴趣仍然很浓。通过社团的组织、练习、比赛等活动，让学生在运动中体验不同项目的特点，与同伴团结相处的同时，激发了学生运动的兴趣，在竞争的氛围中提高运动技能，进一步使学生爱上运动。同时在社团队员的影响和带领下，许多学生都在坚持锻炼，体育锻炼成为学校的一种潮流。

（五）精彩的运动竞赛

为了能够给学生提供更多的锻炼平台，只要市区举办各类运动会，学校都会积极踊跃地报名参加。学校在每学期都会进行体育教育月的活动，活动形式多样，比如体育知识竞赛、小型冬季运动会等。每两年都会举办一次规模较大的集团校运动会，我们会借助这些运动会，让孩子主动参与到体育锻炼中，并在亲子活动中建立起更温馨和谐的亲子关系。

五、家校共育、爱上运动

成功的教育是家校合作的结果，在学生的成长过程中，学校和家庭都起着非常重要的作用。所以，西师附小非常重视学校和家庭对学生的共同教育，努力营造家校共育的环境，鼓励家长陪伴孩子一起参加体育运动，这样既能激发孩子参与锻炼的积极性，同时也有助于家长和孩子交流感情，增进亲情，养成经常锻炼的好习惯。

学校通过定制学生个性化的假期体育作业，促使学生参与体育锻炼。每个假期学校都会布置学生自主锻炼计划表，让学生在家长的协助下完成自己的锻炼计划，促使学生养成爱运动的好习惯。家庭体育锻炼也是学生参与体育活动的重要方式之一，家长对学生参与体育运动的鼓励、督促是学生参与体育锻炼的保障。我们也在学校集团运动会中邀请家委会的成员与教师一起策划、利用开学典礼和升旗仪式的时间邀请家长代表进行主题演讲、邀请家长参与学生线上主题班会，部分家长还将自己的教育经验分享给老师们。

基于丰富有益的体育运动方案，学校在为学生提供丰富的体育运动资源的同时，也开展了多种形式的体育活动，从而提高了体育运动促进学生发展的针对性和实效性，通过学校和家庭的共同努力，让孩子成为更好的自己。

运动不仅可以增强体质、改善心理，还能培养学生团结协作的精神和顽强的意志品质。学校要让学生感受到运动带来的乐趣，使学生真正热爱运动，把运动作为一种生活方式，为学生的健康、幸福人生奠定基础，进而为社会主义建设贡献自己的力量。

第一章　研究背景与理论支撑

一、西师附小学生喜欢参与体育活动的调查与分析

（一）研究目的

为全面贯彻落实习近平总书记在全国教育大会上的重要讲话精神，落实中共中央办公厅、国务院办公厅《关于全面加强和改进新时代学校体育工作的意见》和体育总局、教育部《关于深化体教融合促进青少年健康发展的意见》，进一步深化体育教学改革，指导体育教师科学、规范、高质量地上好体育课，更好地帮助学生在体育锻炼中"享受乐趣、增强体质、健全人格、锤炼意志"[1]，西师附小开展了针对小学阶段三至六年级学生喜欢参与体育活动的调查研究。通过调查与分析，了解学生对体育活动的喜爱程度，发现学校体育教学方面的不足，探索新时代体育教学的新模式，让学生爱上体育运动，促进学生身心健康全面发展。[2]

（二）研究对象与方法

1.研究对象

西城区师范学校附属小学三至六年级的1960名学生。

2.研究方法

（1）问卷调查法

对西城区师范学校附属小学三至六年级的1960名学生进行问卷调查，发放问卷1960份，回收1960份，有效问卷1960份，有效率100%。

---

[1]　教育部办公厅关于印发《〈体育与健康〉教学改革指导纲要（试行）》的通知［A/OL］.（2021-06-30）［2022-06-23］.http://www.meo.gov.cn/srcsite/A17/meo_938/s3273/202107/t20210721_545885.html.

[2]　于素梅.从"双减"谈体育教育的价值走向与创新发展［J］.武汉体育学院学报，2022，56（01）：83-91.

（2）统计分析法

对1960份有效问卷进行统计分析，得出数据。

（3）调查访谈法

通过对西城区师范学校附属小学的1960名学生进行调查和访谈，得出信息资料。

（三）结果与分析

1.学生是否喜欢参与体育活动的调查结果与分析

通过对西城区师范学校附属小学三至六年级的1960名学生进行问卷调查，调查学生是否喜欢参加体育活动，得出结果如图1-1-1所示。

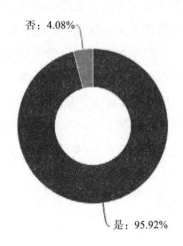

否：4.08%

是：95.92%

图1-1-1　学生是否喜欢参加体育活动调查结果

根据图1-1-1中的数据可知，我校三至六年级学生在"是否喜欢参加体育活动"一题中，有1880人喜欢参加体育活动，占总人数的95.92%；有80人不喜欢参加体育活动，占总人数的4.08%。

通过以上数据可以看出，在三至六年级学生中，喜欢参加体育活动的学生的占比非常大，说明通过校内的体育课、运动会、体育教育月、体育校本课程和体育社团等相关活动，可以使学生喜欢体育活动，并能够主动积极地参与到体育活动当中，从而爱上运动。

2.不同年级学生是否喜欢参加体育活动的人数所占比例的对比与分析

通过数据统计，将三至六年级学生喜欢和不喜欢参加体育活动的人数所占的比例进行对比，结果如图1-1-2、图1-1-3所示。

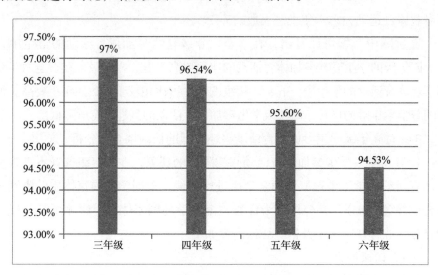

图1-1-2　三至六年级学生喜欢参加体育活动所占的比例

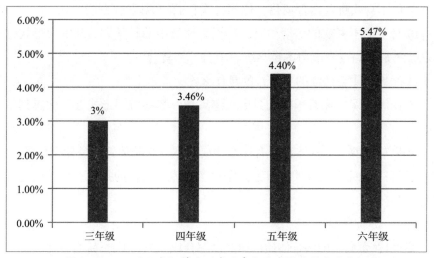

图1-1-3　三至六年级学生不喜欢参加体育活动所占的比例

根据图1-1-2和图1-1-3的数据可知，三年级有549人喜欢参加体育运动，占三年级总人数的97%；17人不喜欢体育运动，占三年级总人数的3%。四年级有418人喜欢参加体育运动，占四年级总人数的96.54%；15人不喜欢体育运动，占四年级总人数的3.46%。五年级有413人喜欢参加体育运动，占五年级总人数的95.6%；19人不喜欢参加体育运动，占五年级总人数的4.4%。六年级有201人喜欢参加体育运动，占六年级总人数的94.53%；29人不喜欢体育运动，占六年级总人数的5.47%。

通过图中数据可以看出，在三至六年级喜欢参加体育活动的学生中，三、四年级的学生喜欢参加体育活动的比例要高于五、六年级。在三至六年级不喜欢体育活动的学生中，五、六年级的学生占比相较于三、四年级要高。说明随着学生年龄的增长，高年级学生参加体育活动的兴趣会有所降低。

3.针对高年级学生参加体育活动兴趣降低的访谈调查与分析

针对高年级学生参加体育活动兴趣降低的现象，在六年级选择不喜欢参加体育活动的学生中选取了两名学生进行访谈。董同学的国家体质健康测试综合成绩为100分，综合评定为优秀。李同学的国家体质健康测试综合成绩为45分，综合评定为不及格。访谈内容如下。

（1）访谈提纲

①你喜欢体育运动吗？你喜欢哪些体育项目？你喜欢它们的原因有哪些？

②你不喜欢哪些体育项目？你不喜欢它们的原因有哪些？

③对于你不喜欢的运动项目，是因为课堂中的教学方式和练习形式你不喜欢，还是因为自身能力不足与练习项目不够契合？

④你参加体育活动的主要目的是什么？

⑤在体育课中你对哪些练习形式感兴趣？哪些练习形式会让你感到枯燥乏味？

⑥你对目前所上的体育课有什么建议？你喜欢的体育课是什么样子的？

⑦与三、四年级的时候相比，你对参加体育活动的兴趣有什么变化？原因是什么？

（2）访谈案例

案例1：董同学的国家体质健康测试综合成绩为100分，综合评定为优秀。

①你喜欢体育运动吗？你喜欢哪些体育项目？你喜欢它们的原因有哪些？

答：分运动项目，有的运动项目喜欢，有的运动项目不喜欢。我喜欢篮球，因为篮球是团队项目，可以团队合作，与同学一起练习。打篮球很有趣，可以在玩的过程中锻炼身体，同时也可以为以后的中考体育测试做准备。我喜欢羽毛球和乒乓球，因为羽毛球和乒乓球可以放松眼睛，锻炼手臂力量。我喜欢足球，因为足球可以提高跑步速度和身体的协调性。

②你不喜欢哪些体育项目？你不喜欢它们的原因有哪些？

答：我不喜欢跑步，尤其是中长跑。跑步会很累，身体不舒服，而且比较无聊。我不喜欢排球，因为垫球会手疼，而且排球没有同伴一起玩，没有意思。

③对于你不喜欢的运动项目，是因为课堂中的教学方式和练习形式你不喜欢，还是因为自身能力不足与练习项目不够契合？

答：会因为课堂中的练习方式影响对运动项目的喜欢程度，不喜欢跑步并不是因为自身能力不行，跑步跑圈太枯燥，但是考试需要，必须练。

④你参加体育活动的主要目的是什么？

答：参加体育活动可以锻炼身体，可以交朋友。为了中考考试需要。

⑤在体育课中你对哪些练习形式感兴趣？哪些练习形式会让你感到枯燥乏味？

答：感兴趣的形式是：可以自由选择同伴组队练习，自由选择练习方式。枯燥无味的形式是：不管什么项目，一味地重复练习。

⑥你对目前所上的体育课有什么建议？你喜欢的体育课是什么样子的？

答：希望体育课可以根据自己的喜好去选择运动项目，可以自由结组。除了考试项目的练习外，能够接触到更多的体育项目，多接触一些生活中很难体验到的体育项目。

⑦与三、四年级的时候相比，你对参加体育活动的兴趣有什么变化？原因是什么？

答：与三、四年级相比，我参加体育活动的兴趣降低了。因为在三、四年级的时候，都是在游戏中锻炼，比较有趣。现在高年级学习压力比较大，国家健康测试成绩很重要。体育课需要大量的时间练习这些考试项目，没时间练习额外的项目。除考试项目外，能够参与的体育项目变少了，练习方式的趣味性降低了，练习时间变少了。

案例2： 李同学的国家体质健康测试综合成绩为45分，综合评定为不及格。

①你喜欢体育运动吗？你喜欢哪些体育项目？你喜欢它们的原因有哪些？

答：还行，除了不喜欢跳高和跑步，其他都喜欢。我喜欢投掷，因为投掷是唯一一个能得到好成绩的项目，能扔得远，特别有成就感，特别骄傲自豪。

②你不喜欢哪些体育项目？你不喜欢它们的原因有哪些？

答：我不喜欢跳高，跳高太难了，自己跳不过去，因为自己太胖了，身体能力不行。不喜欢跑步，因为跑步太累了，没有劲，提不起速度，跑不动。

③对于你不喜欢的运动项目，是因为课堂中的教学方式和练习形式你不喜欢，还是因为自身能力不足与练习项目不够契合？

答：主要是自身能力不足。

④你参加体育活动的主要目的是什么？

答：主要为了动一动，锻炼身体，同时减肥。

⑤在体育课中你对哪些练习形式感兴趣？哪些练习形式会让你感到枯燥乏味？

答：对于球类项目的练习比较感兴趣，感觉跑步练习比较枯燥。

⑥你对目前所上的体育课有什么建议？你喜欢的体育课是什么样子的？

答：现在的体育课就挺好的，该练就得练。

⑦与三、四年级的时候相比，你对参加体育活动的兴趣有什么变化？原因是什么？

答：有变化。之前天天盼着下雨，不想上体育课，现在就比较期待上体育课。

（3）访谈结果分析

通过访谈我们可以看出，选择不喜欢参与体育活动的学生并不是完全不喜欢体育活动，只是对不同运动项目的喜爱程度不一样。学生在体育课中对于枯燥无味的跑步练习产生了一定的消极情绪。对于丰富有趣的球类活动仍具有较大的兴趣。

①三、四年级学生喜欢参加体育活动的原因分析。

三、四年级学生喜欢参加体育活动的较多，是因为三、四年级学生的特点是活泼好动，喜欢游戏，具有很强的好奇心，对新鲜事物容易产生兴趣。在体育课堂上，教师主要以游戏和情景模拟的形式开展教学活动，不以掌握动作技术为主要目标，重在培养学生的学习兴趣。通过丰富有趣的教学内容、教学方式和组织形式，学生能够在一个愉快的环境中参加体育活动，并能够在体育活动中感受到快乐，获得成就感，从而达到增强体质，磨炼意识，爱上运动的目的。

②高年级学生参加体育活动兴趣降低的原因分析

高年级学生出现参加体育活动兴趣降低的现象，主要是因为学生心理层面的变化。学生通过对不同项目的学习与体验，对各个项目有了一定的认识与了解，对不同项目的喜爱程度也不同。随着年龄的增长，高年级学生开始进入青春期，自主意识逐渐增强，学生在体育活动中的自主选择意识增强。当面对喜欢的体育项目时，学生会热情高涨，参与度较高。当面对不喜欢的体育项目时，学生会产生消极情绪，参与度较低。

同时五、六年级的体育课与三、四年级相比，在教学方式和组织形式上有一定的区别。低年级注重广泛的项目体验和兴趣培养，高年级注重知识技能的学习和掌握。高年级的体育课在组织形式与练习方式上主要以学、练、赛的形式为主，在趣味性上有一定的降低。当学生面对不喜欢的体育项目时，就会产生消极情绪。

4.学校未来体育教学的优化建议

在学校未来体育的发展中，为了让更多的学生参与到体育运动中，为了使更多的学生爱上体育运动，我校将全面贯彻党的教育方针，落实立德树人根本任务，树立"健康第一"教育理念。深化体育教学改革，强化"教会、勤练、常赛"[①]，探索新时代体育教学的新模式。

（1）丰富教学内容，增强项目选择的多样性

在体育教学活动中，在完成基础教学内容的基础上，尽可能地增强学生学习内容的多样性，丰富体育运动项目的选择，让学生接触到更多的体育运动项目。让学生通过对不同运动项目的学习和了解，发现自己的优势与兴趣，找到自己愿意参加的运动项目，并坚持练习，从而养成体育锻炼的习惯，达到爱运动的目的。

---

① 教育部办公厅关于印发《〈体育与健康〉教学改革指导纲要（试行）》的通知［A/OL］.（2021-
　06-30）［2022-06-23］.http：//www.meo.gov.cn/srcsite/A17/meo_938/s3273/202107/t20210721_
　545885. html.

（2）优化教学方法和组织形式，提高学生的学习兴趣

在体育教学活动中，通过游戏的方式组织学生进行练习。游戏具有较强的趣味性，符合学生的心理特点和需求，让学生在玩中学、在玩中练，避免枯燥单一的重复练习，能够提高学生学习和练习的兴趣。在体育活动中积极开展体育竞赛活动，增强学生之间的竞争意识，激发学生们参与体育活动的热情，培养学生学习和练习的兴趣。在体育活动中，运用多媒体设备，通过音乐、视频、图片等多媒体资源，给予学生新鲜的刺激，激发学生强烈的好奇心和主动学习的欲望。通过多媒体资源，为学生创设了一个轻松、愉悦的学习环境和氛围，提高了体育活动的趣味性，调动了学生参与的积极性。

（3）发挥学生的主体性，增强学生的自主选择权

在体育教学活动中，改变传统的"教师教什么，学生学什么"的观念，充分发挥学生的主体性，给予学生充分的自主选择权，帮助学生掌握1~2种运动技能。在完成基础的教学内容后，给予学生自主选择的权利。学生可以根据自己的喜好，自主地选择运动项目、练习方式和练习同伴。在整个过程中，教师可以通过启发和引导的方式进行指导与帮助，并给予适当的建议。但不要过多地干预和组织学生，要充分发挥学生的主观能动性，锻炼学生的自主探索、合作交流和独立思考的能力，使学生真正成为学习的主体。

（4）完善学生体育评价体系发展[1]

运动成绩的好坏仅仅是学生体育评价的一个方面，学生对祖国的热爱、对社会的负责、自身良好的品格和意志品质都是学生体育评价的重要内容。改变只对运动技术和体质健康等单一方面的评价，建立多元化的综合评价体系，才能更好地促进学生身心健康全面发展。

二、运动喜爱和运动关切

（一）运动喜爱

1.运动认知

解读和解决校本学校体育相关问题需要一种立体化思维模式，这样才能

---

[1] 教育部办公厅关于印发《〈体育与健康〉教学改革指导纲要（试行）》的通知［A/OL］.（2021-06-30）［2022-06-23］.http://www.meo.gov.cn/srcsite/A17/meo_938/s3273/202107/t20210721_545885.html.

更深入和清晰地理解学生的需求，不能从一开始便形成"小学生上了6年体育课，喜欢体育却不喜欢体育课"的尴尬局面。

"体育考什么，老师教什么，学生学什么"，并未突出从"增强体质"过渡到"健康第一"的理解融合与准确执行，即便是在中国古代，结合军事需求的技能为主的体育练习，如射、御，也绝不是使练习者仅仅掌握部分的身体机能，相反，都是基于练习者、学习者的认知拓展到技能贯穿使用，同时通过这样的引导，加强结合某个项目或技能的熟练操作，并可将相关教育理念与认知移植到其他生活片段及经验中。

袁敦礼先生提出过，体育应以人的整体为中心，认为"身体之教育"者，即传统的二元之遗毒，亦即将人之身体视为解剖台上尸体之见解也，因人系一个整个的机体，不能解剖式地分之也，教育之方法亦不能分割为何者为身体活动，何者为精神活动，即教育不能分为人的身体不同部分的教育，而应将其视为人的整体教育，这一看法才符合马克思辩证唯物主义整体观的认识，即整体不是局部的简单相加，整体要大于局部之和。如果把学校体育的价值限定为知识、技能的授受，就严重削弱了体育的功能和地位。①

受当前社会、家庭教育、媒体等多方面因素的影响，学生在进入小学学习前，在其认知中，便可能存在一些误区，比如多走路就达到了每天的锻炼目标；崴脚了迅速涂药和按摩即可缓解；只要出汗就可以减肥；男生必须拥有大量的肌肉才是健康的；需要减肥的人才需要运动，不胖的人不需要运动。正如毛泽东同志在《体育之研究》中所言："体育之效，至于强筋骨，因而增知识，因而调感情，因而强意志。筋骨者，吾人之身；知识、感情、意志者，吾人之心；身心皆适，是谓俱泰。"如果不能利用学校的各类体育活动，去潜移默化地提高学生的团队合作、顽强拼搏、遵守规则等优良品质，那么这样的体育活动并不能真正地引导学生从认知层面便开始有效地学习。

---

① 廖上兰，刘桂海．"培养什么人"：学校体育改革的理性思考与价值重构——基于我国宏观教育目标演进考察［J］．天津体育学院学报，2021，36（02）：151-158.

2.运动情感

《心理学大辞典》中认为："情感是人对客观事物是否满足自己的需要而产生的态度体验。"[①]美国心理学家保罗·艾克曼（Paul Ekman）把情感分为六类，即高兴、愤怒、厌恶、恐惧、悲伤、惊奇。[②]学生在体育运动中也会有多种情感体验，准确地识别学生的运动情感以做出及时、准确的辅导是我校体育教学研究的主要任务。

学生在学习体育知识、技能时，往往会受先前已具备的知识、技能的影响，这便是先决情感，顾兴全等在《体育教学中的先决体育认知行为和运动情感特点》中指出，先决运动情感是指学生已经具有的在先前学习体育知识、无动机外部动机技术、技能过程中对运动所产生的情感。学生通过面部表情、动作效果、语言反馈来进行情感表达，教师则通过观察学生的情感表达来准确地进行情感识别、分析判断，从而做出正确的决策。[③]

多数学生在体育课上会有"我会""我学过"等反馈，教师在备课时要尽量全面地做好预设，及时、准确地识别学生的情感表达。教学中，教师应注意学生的技术动作和情意表现，关心学生的情绪状态。教师的一举一动都可能给学生带来影响，如点点头、一次微笑、竖起大拇指、拍拍学生的肩膀表示鼓励、肯定、赞赏，或运用生动、幽默的语言及优美的示范动作来激发学生的兴趣，使每个学生都能感受到老师的关心。学生完成动作好时，教师会及时鼓励："你很勇敢""做得真漂亮"。当学生产生畏难心理时，教师会为学生加油鼓劲，用"勇敢些""放松些""我相信你能做得更好"等话语来激励学生积极主动参与，增强信心。

运动情感则是学生在运动时和运动后产生的情意、态度和兴趣等因素的总和。运动后的情感体验又会成为下一次运动的先决情感。我校体育教师利用课后点赞的方法来保持学生积极的体育情感，为下一次体育锻炼奠定了良好的基础，也提高了体育课堂教学效果。体育教学中严中有"活"，"活"

---

① 林崇德，杨治良，黄希庭.心理学大辞典：上［M］.上海：上海教育出版社，2003.

② 王黎莉，邱文伟.基础、提升、实现：当代大学生创新能力培养模式建构［J］.河北职业教育，2022，6（01）：79–83.

③ 顾兴全，李宝成.体育教学中的先决体育认知行为和运动情感特点［J］.浙江体育科学，2004（6）：84–87，94.

中有严。这个"活"就体现在表扬的方式上。我校体育老师在表扬方式上有所创新，十分贴近生活，将当今流行的用语之一"点赞"恰当地运用到教学中，体育老师特意为每一名学生准备了点赞本，一节课结束后，没有经过老师提醒以及只被老师提醒过一次的学生会被老师点赞，将点赞章印在事先发给学生的点赞本上。每集齐10个赞就可以换1颗微笑星，当集齐5颗微笑星（相当于50个赞）后就可以换1个大奖杯的印章，期末总结时可以换取老师的奖品。在这期间，如果表现尤为突出，还会被点双赞。反之，如果表现极其不好，不仅本节课点赞取消，还要被划掉一个赞。通过体育老师的引导，逐渐从老师点赞过渡到学生点赞，课堂表现良好和进步显著的学生都可以负责点赞，以此来激励学生。学生十分珍惜每节课努力争取到的点赞，对自己要求严格，从而使课堂常规有了良好的保证。通过集赞表扬的方式，学生参与体育活动的兴趣提高了、组织纪律性增强了，也提高了体育课堂教学效果。

另外，运动也是小学生进行情绪调节的一种形式，运动可以增强学生相互间积极的交往以及与他人之间有效的接触。通过轻松快乐的身体活动、适度的运动可以产生兴奋的情绪，从而增强学生的自信和主动积极的自我意识。

3.运动承诺

运动承诺理论的基本思想来源是社会心理学和组织心理学中关于心理承诺的理论构想。美国著名运动心理学家斯坎伦（Scanlan）等人在运动承诺理论的基础上提出了运动承诺模型。这一理论模型认为，运动承诺是由运动乐趣（sport enjoyment）、参与机会（involvement opportunities）、个人投入（personal investments）、社会约束（social constraints）、参与选择（involvement alternatives）这5个因素决定的。西师附小围绕"使每一天都有意义"的教育理念，体育教师课堂教学本着知识对接心灵的课堂文化理念，针对学生的特点开设体育教学和特色社团。在实际体育教学和活动中注重理解、引导、陪伴，注重学生的实际获得。西师附小将以上运动承诺与已有的办学理念相结合，将运动乐趣和参与选择归为教师因素，个人投入归为学生因素，将社会约束和参与机会归为社会环境因素，如图1-1-4所示。

在体育教学活动中安排丰富的学习内容。通过APDA研究课不断探索、改进、提升体育课堂的趣味性和锻炼效果。通过创设情境、设计游戏等方式促进

学生掌握体育基础知识、动作，课堂中还有效地组织学生开展教学比赛，让学生感受到体育竞争与运动表现的乐趣，实现兴趣的激发—形成—享受的层层深入过程。不同水平阶段鼓励学生根据实际情况开展难度各异的体育类活动，不断提高学生运动的积极性、主动性、自觉性和持久性。让学生在40分钟时间内能快乐地学习、积极地参与、开心地掌握、充分地放松，使每一名学生在一节体育课后都能出汗，都能有所收获，课后还能继续坚持锻炼。

　　参与选择是学生愿意继续坚持此项练习，体育项目和内容的趣味性最首要的。西师附小结合学校"协作、健康、成长"的教育主题来丰富学生的课余生活，开设了田径、篮球、棒垒球、足球、武术、乒乓球、跆拳道等体育社团，学生根据实际情况选择自己感兴趣或者是渴望得到专业提升的社团。

　　个人投入归为学生因素，个人投入是指学生愿意在体育活动中投入时间和精力。西师附小通过增强课堂练习的趣味性，开设丰富多元的体育社团来激发学生的个人投入，在教学中加强学生的爱国主义教育，学习体育运动员的光辉事迹，了解奥运知识，开展冬奥会知识竞赛等方式促进学生参与。

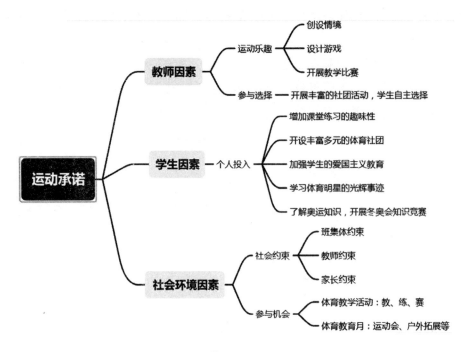

图1-1-4

社会约束和参与机会归为社会环境因素。社会约束对小学生来说基本上是通过班集体、教师和家长来实现，参与机会则是通过参与体育锻炼才能获得的机会。西师附小在体育教学中精心安排有一定强度、一定难度的运动技能训练，让每名学生通过在校体育学习能掌握2~3项运动技能，保持良好的体质。通过每学期全员参与的体育健康教育月，培养学生的集体荣誉感，塑造活泼开朗、与人为善、团结协助、遵守规则等品格；加强对学生的爱国主义、集体主义教育，培养学生的爱国情怀、社会责任感和良好的个人品质。通过学校各项体育活动的教、练、赛，培养学生不畏困难、不怕吃苦、不惧失败的意志品质[①]，努力实现体育"育体、育智、育心"的综合育人的价值。

（二）运动关切

1.主动洞察

洞察在生活中通常指人可以根据事物的表面现象，准确或者比较准确地认识到事物的本质及其内部结构或性质。[②]再进一步理解是指带着目的性去观察某一事物，推导出事物的弦外之音，为自己的目的服务，进而转化成行动达成目的。所以一次完整的洞察，必须包含以下四个环节：目的、观察、推导、行动，所有环节，缺一不可。

主动洞察是在学校进行的各类活动、社会生活的基础上主动、积极地进行洞察。具体体现在主动关注学校、公园、电视、互联网等社会环境下进行的线上或线下各式各样的运动项目、运动形式、运动竞赛等内容，并且能够全面地认识。

2.运动理解

理解是指了解、明白的意思。理解能力是指一个人对事物乃至对知识的理解的一种记忆能力。可以把理解分成三级水平：

（1）低级水平的理解是指知觉水平的理解，就是能辨认和识别对象，

---

① 教育部办公厅关于印发《〈体育与健康〉教学改革指导纲要（试行）》的通知［A/OL］.（2021-06-30）［2022-06-23］.http://www.meo.gov.cn/srcsite/A17/meo_938/s3273/202107/t20210721_545885.html.

② 陈伟钢."三维十二度"领导力［J］.银行家，2012（02）：134-137.

并且能对对象命名，知道它"是什么"；

（2）中级水平的理解是在知觉水平理解的基础上，对事物的本质与内在联系的揭露，主要表现为能够理解概念、原理和法则的内涵，知道它是"怎么样的"；

（3）高级水平的理解属于间接理解，是指在概念理解的基础上，进一步达到系统化和具体化，重新建立或者调整认知结构，达到知识的融会贯通，并使知识得到广泛的迁移，知道它是"为什么"。[①]

学生在进行体育运动时，首先要了解运动项目的规则，然后再理解项目的技术和战术。

在此基础上，才能更好地与同伴进行配合。在特定的环境中，当教练员进行换人或进行战术调整时，学生才能够更好地理解教练员的意图，让比赛更好地进行，而不会出现抵触情绪等。只有对运动有了一定的理解，学生才能调整好自己的状态去参加体育运动。

3.运动慰藉

古希腊的一块石壁上刻着这样的话："如果你想健康，那你就跑步吧；如果你想美丽，那你就跑步吧；如果你想智慧，那你就跑步吧。"跑步等许多的体育运动都能够给人的身体和心理带来积极的影响。

在身体方面，运动会刺激我们的呼吸中枢，使我们的呼吸肌和呼吸辅助肌都得到有效锻炼，所以运动会增强心肺功能。运动可以增强我们的体魄，从而帮助我们预防疾病。运动是最健康的减肥方法，它可以消耗热量，还可以抑制能量转化为脂肪，起到减肥和塑形的作用。我们的器官是随着年龄的增长而衰老的，而运动可以增强我们的细胞活力，有效延缓衰老的速度，也让我们的皮肤变得更加有弹性，从而更具有年轻态。运动可以让我们全身的关节都得到很好的锻炼，使肌肉、骨骼更加强壮，关节更加灵活，防止骨质疏松。运动会造成我们的身体疲倦，而大脑对身体疲倦的反应是会增加深度睡眠。

运动是可以加快代谢、让我们发泄不良情绪的一种办法。研究发现，经常运动的人可以将负面情绪尽快宣泄出来，从而使心态更加平和，心理更加

① 牟道富.网络对大学生综合素质影响研究［D］.哈尔滨：哈尔滨工程大学，2011.

健康，减少心理疾病的发生。

在心理方面，运动可以磨炼我们的意志和毅力，让我们养成自律的习惯，不会让我们把太多的时间浪费在虚度光阴上；运动可以让我们的大脑分泌一种叫作多巴胺的物质，它是一种兴奋递质，能够让我们时刻保持愉快的心情，不被烦恼所困扰。从而达到改善抑郁心理的作用。运动有利于我们丰富自己的内心世界，让我们有时间反省自己，从而打造出完美的自己。

运动是强身健体的良药，是慰藉心灵的秘方。我们要让运动成为一种生活方式，持久慰藉我们的心灵。

三、运动付出和运动融合

（一）运动付出

根据《现代汉语词典》中的解释，主动是指"①不待外力推动而行动（跟'被动'相对）；②能够造成有利局面，使事情按照自己的意图进行"[①]。学生是学习的主体，提高学生体育运动的积极性与主动性，能够促进学生身心健康成长，为学生日后的学习与发展做好铺垫。

西师附小秉承着"立德树人"和"健康第一"的教育理念，深入落实全面育人，"健康第一，基础扎实，学有所长，国际视野，全面发展"是学校的培养目标。学校每学期都会开展丰富多彩的体育活动，例如，学校会定期举办体育教育月，在体育教育月的这一个月当中体育教师通过教、练、赛的方式，以家校协作的方式引导学生全员参与，全面落实"每天锻炼一小时"的活动。学生在学校的动员以及教师的引导下愿意参与到每一项体育活动当中，通过与家长的亲子锻炼、与同伴的协作锻炼，不仅提高了锻炼的积极性，还感受到了运动所带来的乐趣，逐渐养成主动、自律的好习惯。

学校为学生提供丰富的体育场馆、设施和器材，同时开设有丰富多样的体育社团，可以让学生根据自己的兴趣爱好自主选择。学校开设了田径、乒乓球、篮球、足球、跆拳道、武术、棒垒球等多种体育社团供学生自主选择，社团活动的设计能够结合游戏性和趣味性，学生在社团活动中提升自身运动技能的同时还参加了北京市以及西城区的各类比赛并获奖，从而提升了

---

① 现代汉语词典（第7版）［Z］.北京：商务印书馆，2016：1710.

参与运动的荣誉感。在社团活动的参与中，学生的主动意识增强，参与积极性提高，也更愿意付出时间、精力去参加各项活动。

学校的体育教育离不开体育课堂本身，因此教师在体育课上增强学生的主动参与意识是十分重要的。在体育课上，教师可以采用多种多样的教学方法和教学形式，强化学生身体健康的意识，引导学生主动锻炼，提高学生的学习氛围，鼓励学生积极参加体育活动。例如，教师为提升学生的运动兴趣，从学生的角度出发，与学生进行沟通，了解学生的实际想法以及需求，明确学生真正的运动兴趣和习惯，设计契合学生自身性格和年龄特点的体育活动，促进学生自主运动。同时教师在课堂上要多鼓励学生，让学生有信心敢于运动，鼓励学生坚持锻炼，积极展现自我，不怕困难，勇于战胜问题，使每个学生都能在自己原有的水平上有所提高。

体育教师还在课堂上开展了丰富多彩的体育活动，将运动学习贯穿于体育游戏与体育比赛当中，让学生充分了解各个运动项目的特点，发现学生的运动潜能，为学生提供展现自己能力、水平、个性的机会。学生可以选择自己最喜欢的项目，从而激发运动兴趣，增加学生主动参与体育运动的时间、次数和强度，进而使学生形成主动运动的习惯。

（二）运动融合

1.运动让"我"变成我们

学校是少年儿童成长的主要环境，是发展学生社交能力的主要场所。

青少年儿童在校期间不仅要学习文化知识，还要与他人沟通、交流，良好的同伴关系是发展学生社交能力的重要基础，也是学生在小学阶段个体满足班级需要、获得同伴支持的重要因素。行为科学研究者认为，如果教育者与被教育者有相似的经历，面临或关心的问题相同或相似，那么两者更容易接受彼此的信息，从而导致态度、信念和行为的彼此影响与改变。同伴关系就是利用同伴之间的这种共性和相似性，以榜样示范作用接受彼此的信息进而产生影响。体育运动符合孩子的天性，能为孩子提供交流的环境，从而提高交往能力，促进身心健康发展。[①]

---

① 李双军.城市儿童"伙伴危机"成因及学校体育"同伴教育"教学干预实验研究［D］.上海：上海体育学院，2013.

有研究发现，体育锻炼可以使个体以积极的方式应对压力，从而促进身心健康发展。我校在探索发展的过程中形成了积极主动的学生文化。为了初步培养学生的社会应对能力，我校结合学校实际在体育课中加入思政教育内容，注重学生意志品质教育，鼓励学生以积极的心态面对困难，关注自身实际获得，知道需要改进的方面，并提出具体指导意见和努力方向。

教师是体育课的组织实施者，在具体教学中每位教师都有自己的特点，但在同伴教育中教师应该是教师本身和同伴教育的融合者，这样才能保证较好地达成目标。我校体育组教师在教研中探索新型同伴关系，开设适合不同年龄、不同兴趣的社团活动，促进学生进行交流，不断提高学生之间的交往能力。同时将同伴教育引入体育课堂教学，在体育锻炼中采用多种学生分组形式，营造积极向上、互帮互学的学习氛围，提高同伴交往水平，帮助学生建立良好的同伴关系。

班集体是学生学习的基本单位，也是培养学生社交能力的基本场所。在体育课上通过分组的集体项目竞赛，让学生初步体验不同的同伴关系，感受竞争与合作，初步树立学生的集体荣誉感。学校通过体育与健康教育月的各项体育竞赛活动，保证学生全员参与，感受班级、年级的竞赛，强化学生个体与班集体的依存关系，感受班集体的创造力、凝聚力。

2.运动挫折复原力强

德国教育学家第斯多惠说过："教学的艺术不在于传授本领，而在于激励、唤醒和鼓舞。"[1]我们古人也强调"善诱者，善导"。有时候对孩子帮助更大的，往往是适当的挫折和鼓励。

然而在孩子的成长过程中，家长都倾注了很多爱，对于孩子的关注度高，家长的过度保护也使得孩子的抗挫折能力较低；情绪不稳定、对环境的适应能力差、心理承受力差等问题凸显出来。比起孩子的成绩和荣誉，培养出积极乐观的孩子，提高孩子的抗挫折力，让孩子拥有强大的内心才是更重要的。

南京理工大学王宗平教授的研究报告表明："体育生以及有运动习惯

---

① 蔡新星. 高中励志生音乐素养调查分析与建议——以某校高中"励志班"歌唱教学为例［J］. 音乐大观，2012（07）：153.

的学生，为什么自杀现象比较低，因为体育运动对学生本身就是一种挫折教育。"[1]尤其是爱进行体育运动的孩子，竞技体育一定会有输赢，这对孩子的心理承受能力、抗挫折能力都是极大的锻炼。

在体育比赛中遇到比自己强大的对手时，是否有勇气迎战？输掉比赛时，是否能够冷静分析失利原因？体育比赛的"负"更是帮助孩子接受失败和否定，不断进步的过程。随着失败、挫折阈值的提高，孩子的抗挫折能力就会提高，当他能够在失败后冷静、反思、总结时，他距离下一个成功就会更近。

体育运动不仅可以锻炼学生的身体、增强学生的体质，同时对人的意志和精神也能进行有效的锻炼。任何体育项目都是充满刺激和悬念的，并且没有永远的胜利者和失败者。挫折/奋斗/成功/再挫折/再崛起的过程，不仅是每一位体育人不断前进的心路历程，也是成功者永不停止奋斗的人生轨迹，而在这跌宕起伏的过程中，体育人也铸就了强大的心理抗压能力。与此同时，科学实验也证明了体育对健全人格及心理素质的培养发挥着重要作用，是其他学科无法比拟和替代的。换个简单的说法，体育运动可以达到一些药物治疗达不到的效果——体育锻炼达成的目标会对人的心理产生积极作用，每当你完成一次体育锻炼，你的自信心就会得到提升，这种"小小的成就感"产生的累积效应是巨大的。

就如同我国教育大家蔡元培所说的："完全人格，首在体育。"体育运动不仅能改变人的体质，更能改变人的内在品格和心理健康。

---

① 研究称培养运动习惯有助学生远离"自杀"［EB/OL］.（2017-03-07）［2022-06-24］. http://edu.people.com.cn/n1/2017/0307/c1053-29128642.html.

第二章　实践研究与创新举措

一、西师附小课堂教学开展状况研究

（一）点滴积累，做最好的自己

每一个人都是与众不同的，每一名学生也都是存在差异的，重要的是教师要帮助学生了解自己，知道自己为什么跑得快，为什么跳得远，为什么抛得近，等等。教师要让学生知道这个差异性是存在的，是不可避免的，但是经过自己的努力是可以做得更好的。

在我所教的年级中，有这样一名学生，他的胆子比较小，不善于与同伴交流，缺乏自信，即使自己能够完成的练习动作也不敢在大家面前展示。发现这种情况后，我主动与他交流，让他感到大家是喜欢他的，让他了解到自己身上是存在很多优点的，让他感受到来自同伴的关心与帮助，并为他创造展示才能的机会，经过一段时间的努力，这名学生有了一定程度的进步。

给我印象最深的就是他的跳绳成绩，开始时只能每分钟跳110个，在一次跳绳的考核中，我发现他的测试成绩有了很大的进步，我对他说："老师看到你的测试成绩提高了很多，你肯定是回家练习了吧？" 他迫不及待地说："冯老师，我一直苦练跳绳。"我说："你这个词用得好，苦练。其他同学都是告诉老师回家练习了。"我问："你是怎么苦练的呢？"他说："冯老师，我就是按照您平时告诉我们的方法，我发现我家楼下的小区有一个特别安全、平坦的地方，正好可以练习跳绳。"我说："你怎么提高得这么快呢？" 他说："我每次练习前都要做好充分的准备活动，避免受伤。刚开始时是150个一组，跳三组，后来跳得越来越好，就每组跳200个，跳三组。每次练习结束后我都做做拉伸，做做放松整理。"我说："挺好的，练习结束后做做放松练习可以缓解疲劳，有利于身体机能的恢复。"他说：

"冯老师，我的第一个目标是每分钟130个，第二个目标是每分钟160个，第三个目标是每分钟200个，我前两个目标已经实现了。"我说："是的，恭喜你，今天考核你跳了166个，不但得了100分，还加了4分，特别棒！继续加油！等你实现每分钟跳200个目标的时候一定要告诉冯老师。"他用肯定的语气说："好！"当时这名学生给我留下了非常深刻的印象。

作为体育老师，我们遵循学生的成长规律，基于学生（6～12岁）的生长发育特点，抓住学生成长发育的关键期开展教学活动，帮助学生掌握必要的体育知识、体育技能，让学生在认识自己身体条件的基础上，学会科学、循序渐进的健体的方法。培养学生爱运动、会健体、懂自律，让学生在运动中认识自己、了解自己，并能够运用所学知识、技能开展有益的体育锻炼，感受运动的魅力，做最好的自己。

（二）强国在我少年

我想大家应该对庆祝建党一百周年大会上，天安门城楼前千人献词团的4名领诵员印象很深。其实他们是10人小团队，每天一起训练，在另外6名预备领诵员中，有一名男同学叫刘元驰，他就是我上一届教了六年的毕业生，也是班级连任6年的体育委员。在一次小篮球的课上，他发现自己学习篮球的各种动作和技能非常快，于是对篮球这项运动越来越感兴趣，便参加了学校的篮球社团，在社团中又学到了更多的篮球技能及规则，因此热爱上篮球这项运动并且坚持参加篮球运动。我曾经问过他为什么这么喜欢打篮球，他说打篮球的时候，可以让自己变得快乐、心情愉悦，十分享受，还能锻炼身体。因此他在接受新华社的采访时很自豪地说："我是班里的体育委员，平时爱打篮球、爱游泳，将体育课中学到的顽强拼搏、永不服输的精神用到了朗诵训练上。"可见刘元驰是发自内心地爱运动。

在他参加集训的那段时间，他付出了比其他预备领诵员更多的努力。他也曾经很苦恼，在休息间隙会给我发微信，跟我说说训练中有趣的故事，也会跟我分享成功的喜悦。他跟我说："李老师，我在练习站姿时经常受到训练老师的表扬，因为平时您会带着我们一起练习，我还记得您说我们学校体育学科每个学期都会坚持学生的走—跑—站立的训练，所以我的站姿正确，还能长时间保持，特别感谢您！"我当时特别欣慰，鼓励刘元驰一定要咬紧牙关，刻苦训练，我期待他的好消息。他也很高兴地说一定会努力为学校争光。

就在正式献词的前一天，我又接到了刘元驰的微信，得知突然被换掉，他不能成为站在天安门广场上的正式领诵员，说实话我当时就湿了眼眶，赶紧想办法去安慰他，我正想着说什么会让他勇敢去面对时，刘元驰对我说："李老师，虽然我心里确实很难过，但是我仍然很骄傲！您也常常告诉我们，在体育运动中经常会遇到挫折与失败，即使是站在奥运会领奖台上的运动员，也是经过无数次失败才取得最后的胜利。我觉得在这次的献词活动中也是一样，结果并不是最重要的，重要的是这个努力的过程，我把永不服输的体育精神也带到了这次训练中，您放心！"刘元驰跟我说的一席话，让我备受感动。

可见学生通过上体育课和参加体育运动学到了体育精神，找到了自信，增添了乐趣。

（三）课堂中的合作创新

在韵律舞蹈教学课上，以"健康第一"为指导思想，使学生在原有的基础上进一步提高韵律活动和舞蹈的基本步法，旨在锻炼学生跟随音乐，培养韵律感与肢体的协调性，从而有效地锻炼四年级学生肢体的协调性与脚下步伐的灵活性；根据音乐，设计师生动作组合模仿游戏，调动学生参与的积极性与主动性，活跃与激发学生的模仿能力、艺术灵感；与音乐相结合，培养音乐乐感；同时，引导学生主动学习、勇于克服困难，在学习中寻找自信心、满足感，培养学生良好的身体姿态，提高动作的节奏感与表现力，培养活泼愉快的情绪。

1.学情分析

四年级学生活泼好动、好奇心强，富有幻想和创新意识，遵循这一规律，本节课选择了较有难度的脚下步伐动作进行教学，通过分解练习，让学生更轻松地完成学习目标。在练习中，不仅让四年级学生做到动作连贯、姿态正确，还提高了学生的学习兴趣和安全意识，发展了学生的灵敏、协调等能力。

本班学生有较强的学习意识，善于模仿，能主动参与到学习活动当中，与同伴之间有合作意识，勇于尝试挑战。他们有了一定的自我评价和集体活动意识，对规则有了一定的了解，初步建立了规则意识。游戏部分，提高学生心率进行有效教学，利用简单的运物游戏引导、激发学生参与活动的兴趣，从而让学生集中注意力，提高学生的自控能力、课堂参与度和学习效率，促进学生身心全面发展，落实立德树人这一教育的根本任务。

2.案例分析

我先进行了步伐的教学，让学生自己发挥，说出步伐的名称，让学生自己来体会所学的动作重点，在提高学生的动作质量的同时，吸引了学生的注意力。我让学生发挥想象，自己来进行编排，运用"交叉步""侧滑步"的动作进行手臂动作创编，创编好的学生带领全班同学来练习他的动作。之后，我有了一个大胆的想法，让学生自己结组对动作进行创编，有的小组很快就开始了编排，有的小组却毫无章法，在打闹中逐渐偏离了课堂内容。我便立刻停止练习："我发现有的小组已经开始编排动作了，而且编排得特别好，我们请第二小组到场地中间进行展示。"第二小组向全班同学展示了动作编排后，其他同学都用羡慕的目光看着他们，"下面哪个小组编排得最有想象力，编排得最快，我也请哪个小组进行展示。"这下孩子们铆足了劲儿想到中间进行展示。这样一来，所有的小组都开始了自己的编排，之前捣乱的小组马上调整策略，先选择了一名同学来当小组长，指挥大家进行动作练习，很快，所有的小组都进入了状态。

我抓准时机，将全班的12个小组分成四个大组进行展示。在展示环节，都懂得小组之间相互加油，并且能为其他小组打节奏或者模仿他们的动作，每个小组都懂得了合作的重要性。

3.反思与分析

随着社会的不断发展，合作学习的重要性越来越明显，体育课教学工作长期以来对学生的体育学习方式方法探索研究得比较少，主要还是以传统教学方式为主。这已不能适应新课程改革以学生发展为中心、发展素质教育的宗旨。为此我们以合作学习作为满足学生这一需求的主要学习方式。

合作学习是国家基础课程改革所提倡的新型学习方式之一，是新课程改革中的一个亮点，它能充分地尊重学生的主体地位，有效提高学生学习的积极性；它能最大限度地发挥学生学习的主动性与创造性，可以很好地增强学生自学、自练、自调等能力的发展。

（四）小举措，大收获

我先讲一个故事，这个故事发生在我的校级研究课上。我这节课上的是障碍跑和游戏，分为开始、准备、基本、结束四个部分。在课的开始部分，我带领学生进行了队列练习，学生在队列练习中精神状态特别好，走得也特别整齐，当时我特别高兴，学生整齐的队列更加增加了我上好这节课的信心。在课的准备部分一般是做一些准备活动，通过身体各部位的活动，为下面的基本部分主教材内容奠定基础。在准备部分，以往的课是老师在队伍前面带操，学生在下面跟着老师齐做的旧的教学模式。学生良好的队列表现也激发了我的灵感，今天的准备活动能不能尝试让学生自己去创编徒手操呢？我让学生自主到队伍前面去带操，而且带的操要有创新意识，不能和老师以前带的操一样。先给学生一分钟时间做准备，然后我请同学们自愿举手到前面进行创编操的展示并领操。在学生们自主进行操的创编时，我冷静下来想：这个内容对于学生来说是新内容，学生第一次做，现在在台下有全组老师在听课，要是过一会儿没有学生举手上来创编展示，这可怎么办啊？我都不敢往下想了，当时就两字：没底。时间到了，我对学生说："哪位同学愿意到前面来带领大家做创编操呢？"万事开头难，这话说来还真不假，我一眼望去没一个举手的，当时我这心就凉了一半。

我用眼睛快速扫了一下所有学生，当时我看到有的学生想来，又不敢举手；还有的学生在看他周围的同学有没有举手的。这时我用语言调动学生说："大家不要不敢来，做错了没关系，这是你表现自我的一个机会。"这时，我发现了一名女同学正在犹豫当中，我心想那就是你。我手臂一挥，指向这个女生，请她到前面来展示。这个女生还真棒，她带的操很新颖，一看就是刚才自己现创编出来的，下面的学生做得也特别认真，有的学生眼睛都没离开过这名领操员，认真地进行着模仿。这个女生带完操后，我及时给予了她肯定，表扬这名同学上来带操很勇敢，虽然这名同学平举的动作还不是很到位，但是她创编的操很新颖，并请全体学生为其鼓掌，表扬她的这种大胆创新的精神以及敢于到前面来展示自己的胆量。有了第一个学生成功的示范，下面的学生好像胆子也大了起来，变得更加踊跃起来，举手的人多了起来。我这时又提出要求：后面带操的学生不能和前面带操学生的动作一样，要有自己的创新。刚才上来的女生创编操时，主要活动了上肢，我们再上来的学生还可以再活动哪些部位啊？下面学生有的回答腿、膝盖等。我听到大家的回答后给予了肯定，学生开始着重创编下肢的徒手操。在这之后，又有几名学生勇敢地到前面来创编操，每名学生带完操后，我都给予了点评，告诉他哪点做得好，哪里还需要改进。由于时间有限，我不能叫全体学生都到前面来领做，于是给大家一个口令，让全体学生在原地把自己创编的操做一遍。当大家都做完后，我让全体学生给自己鼓鼓掌，给大家的创新精神鼓掌。一整节课学生们热情高涨，学习氛围浓厚。

教学总结：

①对于学生来说，在课上进行了徒手操的创编，发挥了学生的创新精神和学习主动性，使学生成为课堂的主人。

②对于教师来说，给学生指明了带操的发展方向。同时，教师激励的语言，鼓掌的评价方式，对其他学生起到一定的刺激作用，鼓励他们勇敢地到前面来展示自己。

③课堂效果方面，学生的参与度很高，每个学生都在不停地创编、模仿，无形中也提高了本课准备部分的练习密度，使每个学生都能动起来。

综上所述，我这个让学生自主创编操的教学模式，打破了以往我教你学的教学模式，课上充分调动了学生的学习积极性。同时，也给我们提出了新的挑战，就是怎样更好地在课上调动学生的积极性，发展学生的创新意识。我坚信通过不断探究、钻研，我们一定会走出一条自己的路。

（五）足球中的故事

1.案例背景

足球运动是学生喜爱的体育运动之一，也是小学体育教材中重要的基本内容。足球运动的对抗性强，在激烈的对抗中能够锻炼学生的奔跑速度、身体力量、耐力等各项身体素质，能够全面地提升学生的身体素质和运动能力。足球运动是一项集体运动，在比赛中和平时的训练中要求队员之间要很好地进行配合，相互支持，相互激励，能够很好地培养学生的集体主义精神和团队意识。这项运动还能够培养学生勇敢顽强、相互合作的精神以及勇争胜利的拼搏精神。

足球运动是以脚来控制球的运动，具有很强的技术性，同时对身体的各项条件要求很高。正是因为如此，有一部分学生对于此项运动敬而远之，甚至惧怕足球运动。记得那是新学期的一节足球课，课上有很多三年级的新队员，我宣布了本节课的教学内容为足球对抗赛，这时班级里的学生呈现出两极分化的景象。有的学生高兴得大声喊："太好了，我就喜欢踢足球。"可是还有一部分同学面露难色，我仔细问了一下，他们为难的原因主要包括以下几个方面：一是太累，跑不动；二是对抗性太强，容易受伤；三是压根对足球这项运动就不感兴趣。出现这样的情况是我没有想到的，我以往教过的孩子都非常喜欢这项运动，这回是怎么了？我没有急于往下进行，而是让体委先领着学生跑步活动身体。我觉得要想把足球课上好，必须要克服学生这种畏难情绪，调动他们的积极性，让他们喜欢上这项运动。

2.案例描述

在跑步活动过后，我并没有急于分组进行比赛，而是组织学生进行了足球小游戏——"抓猴游戏"。我把喜欢积极参加足球比赛的孩子分为一组，给他们提出一定的游戏规则，然后让剩余的学生在旁边观看。游戏开始后，参与游戏的学生欢声笑语，积极拼抢，玩得热火朝天。这时我仔细地观察了周围观看的学生，我发现他们有明显的变化，他们在听到本堂课内容的时候面露难色，可是现在"抓猴游戏"进行得热火朝天，他们也开始兴奋起来，在旁边大声喊球应该传给谁。这时候我觉得时机已经成熟，就问："你们想不想玩呀？"周围观看的学生异口同声地喊道："想玩。"这时候，我把之前的小组拆开，把参加踢足球的和观看的学生打乱分组，从而提高游戏的趣味性。很快一节课的时间过去了，同学们玩得意犹未尽，跑过来说："老师，下节体育课我们还想踢足球。"这时我就问道："那你们怕不怕累、怕不怕受伤呀？"同学们异口同声地说："不怕。"课后，我进行了总结，不论是什么运动，首先要激发学生的兴趣，调动他们的积极性，这样才有利体育运动的开展。

3.教学反思

在深入贯彻新课程标准的现代教育环境下，所有学科都要做到以生为本，体育教学也不例外。要培养适应当代社会需要的全面发展的学生，仅靠以前那种传统的教学模式是行不通的，尤其是不能把教学内容生拉硬套地强加给学生。在这次体育课中，我是一名引导者，引导学生产生兴趣，给他们信心，给他们支持，这是教学取得成功的必要条件。同时，要在合适的时机给予学生适当的鼓励，鼓励学生树立起我能行的自信。老师深入到学生的内心世界，了解他们，鼓励他们，这样才能激发学生的自信心。另外，在整个教育教学过程中，还要注意培养学生的自我认知能力，引导学生正确地看待自己，要让他们认为自己能行，一定能够做到，什么事都难不倒他们。

作为一名教师，应该清楚地认识到，在教育教学中，应该让每一名学生都能看到自己的进步，从而增强他们的自尊心和自信心，培养创新精神和创新能力，进而更加积极努力地学习。

二、西师附小课间操开展状况研究

（一）课间操发展现状

为了保证课间操的统一性、规范性、时效性，我校于2017年成立了课间操核心带操组，有组织能力、管理能力、创编能力的体育老师成为核心带操组成员。老师们坚持认真落实"两操一课"，结合学校"主动、自律""点滴积累，使每一天都有意义"的教育理念，依据学生的实际情况选择恰当的形式进行组织，充分调动学生学习的积极性与主动性，让学生体验到课间操运动的乐趣。

（二）开设初衷

活动内容与教育性和艺术性相结合，符合学生的年龄特点，这样有利于增强学生学习课间操的兴趣，培养孩子们良好的气质，增强集体意识，培养学生的乐感。活动面向全体学生有组织、有计划地进行。坚持自愿参加和普及提高的原则，让学生在跳动中感受音乐、理解音乐和表现音乐，启迪学生的智慧，陶冶学生的情操，使学生的身心得到健康的发展。因此，我结合学校的实际情况，特做出如下的计划：

①培养孩子的优美体态和对艺术的审美能力。

②让孩子在听音乐时能找到节拍、动作节拍准确、跳舞有自娱感。

③培养孩子载歌载舞的习惯。

④排练几种课间操，通过这些组合来锻炼学生，同时为演出或比赛做准备。

⑤学习一部分动作简单的课间操，让学生感受各种节奏课间操的特点，能够做简单的课间操。

（三）目前课间操的开展状况

每学期开学前，核心带操组老师会制订出详细的工作计划，开学后严格按照计划完成课间操的教学。

1.具体的课间操开展情况

带操组教师除了要纠正、指导规定的广播操、武术操以外，还会根据年级、年龄的不同创编出多套符合学生身心特点的课间操，再配上健康向上的音乐，不仅增强了运动能力，而且还提高了学生的节奏感以及审美的意识。

表1-2-1　课间操分类

课间操名称	音乐	年级	水平
七彩阳光	广播操音乐	一~六	1、2、3
希望风帆	广播操音乐	一~六	1、2、3
旭日东升	广播操音乐	一~六	1、2、3
我爱洗澡	我爱洗澡	一~三	1、2
YES OK	YES OK	四~六	2、3
青春修炼手册	青春修炼手册	四~六	2、3
大梦想家	大梦想家	一~六	1、2、3
加油歌	加油歌	四~六	2、3
身体部位操	广播操音乐	一~六	1、2、3
创编操（协调性练习）	hold my hand	四~六	2、3
绳操	小跳蛙	一~三	1、2
燃脂操		一~六	1、2、3

我们还会在每学期的体育教育月中开展广播操、创编操评比，有了评比，学生的集体荣誉感增强了，对自我有了约束感，同时也增强了学生对课间操的喜爱。除此以外，我们还会利用课间操的时间开展不同类型的小游戏，充分调动了学生参与体育活动的积极性，丰富了课间操文化，同时地更好地落实和完成了学校"两操一课"的根本任务。

第一周：熟知上操路线，规范进、退场要求，队列整齐，学生精神振奋、步伐矫健，喊口号时声音洪亮，有本班专属的口号。

第二周：形体训练+基本队列，规范站姿要求，练习原地踏步以及听音乐踏步散开，形成上操队形。

第三周：基本部位操训练+小游戏。

第四周至第六周：纠正七彩阳光、希望风帆、旭日东升三套操动作+小游戏。

第七周至第十二周：听音乐做三套操，即广播操（武术操）+韵律操+身体素质练习（燃脂操）。

第十三周：熟知跑操站对位置，以及跑操路线，强调跑操常规纪律要求和着装要求。

第十四周至第十八周：准备活动、全校跑操、拉伸练习。

2.课间操访谈内容

对全校学生针对课间操练习情况进行了随机调查访谈，访谈提纲如下：

（1）你喜欢上课间操吗？你喜欢上什么样的课间操？

（2）课间操给你带来了哪些变化？（身体方面：微微出汗，大脑、眼睛放松，上课更专注了；心理方面：心情愉悦）

（3）长期坚持有什么变化？（如力量提升了）

（4）你觉得课间操跟体育课有什么区别？谈谈你的理解。

（5）课间操对课外体育锻炼有哪些帮助？（如通过课间操接触篮球项目，激发了学习兴趣，课外学习篮球，想加入学校篮球社团）

针对不喜欢上课间操学生的访谈提纲：

（1）不喜欢课间操的原因？

（2）谈谈你希望上什么样的课间操。

本次研究对问卷中选择喜欢课间操的学生进行了访谈，学生喜欢创编操主要是因为有活力，创编操更欢快、灵活、有趣，也没有想象中那么累，特别是做完韵律操感觉特别轻松、开心，心理负担减轻了，精神状态更好了，接下来的课上小动作变少了，注意力更集中了。

长期坚持做课间操，动作更熟练、标准了，对课间操的喜爱度也提高了。身体更强壮了，肺活量增加了，提高了协调性和平衡能力。

不少同学也对课间操的开展提出了自己的建议，比如可以增加一些趣味活动，希望课间操强度再大一些，希望课间操能增加战术、思维方面的锻炼，而不局限于身体方面的锻炼等。

（四）普及与推广

低年级：了解课间操的作用，初步学习课间操的基本步法和基本手法，在练习中初步锻炼身体的协调性和柔韧性，为延伸身体、美化体态做好准备。

中年级：了解课间操的作用，学习课间操的基本步法和基本手法，在训练中初步锻炼身体的协调性和柔韧性，初步延伸身体、美化体态，塑造好身材。

高年级：了解课间操的作用，学习课间操的基本步法和基本手法，在训练中初步锻炼身体的协调性和柔韧性，初步延伸身体、美化体态，强造好身材，培养孩子们的审美情趣。

（五）总结

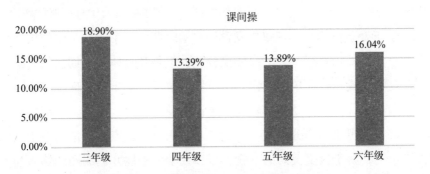

图1-2-1 喜欢课间操学生年级分布百分比

本次问卷调查的对象为三至六年级的学生，在学生喜欢的校内体育活动的调查数据中，喜欢课间操的学生共计310人，占参与问卷调查总数的15.81%。其中三年级喜欢课间操的学生占调查总数的18.90%，四年级喜欢课间操的学生占调查总数的13.39%，五年级喜欢课间操的学生占调查总数的13.89%，六年级喜欢课间操的学生占调查总数的16.04%，由此可见，三年级喜欢课间操学生的比例明显高于其他年级。

我校根据学生年龄特点设置了多样的课间操类别，学生每周都有不同的课间操体验，学生对课间操的喜爱正是我们努力的结果。然而随着年龄的增长，学生对课间操也提出了更高的要求。未来我们会将体育项目与课间操相结合，以学生喜爱的音乐结合身体部位练习设计编创更多类别的课间操，提升各年级学生参与课间操的积极性，保证课间操锻炼的实效性。

（六）课间操的教育案例

1.创编操学习

学校体育教育月活动于本学期四月份举办，在学校"使每一天都有意义"的办学理念指导下，体育组开展了"爱运动、会健体、懂自律"的学科特色表达，本次体育教育月的主题是"让我们一起会健体"，学校为学生开展了丰富多彩的体育活动。例如，200米跑、垒球掷准以及托球往返接力跑的比赛，尤其是创编操的排练更能体现本次体育教育月的主题。

随着时代与社会的发展，创编操已经成为一种强身健体、提升审美能力的时尚运动。在教育改革不断深入的背景下，培养学生的核心素养与全面提升学生的综合素质成为当下教育教学的核心目标。在教育实践中，将创编操活动应用于学生的教育之中，对于学生的身体发展与心理发展具有十分积极的作用。

学生正处于身体与心理双重发育的关键时期。这个时期学生的生理特点表现为身体力量相对较差，平衡感也较差，但是其身体的柔韧性与灵活性比较好，能够完成一些简单的动作。这个年龄阶段，学生的心理特点表现为其心理尚未成熟，情绪波动相对较大，感情单纯而真挚，对周围一切事物充满热爱与好奇，想象力十分丰富。因此，学生的身心特点使得他们对于周围事物充满热忱，易于接受美好的事物，所以在学生中展开创编操的练习与比赛具有现实意义与可行性。[①]

创编操的练习可以促进学生身体的正常发育，增强学生的肌肉韧带强度与内脏器官功能。同时，创编操练习能够锻炼学生身体的柔韧性与协调性，增强其身体灵活性与平衡感等重要身体素质，增进学生身体健康。创编操练习可以培养学生正确的身体姿势，让学生拥有健康的体态与良好的精神状态。创编操练习可以协调发展学生各部位肌肉群，使其身体协调发展，塑造学生形体之美。[②]创编操练习可以让学生在学习与运用中，加深对音乐、对运动、对节奏的感悟与体会，这对于培养学生正确的审美观念、塑造学生良好的性格与品德以及陶冶学生美的情操具有积极的作用。

我校开展了创编操的比赛，各班可以根据自己的情况进行韵律操的创

---

① 王博.基于小学生身心特点的健美操创编与实施研究［J］.祖国，2018（06）：280.

② 同上.

编，所有的班级都特别重视这次比赛，他们精心挑选了音乐并认真编排了动作。在体育课上教师也会带领学生进行本班富有特色的创编操练习，其中有一个班的创编操练习让我印象特别深刻。根据挂图，我顺利地将预备节、第一节伸展运动教授完毕，但是在讲授第二节扩胸运动时我遇到了麻烦。第二节扩胸运动是一节以手臂动作为主，下肢动作为辅的运动，属于整套创编操中较为复杂的动作。刚开始我和往常一样采用了分解教学法，准备让学生一点一点地去学习动作，进而掌握动作。但是由于动作变化过多，很多学生仍然没有记住动作顺序及动作方法，整节操用了一节课的时间也没有几个学生真正学会。课间十分钟我进行了反思，为什么我费了那么多的时间学生就是学不会呢？就在我苦苦思考的过程中，我突然想到了师父编的一首"拍手站队歌"（拍拍手，跺跺脚，一二三四往前走，你不推，我不挤，前后左右要对齐。拍拍手，跺跺脚，看谁站齐，手放好），学生们根据歌词一边拍手踏步一边找到自己的位置。用简洁明了的语言做出提示，便能使原本你推我挤的站队状态变得井然有序，我为什么不能把创编操也变成这样的形式呢？于是在下节课我做了尝试。首先，我在每一个节拍都找到重点的动作，然后根据动作特点编出四字的口诀（1端平打开，2交叉拉平，3交叉还原，4关门收脚）。然后，我教学生们一边做动作一边记口诀。没用多长时间，学生们就记住了口诀。我就对学生们说："同学们你们现在已经学会了口诀，下面老师给你们喊口令，你们一边大声说出口诀一边做动作好不好？"学生们大声说好，都表现得跃跃欲试。一个八拍过后我惊喜地发现，大部分学生不但学会了动作，而且动作做得准确到位。一个小小的口诀就把原本我用一节课时间都很难解决的复杂问题给轻松搞定了，真是一个好方法能够解决大问题啊！

同时我总结出以下几种方法可以提高学生对于创编操的练习热情。

在练习创编操的队形方面可调整男女生做操的位置，变换学生的做操方向，身体朝后做操、身体朝左或朝右做操、前后两两一排做相向操等，给学生带来新鲜感，提高学生对做创编操的兴趣。以前学生听到音乐就直接站成做操队形，现在变成看手势变化站队，学生先在操场上成密集队形站好，随着音乐的变化，有节奏地向前跑进，变成做操队形。退场时在欢快优美的音乐伴奏下，按规定路线有序退场。

通过位置、方向以及入场和退场形式的改变，使学生在做操时始终能对周围环境保持一种新鲜感，在不断的变化中寻找快乐，符合学生的心理与生理特点，做操的兴趣与积极性得到了显著提高。

在做操的过程中，可以选出几名做得好的学生作为领操员，然后对他们进行严格要求，专门训练。做操时台上的领操员要按照教师的要求展示广播操动作，教师要结合动作进行讲解，使每名学生都能感受到创编操的美，再通过比较，强化美的意识。然后让学生做动作，教师进行要领的提示，采取同学互相帮助的方法进行纠正，不断体会美的感觉。同时可以让学生互相学习，互相欣赏，巩固动作，再次强化美的意识。

在基于学生的身心特点进行创编操的过程中，教师要充分了解学生的身心特点，明确创编操的主题，合理进行创编操音乐与动作的改编与选择，力求充分展示学生的朝气，让创编操切实达到提高学生身体素质、增强审美能力的效果。[①]

2.用耐心让学生爱上运动

篮球是学生十分喜爱的体育运动，对人体有较高的锻炼价值，能提高中枢神经系统和运动器官的机能，改善心肺功能，增强身体素质，培养积极勇敢、果断顽强的意志品质，激发竞争意识和进取精神。[②]篮球运动富有表演性和观赏性，深受学生的喜爱。

学校体育老师为了让学生更加热爱篮球运动而创编了篮球操，让学生在体育课、课间操和下午体育活动时间练习动作。老师把篮球分发给学生，从拿球开始学生就精神饱满、斗志昂扬，都渴望学会这套篮球操来丰富自己的篮球运动。学生动作整齐划一、充分有力，脸上的笑容彰显出自信，口令声音洪亮有力，毫不吝啬地表现出对篮球的喜爱。绝大多数学生都能够跟随指令完成动作，认真、专注地把动作高质量地展现出来。

通过几天的观察，我发现有一名学生纪律性很好，抬头看着主席台老师教授的动作，但就是不拍球练习。我把他带出队列，与他进行沟通，发现他是一名喜欢篮球运动的小男孩，只是动作不协调，随着音乐的节奏，无法展

① 王博.基于小学生身心特点的健美操创编与实施研究［J］.祖国，2018（06）：280.

② 唐祖燕.浅析讲解与示范在篮球教学中的运用［J］.高教论坛，2003（05）：104-106.

现出优美的拍球动作。我第一时间人肯定了他的付出，让他有自信，努力练习一定会有收获。我先带领他徒手模仿练习，跟随音乐找到节拍。在第一次尝试练习的过程中，我感受到他努力、执着和向上的精神，也发现他脸上出现了浅浅的笑容，自信心让他愿意多加练习。我发现他每次练习都很投入，与他进行沟通的过程中，了解到他会主动帮助其他同学。为了更好地提高篮球操的水平，他主动要求家长买篮球，放学回家听音乐认真练习动作，知道他这样努力，我不由自主地给了他一个大大的拥抱。在班级练习中他主动承担喊节奏的工作，口令清晰洪亮、动作正确到位。居家学习这期间，他总会给我发，练习篮球操的视频，脸上满是自信的笑容。因为喜爱，让练习变得有动力；因为喜爱，让练习变得不枯燥。

经常得到表扬的学生，长大后会充满爱心，性格开朗，乐于助人。教师不能吝啬自己的表扬，对学生取得的点滴进步都要给予肯定。发现学生的问题要从学生喜爱的角度出发，喜爱是学生肯于吃苦的基石。学生对于自己喜爱的运动会有自己的想法，他们会创新出不同的游戏，营造出宽松、和谐的属于自己的课堂。自信心就像催化剂一样能够将人的潜能调动起来，使人不屈不挠，不断努力，最终获得成功。培养自信心的方法是多种多样的，通过体育运动培养学生的自信心是非常有效的方法。每一个学生都需要鼓励，就像植物需要阳光、雨露。在鼓励的环境下成长的孩子，他们会相信自己的能力并不断努力，完成自己喜爱的运动。

三、西师附小体育社团发展状况分析及其建议

西师附小篮球项目发展状况分析及建议

（一）篮球项目介绍

篮球是以手为中心的身体对抗性体育运动，是奥运会的核心比赛项目，于1891年12月21日，由美国马萨诸塞州斯普林菲尔德基督教青年会训练学校的体育教师詹姆士·奈史密斯发明。1896年，篮球运动传入中国天津。1904年，圣路易斯奥运会上第1次进行了篮球表演赛。1936年，篮球在柏林奥运会中被列为正式比赛项目，中国也首次派出篮球队参加奥运会篮球项目。1992年，巴塞罗那奥运会开始，职业选手可以参加奥运会篮球比赛。篮球的最高组织机

构为国际篮球联合会，于1932年成立，总部设在瑞士日内瓦。中国的篮球最高组织机构为中国篮球协会，于1956年10月成立。[①]篮球运动属综合性的集体性运动，集运动训练、体能训练、娱乐等为一体。2017年，中国篮球协会正式发布《小篮球发展计划》并推出中国小篮球联赛。小篮球是一项针对12岁以下青少年开展的篮球训练项目，把12岁以下的青少年分为 12岁、10岁、8岁和6岁组，基本涵盖了小学所有学龄段儿童。其中U6和U8为幼儿组，U10和U12为少年组。小篮球是一项使用小型篮球的儿童体育活动。小篮球比成年人用球轻100～150克，只有450～500克；球的周长比成年人用球短8～10厘米，只有68～70厘米；篮圈高度比成年人所用的低25厘米，只有2.80米；球场长22米、宽12米。[②]这些都是根据儿童个小、手小、力弱的特点，为便于他们进行活动以形成正确的投篮、传接球及运球技术动作而设计的。比赛形式、比赛器材、参赛人数等多个方面都有别于常规的五人制篮球赛事，比赛时间、犯规次数甚至比分、得分方面较常规比赛都有很大调整。[③]

（二）小篮球项目开展的优势

1.小篮球运动对小学生的影响

小学生坚持进行小篮球运动训练，可以提高自身的身体素养，比如速度、力量、灵敏度、耐力度等，也能更好地促进了小学生的身体发育。运动训练能够增强学生的集体荣誉感、责任感和团结感，并加强学生对空间感的认知，提高身体的定向能力。小篮球运动属于集体性运动，需要参加比赛的运动员之间相互配合，团结，互帮互助，发挥团队的力量，才能赢得比赛的胜利。[④]了解并参加过集体比赛的运动员都知道集体性比赛中团结的重要性，并能够学会与他人建立亲密的合作关系，重视规则，重视纪律，与队友共同拼搏，从而与他人形成长期的友谊。

2.成为学校体育工作的杠杆

在学校开展小篮球运动有着许多天然的优势，例如，参与人数灵活，便

---

① 陈载阳.武汉市中学篮球教育研究［D］.武汉：武汉体育学院，2015.

② 赵广东.幼儿园开展小篮球活动的建议［J］.教育界，2018（08）：147，149.

③ 郑凯新.体育强国进程中小篮球竞赛体系优化策略研究［J］.青少年体育，2021（08）：51–53.

④ 周思旭.安徽省宿州市小学小篮球校本课程研发［D］.哈尔滨：哈尔滨体育学院，2021.

于学生自发组织等。同时，小篮球运动作为深受学生喜爱的球类运动之一，有着非常好的学生基础，是学校开展体育工作很好的一个杠杆。

（三）篮球项目开展情况

1.优质的场地、器材

学校拥有两块标准室外篮球场地和一块标准室内篮球场地。篮球及基本训练竞赛器材数量充足，能满足篮球教学和训练需求，且每学期会都进行补充。

2.广泛的宣传和推广

学校通过学校网站、学校刊物、学校电子班牌等形式广泛宣传篮球知识、篮球赛事等，渲染学校的篮球氛围，让篮球运动融入学生的学习生活，成为一种健康的生活方式。

3.优质课程的开展

学校将篮球项目列为校本课程，在一至六年级的每个年级配1名篮球专职教师进行授课（见表1-2-2），以保证每班每周一节。学生基本达到全员参与篮球运动。

表1-2-2 篮球专职教师成员名单

教练姓名	毕业院校	学历	职称	荣誉称号
彭刚	首都体育学院	本科	一级	西城区优秀教练员
李云飞	华东交通大学	研究生	一级	西城区优秀教练员
金瑞昌	首都体育学院	本科	二级	西城区优秀教练员
张尧	首都体育学院	本科	二级	
李泽	首都体育学院	本科	二级	西城区优秀教练员
方同轩	首都体育学院	本科	二级	

4.小篮球联赛的开展

学校开展了不同层次的篮球比赛：

①每学年组织班级内篮球比赛，保证每个学生都有上场的机会。

②五至六年级有"春季篮球联赛"，每班比赛场次不少于5场。引导学生形成日常"备赛"的意识，并在体育赛事中提高运动技能、磨炼意志品质、培养班级凝聚力。

5.小篮球社团梯队建设

同时学校为了吸纳有兴趣的学生参与篮球活动，根据学生不同的水平阶段成立了三个篮球社团：二年级篮球雏鹰社团，三、四年级篮球飞鹰社团，五、六年级篮球雄鹰社团。（表1-2-3）学生每周练习三次以上，每次练习时间为1小时40分钟，以满足学生获得篮球技战术方面专业指导和学生实际的需求。同时培养学生的安全意识和自我保护能力，提高学生的预防伤害及处理能力，并配备有安全、医疗等应急方案。在此基础上学校积极参与区、市级比赛，并获得较好的成绩。（表1-2-4）

表1-2-3　篮球校本课程目标

社团名称	课程目标
雏鹰队	激发学员的运动兴趣，形成良好的健身习惯；学习简单的篮球技术和篮球规则；发展学生身体的协调、灵敏等素质；培养学生坚韧、拼搏的精神
飞鹰队	熟练篮球基本技术，牢固基本技术以及篮球规则；发展学生上下肢力量和小肌肉群力量；培养学生勇敢、果断的意志品质和团队精神
雄鹰队	基本达到篮球基本技术自动化；发展学生的对抗能力；强化团队配合意识，重点掌握两套进攻跑位和一套防守队形战术

表1-2-4　比赛成绩

联赛名称	名次
西城区宏庙杯中小学生篮球联赛小学男子U10组	第一名
北京市百队杯中小学生篮球联赛U10组	第二名
北京市百队杯中小学生篮球联赛U12组	第三名
西城区三好杯中小学生篮球联赛U12组	第二名
西城区三好杯中小学生篮球联赛U10组	第三名
西城区三好杯中小学生篮球联赛U10组技巧赛	第三名
北京市百队杯中小学生篮球联赛U8组	第二名

6.学生喜欢篮球的现状调查

为了验证学校开展篮球运动的成效，我们又进行了问卷调查，本次问卷调查的对象为三至六年级的学生，在学生喜欢的体育项目调查数据中，喜欢篮球项目的学生共计789人，占参与调查总数的40.23%。在各年级的数据统计中，三至六年级选择篮球项目的比例呈阶梯式上升，年级越高选择的人数比例越大，其中三年级学生占30.92%、四年级学生占32.79%、五年级学生占48.15%、六年级学生占49.81%。（图1-2-2）由此数据可知，六年级学生喜欢并参与篮球这一项目的学生比例很大。在所有校内体育项目中最受学生欢迎的就是篮球运动，这与我校篮球运动的深入开展是分不开的。

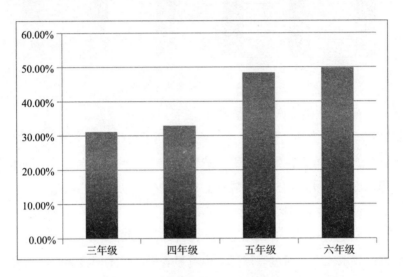

图1-2-2 各年级喜欢篮球的学生比例

7.篮球项目对我校小学生的身体健康发展分析

我们从六年级喜欢篮球的学生中随机抽取了20人（男、女各10人）来分析他们的体质健康测试成绩。

抽取的20人，其中15人体重正常，占总数的75%；1分钟跳绳优秀人数为15人，优秀率为75%；仰卧起坐成绩优秀人数为16人，优秀率为80%；50米跑优秀人数为10人，优秀率为50%；肺活量优秀人数为11人，优秀率为55%；50米×8往返跑优秀人数为8人，优秀率为40%。（图1-2-3）从以上数据可知，喜欢并参与篮球运动的学生在改善身体形态、机能指标方面有很大的优势。在身体素质指标方面，样本中的学生1分钟跳绳和1分钟仰卧起坐成绩更佳，在50米跑和肺活量成绩方面有一定的优势，但在50米×8往返跑成绩方面稍弱些。

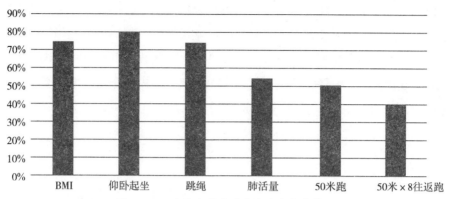

图1-2-3 我校小学生的身体健康发展情况

（1）提高学生的协调性与爆发力

篮球运动主要为间断性的快速奔跑，有利于提高学生下肢的协调性以及爆发力，1分钟跳绳主要测试学生的速度和爆发力，锻炼学生下肢肌肉的爆发力、弹跳力和速度，这些都可以在篮球运动中得到充分的锻炼。

（2）提高学生的肌肉耐力及心肺功能

篮球运动过程中学生始终处于跑跳状态，运动强度大，空中对抗多，对核心肌群的要求较高。通过篮球运动也可显著提高学生的腹部肌肉耐力。而1分钟仰卧起坐主要评价的是腹部肌肉耐力，特别是核心肌群的力量和耐力。

篮球运动对于提高肺活量及其指数发挥了推动作用，长期参与篮球运动的学生很好地锻炼了心肺功能。肺活量主要用于测试学生的心肺功能。

（3）提高学生的速度及反应能力

篮球运动中学生经常进行长时间、大强度的起跳、折返跑、直线冲刺等动作，对全身肌肉特别是腿部肌肉有较强的刺激和锻炼作用，同时也能锻炼学生的反应能力和肢体协调能力。而50米跑的主要目的是测试学生的速度、灵敏度和神经系统发育水平，对下肢肌肉力量和柔韧性也有一定的测试作用，所以经常参加篮球运动的学生在50米跑项目上有一定的优势。

（4）我校小篮球项目发展建议

①利用优质的学校及社会资源，加强教师培训

小篮球教师队伍中部分教师的年龄偏小，资历不深，教学经验略显不足。教师应不断展开学习，去弥补自身存在的知识盲区，积极提高自身对学

科的认识。教师要实现专业发展就必须要参加各类培训和进修班，学校应为教师创造各种培训的机会，只有教师队伍不断进步才能促进学校小篮球整体水平的提高。

②加强交流与合作

应与其他先进单位建立交流伙伴关系，建立沟通联系的平台，学校相互之间可通过平台展开沟通和交流活动。学校的领导和教师们需要建立沟通的意识，了解其他学校对于课程改进的计划、其他学校如何大力推进新课改等。交流与合作能够使校本课程建设赢得良好的局面，使学校之间建立友好的关系。

③积累经验，提升学生参与比赛的积极性

不断积累经验，在班级内、学校内开展内容更加丰富、形式更加多样的小篮球赛事，使更多的学生参与到篮球比赛当中。进一步简化练习环节，简化比赛要求，针对不同年龄段的学生设计不同的比赛要求，降低学生运用篮球技术参与比赛的门槛（低年龄段）。

西师附小棒垒球项目发展优化建议

（一）关于棒垒球运动项目

棒垒球运动是一项非常有竞争力的球类运动。它被称为"竞争与智慧的结合"，是一项智慧与勇气、乐趣与合作相结合的集体体育运动，它动静结合，分工明确。棒垒球运动作为一项集耐力、力量、智力、灵敏等特点于一体的综合性运动项目[①]，对参与者的要求相对较高，小学生参与到棒垒球运动之中，对身心健康发展、身体素质锻炼、团队意识建立都会起到很大的帮助。

（二）西师附小开设棒垒球项目的初衷

在李庆元校长的领导下，在学校课程发展中心、后勤保障中心和体育组的共同研讨努力下，学校将棒垒球引入学校课程文化中，以此更好地激发学生的运动热情和改善学生体质健康水平，从而培养德、智、体、美、劳全面发展的社会主义接班人。

---

① 任艳.棒球运动对小学男生健康体适能影响的实验研究［D］.苏州：苏州大学，2017.

1.棒垒球的学习意义与作用

（1）培养团队精神

棒垒球是一项要求队员完美配合的运动，是一项比心理素质、比意识、比相对力量、比相对速度和耐力，同时又比灵巧性的运动项目。同时，它又是一种具有强对抗性的集体运动，在比赛过程中不但要求每位成员各司其职，分工明确，还需要讲究战术。在棒垒球比赛中，许多因素影响着比赛的成败，有些事瞬息万变，这就需要比赛场上的所有队员不仅要有团队合作的意识，还要具有独立思考的能力，并把它融入集体的智慧之中。每位棒垒球成员都要具备较强的协作意识、服务精神和团队精神。

（2）体验挫折，锤炼意志

在项目规则上确定了跑垒运动员在2、3垒位上，如果身体的某个关节超出或者远离垒位就会被触杀出局。因此，跑垒者选择的跑垒方法相当重要，无论是加速跑、快速跑、冲刺跑、变向跑，还是低重心、高频率、低频率等，都需要运动员根据实际情况做出准确的判断。在跑垒过程中也要根据垒球的落点选择个体的跑位。比赛中失误以及判断错误导致失分是一种常态，棒垒球可以教会学生面对失败，总结经验，创造成功的机会。学生在体验挫折中，锤炼意志，克服困难，培养顽强拼搏、坚韧不拔的品质。

（3）增强体质

棒垒球运动是集跑、传、接、投、击等多种素质于一身的运动项目。比如，棒球防守队员要通过投掷棒球去阻止进攻方的跑垒，这就要求防守队员要有强劲的腰腹力量、上肢力量、协调能力、手指拨球控制能力及出球瞬间的爆发力。在训练的过程中，可以根据不同年龄和不同学生生长发育的特点[1]，采用不同的方法，这样才能够发展学生的上肢、腰腹和下肢力量，从而不断提高学生的身体素质。学生在参与棒垒球运动的过程中可以充分锻炼身体综合方面的能力。

---

[1] 赵鑫鑫.对小学开展软式棒球运动的思考［J］.当代体育科技，2020，10（05）：146，148.

（4）提高交流水平

随着社会发展的需要，社会交往能力将成为必要能力之一，棒垒球运动正是进行青少年文化交流的绝佳平台。而这项运动正跟当前我国的国情十分契合，强调社会的和谐发展，团队的团结性、集体性，能够让学生在运动中认识自己、认识他人，塑造良好性格，有效培养其社交能力，学会为人处事，促进自己与他人建立友善融洽的人际关系。

2.西师附小棒垒球社团的实际情况

西师附小于2017年9月成立了棒垒球社团，由于棒垒球项目本身就是个冷门项目，学生与家长对项目的认知度低，这对社团的发展实属不利。最初的招生计划是男、女生人数相等。实际情况是女生的人数发展男生的三分之一都不到。通过严格管理和细心教导，老师带领社团中的学生用实际行动证明了这个项目的优势及特殊性。现在社团人数多达百人，从刚开始的2个班扩展到现在的4个班。分别是棒球低年级组、棒球高年级组、垒球低年级组、垒球高年级组。从原来的两队，变成现在的棒垒球分别拥有两支队伍，根据不同年龄及比赛的赛制进行队伍设置，为比赛做好准备。西师附小棒垒球队曾取得2018年第十届北京市体育大会垒球比赛第二名；2019年第十一届北京市体育大会垒球比赛第二名；2019年北京市体育传统项目学校棒垒球比赛第六名。2019年西师附小荣获第十一届北京市体育大会垒球比赛"体育道德风尚奖"（图1-2-4）。

图1-2-4　参加棒垒球比赛获奖情况

（三）西师附小棒垒球项目现状

尽管西师附小棒垒球社团成绩斐然，但从2021年针对全校学生或部分学生的体育问卷调查结果来看，喜欢棒垒球项目的人数相对较少。不可否认的是，棒垒球项目依旧在我校宣传力度不够、普及度不高，导致学校大部分学生没有体验感，不能了解棒垒球运动项目的运动技术和项目规则，感受不到棒垒球运动项目的魅力。

1.棒垒球社团学生与其他学生体育成绩数据比对分析

（1）关于跑、投体育活动的数据分析

为了调查棒垒球社团学生的快速跑能力和投掷能力的情况，随机选取了五年级6名棒垒球社团学生与6名非棒垒球社团的学生，对他们进行50米跑和实心球投掷的测试，得到的成绩如表1-2-5所示。

表1-2-5　非棒垒球社团学生50米跑和实心球投掷成绩统计

项目	性别	50米跑/秒	实心投掷球/米
F1	男	9.9	4
F2	男	9.1	6
F3	男	9.3	7.9
F4	女	8.6	5
F5	女	9.9	4.1
F6	女	8.6	5.7

表1-2-5中F是非棒垒球社团的简称，从五年级所有学生中随机抽取了6名包括3男、3女，对50米跑和实心球投掷进行了测试，得到了6个人的50米跑和实心球成绩，并进行了简单的数据统计，得到50米跑成绩男生的均值是9.43，女生的均值是9.03；实心球成绩男生的均值是5.97，女生的均值是4.93。

表1-2-6中B是棒垒球社团的简称，从棒垒球社团成员中随机抽取了五年级的6名学生，包括3男、3女，对50米跑和实心球投掷进行了测试，得到了6个人的50米跑和实心球成绩，并进行了简单的数据统计，得到50米跑成绩男生的均值是9.1，女生的均值是8.53；实心球成绩男生的均值是5.23，女生的均值是5.37。

表1-2-6 棒垒球社团学生50米跑和投掷成绩统计

项目	性别	50米跑/秒	实心球投掷/米
B1	男	9.6	6.1
B2	男	8.7	5.6
B3	男	9.0	4.0
B4	女	8.9	5.2
B5	女	8.4	4.9
B6	女	8.3	6

对表1-2-5和表1-2-6的数据进行简单的统计得到表1-2-7。

表1-2-7 棒垒球社团与非棒垒球社团学生50米跑和投掷成绩均值统计

组别	性别	50米跑/秒	实心球投掷/米
非棒垒球社团	男	9.43	5.97
	女	9.03	4.93
棒垒球社团	男	9.1	5.23
	女	8.53	5.36

由表1-2-7可知，在实心球投掷项目上，棒垒球社团的女生成绩均值高于非棒垒球社团的女生成绩均值，棒垒球社团的男生成绩均值低于非棒垒球社团的男生成绩均值，一定程度上说明了经过系统的训练，棒垒球社团女生的投掷能力有了一定的提升，而男生的投掷能力未得到提升。从50米跑项目来看，棒垒球社团的男生和女生的成绩均值均低于非棒垒球社团的男生和女生成绩均值，一定程度上反映了经过一段时间有规律的棒垒球训练，社团内学生的快速跑能力有一定的提高。

2.国家学生体质健康测试数据比对分析

国家学生体质健康测试是对学生身体状况的监测，数据能反映学生的各项身体素质情况，对学生了解和调整自己的身体状况具有很好的指导作用。随机选择同一年级的棒垒球社团学生和非棒垒球社团学生各8名，共计16名，男、女生各占一半，对他们的体质健康测试数据进行对比，分析不同项目之间的差别，一定程度上可以为棒垒球社团的队员选拔和日常训练提供客观、科学的数据支撑。

通过对16名学生进行测试，得到的肺活量、1分钟跳绳、1分钟仰卧起坐、坐位体前屈、50米×8往返跑五个项目的数据见表1-2-8和表1-2-9。

表1-2-8 棒垒球社团学生的体质健康五项成绩表

项目	性别	肺活量/毫升	1分钟跳绳/次	1分钟仰卧/个	坐位体前屈/厘米	50米×8/秒
B1	男	1 912	159	39	4.4	111
B2	男	2 201	170	40	3.2	104
B3	男	1 675	174	45	10.8	100
B4	男	1 911	150	42	14.1	114
B5	女	1 852	187	43	18.2	104
B6	女	2 342	172	52	8.5	96
B7	女	2 559	156	41	9.2	98
B8	女	2 515	161	50	20.3	101

注：B是"棒"字拼音首字母的缩写，代表棒垒球社团。

表1-2-9 非棒垒球社团学生的体质健康五项成绩

项目	性别	肺活量/毫升	跳绳/次	仰卧/个	坐位体前屈/厘米	50米×8/秒
F1	男	2 051	145	42	11.9	117
F2	男	2 046	159	43	8.4	114
F3	男	2 150	143	58	1.7	110
F4	男	2 357	145	38	11.7	113
F5	女	2 040	123	60	17.5	98
F6	女	2 032	170	35	11.6	108
F7	女	2 065	157	39	11.2	101
F8	女	1 821	142	44	21.1	119

注：F是"非"字拼音首字母的缩写，代表非棒垒球社团。

棒垒球社团学生和非棒垒球社团学生的体质健康五项成绩的均值见1-2-10。

表1-2-10 棒垒球社团和非棒垒球社团学生体质健康五项成绩均值表

组别	性别	肺活量/毫升	1分钟跳绳/次	1分钟仰卧起坐/个	坐位体前屈/分米	50米×8往返跑/秒
非棒垒球社团	男	2 151	148	45.25	8.425	113.5
	女	1989.5	148	44.5	15.35	106.5
棒垒球社团	男	1924.75	163.25	41.5	8.125	107.25
	女	2317	169	46.5	14.05	99.75

从1-2-10中可以看出，棒垒球社团和非棒垒球社团相比，男生的1分钟跳

绳成绩的均值比较高；女生的肺活量、1分钟跳绳、1分钟仰卧起坐成绩的均值比较高。图表中的数据给棒垒球日常训练的启示是：男生要加强肺活量，1分钟仰卧起坐和坐位体前屈的练习，这三项体现的是学生的心肺能力，腰腹和背部的力量，身体的柔韧性；女生要加强坐位体前屈的练习，提高身体的柔韧性。从新队员的选拔上来看，无论男女，1分钟跳绳和50米×8这两项的成绩要突出，反映在身体素质上就是，速度，心肺耐力，灵敏协调，下肢力量要相对好一些，除此之外，女生的腰腹、背部力量也要明显突出。

3.访谈对话专业人士

通过问卷调查分析结果设计问题对话西师附小棒垒球社团主教练吕伟老师。

图1-2-5 棒垒球社团主教练吕伟老师

表1-2-11 吕伟老师个人简介

姓名	吕伟	运动级别		国际健将
曾获 称号	世界三大投手之一 北京市三八红旗手（个人） 北京市三八红旗手（集体）			
	曾获得成绩			
	时间	名称	位置	成绩
国内 比赛	1999—2003年	全国垒球锦标赛	首发主力投手	冠军
	2005年	全国第十一届运动会		第五名
	2007年	全国垒球锦标赛		第三名
	2009年	全国第十二届运动会		第四名
	2013年	全国第十二届运动会		第四名

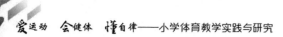

续表

国际比赛	2004年 2006年 2006年 2008年 2010年 2010年	第28届雅典奥林匹克运动会 北京世界锦标赛 多哈亚运会 第29届北京奥林匹克运动会 世界锦标赛 广州亚运会	首发主力投手	第四名 第四名 第三名 第四名 第六名 第二名
	职业队 2009—2011年 2011—2012年	日本企业队 职业联赛 广西九三工程学员队 国内联赛	主力投手	甲级

①吕伟老师您作为棒垒球项目专业能力这么强的体育教师，从专业角度是怎么看本校棒垒球社团的？

首先棒垒球是一个集体运动项目，它具有很强的娱乐性、团体性和规则性。但是，最初我内心是有落差的，落差在于学生是零基础，不会、不了解这项运动，和国外对比，是很有差异的。但是在教的过程中，学生的接受能力和领悟能力，让我看到了希望，也获得了信心。他们在掌握技术和项目运动规则的速度上是很快的，以至于能够在很短的时间内快速组建比赛队伍，并取得较为理想的成绩。这是一个越来越好的成长过程，是学生的，也是教师的。

②棒垒球和其他集体项目比如说足篮排相比有什么项目特点和项目魅力呢？

它是集体项目，但不同于其他项目上的集体性，它属于个人融入集体，集体中的个人项目。它是从出发点再回到出发点才能得分的一个比赛项目。简单来说，就像回家，一个人出去再回来，他怎么回家？怎么对抗竞争者？家庭其他成员（队友）共同协作帮助他回家。这是一个非常考验配合能力、动商和个人能力及意识、团体能力及意识的一个多元化、综合性的项目，是一种内涵非常丰富的运动。

③我知道您有多年在国外打职业联赛的经历，您认为国外和国内的青少年在学习棒垒球项目时有什么区别呢？

在很多其他国家，学生属于完全自己愿意和感兴趣，从小就喜欢参与棒垒球运动。日本的棒垒球水平为什么比较强？原因在于日本的中小学生属于自己发自内心地喜欢，然后乐于参与，愿意去研究它，完全脱离家长的意愿。国内的情况在这点上还是有一点区别的，家庭因素起主导作用。

④您对棒垒球的在国内的发展趋势有什么评价？

目前，这个项目在国内的发展趋势一直是向上走的，还是源于项目特性，它非常有意思，是一个娱乐性浓厚的体育项目，拿现在比较流行的T-ball（软式棒垒球）来说，在国内受到很多人的喜欢。

⑤在我校这次关于运动的问卷调查中，选择棒垒球项目的学生并不多，这和场地局限、课堂教学普及度有关，对于项目能不能更好地普及或者大规模地应用到体育课程中，作为专项体育教师您有什么更好的建议呢？

只要是游戏，学生就喜欢。普及推广最好的方法就是让棒垒球运动以游戏的形式出现在体育课堂或体育活动中，先让学生去体验，玩起来，产生兴趣，激发学生主动学习的积极性。至于场地局限的问题，通过"比例缩小"就能解决，也要适当简化规则，让学生更容易接受。

⑥2017到2019短短两年的时间，西师附小棒垒球队已经多次在北京市级比赛中获得好成绩，能否通过参加比赛取得好成绩来增强知名度？

还是要回到项目本身来说，它是小众的，一支优秀专业的比赛队伍，可以打开一定的知名度，但是要考虑大环境。社团和学校教学推广普及肯定是有区别的，社团训练的过程可以通过专业队服、训练表象还有赛绩引起周围同学和家长的关注，但是比赛队伍一定要具备一定的专业水准，这就离不开社团的日常训练，在教学中，我还是认为游戏形式是最优的推广普及模式，但是他要遵从学生的兴趣。

吕伟老师在谈话中指出，学生在参与任何运动项目时，他自己的意愿与兴趣是首要的，只有学生发自内心地喜欢，由被动接受转化为主动学习，用心研究，才能真正发挥运动项目的作用。棒垒球运动的意义与作用不容小觑，这个集体项目，考验学生的配合能力、动商和个人能力及意识、团体能力及意识，是一项多元化、综合性且内涵非常丰富的运动。对于小众集体性球类运动的发展，要从全球国际化和国内发展趋势去综合考虑，棒垒球在学校普及是在实际教学中通过"游戏形式""缩小场地比例""简化项目规则"等策略，科学有效地进行教学，让更多学生切身体会到棒垒球运动的魅力。

（四）优化棒垒球项目推广普及建议

1.扩大我校棒垒球项目的宣传范围，加大宣传力度

棒垒球项目本身具有小众性，如果宣传不到位就会限制其发展。学校需要多方面拓展棒垒球项目的宣传渠道，可以通过家长会、学校展板、升旗仪式等方式进行宣传，让更多的家长和学生了解此项目；在组织棒垒球教学相关活动、竞赛的同时，应创建良好的棒垒球教学氛围，提升棒垒球的影响力，体现棒垒球运动的体育魅力，让学生对棒垒球产生兴趣，爱上棒垒球这项运动。

2.发挥我校棒垒球专项教师的教学优势

我校棒垒球专项师资具有明显的优势，教学团队具备较强的棒垒球专项专业能力，可继续加大教师教学能力培养的力度，在棒垒球的基础知识和运动水平上不断提高学校教师的认识和技能，以此适应目前阶段的棒垒球体育项目发展的需要。棒垒球项目的体育教研组，要努力为所有教师进行有效的交流与合作提供更高质量的平台，为棒垒球专项教学发展做好准备。

3.将棒垒球项目普及到体育课堂上，打造特色棒垒球传统校

在实际教学中通过"游戏形式""缩小场地比例""简化项目规则"等教学手段，科学有效地将棒垒球课程进行教学普及，根据校园内现有场地的实际情况，进行棒球运动场地和设施的改造。根据小学生的身体素质，适当缩短垒间距与投手距离。以适合棒垒球专项教学的方式，组织学生参加以防守或传接球游戏为主的棒垒球运动，增进学生彼此之间的信任，提高学生的团队合作意识，积极探索棒垒球教学发展规律。与此同时，注重学生良好的情感体验，创造和谐愉快的教学环境，合理运用新颖的棒垒球运动教学方式来激发学生参与体育运动项目的热情，促进棒垒球运动教学效果的不断提高。

中小学现如今已经成为我国棒垒球人才培养的主阵地。西师附小作为棒垒球传统校，为培养出专业棒垒球后备人才打下了良好的基础。

我校的棒垒球社团，应通过训练掌握专项技术，并且举行班级比赛或校级联赛，让学生在比赛中提高自身的技能。同时学校还应该提高针对棒垒球项目的科学研究，不断发挥棒垒球项目自身的综合作用，将其效果、意义最大化，在校园文化中渗透棒垒球文化，打造西师附小特色棒垒球传统校。

西师附小武术发展现状研究

武术蕴含着深厚的文化底蕴和博大的精神外延,推动"武术进校园"是深入实施全民健身国家战略、促进青少年茁壮成长的重要举措。[1]武术是我校的宣传名片之一,每三年一次的集团运动会,是我校体育项目的专属大型活动之一,可以有效地利用学校集团运动会来发展武术项目,对学生进行民族传统体育文化的宣传。

(一)在武术的礼仪中抓住学生的心理

武术人重视礼仪。我校老师注重把武术礼仪的内涵和存在的作用与价值给学生解释清楚,让学生明白中国是礼仪之邦,崇德尚礼,从内心产生认同,有助于培养学生的道德意识,养成彬彬有礼的行为习惯。

(二)以多种方式激发学生学练太极扇的兴趣

太极扇是一项综合体现武术的运动,它具有独特的审美特点。这项运动融合了武术中集观赏性和健身性于一体的太极、表现性很强的韵律舞蹈、愉悦身心的轻快音乐等内容,适合不同年龄阶段的人群习练。太极扇走进校园,进入课堂,能满足小学生多样化的需求,在课堂上学习武术知识和技能的同时,也提高了学生的学习兴趣和对传统文化及礼仪的认同,有利于引导学生养成终身体育锻炼的习惯。

图1-2-6 学生参加太极扇运动

---

① 王艳霞,孙明彪."校园武术"发展的困境与路径探析[J].新体育,2022(14):107-110.

（三）武术社团促进学生全面发展

我校于2016年成立了武术社团，每学期初学生通过学习网络进行报名，经社团老师选拔后进入社团。在武术社团教学中，教师将五步拳、初级拳、初级棍等内容作为零基础学生的必学内容。让学生了解不同传统艺术之间的联系，并利用武术的形式将五步拳与初级拳等内容呈现出来，让学生在创造的过程中发现各个文化艺术之间的联系，形成文化传承发展意识；让学生在学习的过程中掌握更多的技能技巧，了解传统文化艺术的魅力。[①]

在武术社团教学中，将学生分成不同的小组，然后让学生自主探究学习，了解武术中包含的传统文化内容，通过实践与学习形成团队意识与坚韧的品质。通过分组练习的方法，有效提高了学生对武术学习的兴趣，同时培养学生坚韧不拔的精神。自2016年至今，武术社团参加了北京市的武术比赛，并获得了第三、第四、第五名；西城区中小学生武术比赛的团体操第二，个人成绩的第一、第二、第三、第四等名次。有研究表明，武术竞赛一方面能发掘学生的潜能，提升学生的运动技术水平，另一方面是武术技艺传承和发展的重要形式，同时还有利于中华武术精神的弘扬，可谓一举多得。[②]

图1-2-7　学生参加武术比赛

（四）武术开展存在的问题与建议

中国传统武术是中国的国粹，是我国特有的传统体育项目，其文化内涵也将使学生加深对我国传统文化的热爱，但武术项目相比于篮球、足球、乒乓球等项目是小众化项目。通过对武术社团学生的访谈，了解到多数学生对

---

① 王鹏.武术教学中传承中国传统文化的优化路径［J］.当代体育科技，2021，11（31）：165-168.
② 罗琪美，李良明，周小娟.武术进校园的反思与优化研究［J］.青少年体育，2021（12）：100-101.

武术的认识来自影视剧，认为可以飞檐走壁非常酷，对于武艺高强的大侠是非常崇拜的，也梦想过自己成为有绝世武功的人物。也有的学生认为学习武术能够强身健体，使自己更加强壮，保护自己不受欺负。为了更好地开展武术项目，有以下几点建议：

①构建西师附小的校园武术文化，弘扬武术精神。在学校中，利用展板、班级外的多媒体屏幕、红领巾广播等途径，对中国传统武术进行宣传和展示，对学生进行武术的熏陶，激发学生的爱国热情和崇武尚德的意愿，形成具有西师附小特色的武术文化内涵，从而继承和弘扬我国优秀的武术文化和思想，达到薪火相传的目的。

②要不断地在实践中摸索，把握好武术教材，找到有效的教学方法，关注学生的运动需求，激发学生学习武术运动的兴趣。

③形成具有学校特色的武术赛制，制定赛事规则，促进学生积极参与。定期举办学校的武术赛事，评选"武星"，使学生形成比赛竞争意识，并在比赛当中培养良好的武德精神，使武术比赛成为常态化工作。[①]

西师附小跳绳运动开展现状研究

（一）跳绳项目介绍

跳绳是我国民间传统体育运动，唐朝称"透索"，宋朝称"跳索"，明朝称"白索"，清朝称"绳飞"，民国以后称"跳绳"。花样跳绳是在传统的跳绳中融入体操、舞蹈、音乐和武术等现代元素[①]，是一种以下肢活动为主，上下肢协调配合的一种全身运动，能有效发展学生的下肢力量，提高身体的协调性和灵活性，对于培养学生果断、顽强的品质和竞争、合作意识有十分重要的意义。花样跳绳运动具有强心健身价值，有学者将其称为"最完美的健康运动"。

跳绳是小学体育与健康课跳跃类的一项教学内容，也是《国家学生体质健康测试标准》小学阶段的测试项目之一。跳绳对场地和器材要求低，易开展，锻炼效果好，能够满足学校小场地教学这一现状。

---

① 王鸽子.新时代体教融合背景下武术进校园路径研究［C］// 中国体育科学学会.2021年全国武术教育与健康大会暨民族传统体育进校园研讨会论文摘要汇编（二），2021.

（二）开展跳绳运动的作用

1.有利于开发智力

跳绳是一项以下肢跳跃为主的全身运动，练习跳绳时，需要手、脚高度协调配合完成动作。在跳绳动作的变化练习中会促进左右脑平衡发展，在努力完成跳绳动作的过程中不断地思考、尝试、创新，增强了脑细胞的活力，有利于开发智力。

2.改善身体形态，促进身高发育

众所周知，坚持跳绳会消耗很多热量，消除多余的脂肪，增加肌肉的力量和弹性，使练习者的身体形态得到改善，跳绳是减肥人群的很好选择。对于青少年儿童来说，经常练习跳绳，肌肉收缩牵拉骨骼会使骨骼承受一定的压力和张力，会加速骨的生长，对身高的增长产生促进作用。

（三）我校跳绳运动的开展状况

我校跳绳运动在体育课中开设时间较长，以单摇并脚跳、交换跳、双摇、编花、长绳8字这几项为主。跳绳这一项目深受学生喜爱，特别是低年级学生，在并脚跳的学习中他们经历了从不会到会、从不熟练到熟练的过程，体验到了成功的喜悦，也增强了腿部力量，提高了身体的协调性；高年级同学则对双摇、编花、跳长绳等更感兴趣，特别是长绳8字，教师在体育课上教授了跳长绳的基本方法，学生利用课余时间、大课间体育活动开展练习。学校为了提升学生练习的积极性，在体育教育月开展了长绳8字班级竞赛，学生在紧张激烈的氛围中体验到这项运动带来的乐趣，增强了学生集体荣誉感和班级凝聚力。

为了满足学生的跳绳学练需求，增强学生运动能力，提高学生的身体健康水平，学校于2021年9月开设了花式跳绳社团，练习内容以大众跳绳等级练习、车轮跳、交互绳等多种形式的跳绳为主，并为学生提供了课后学习、练习跳绳的平台，增强了学生参与锻炼的积极性，达到了拓展兴趣、增强体质、磨炼意志的目标。

学生访谈案例：

在本次问卷调查中有93名学生喜欢跳绳，笔者对问卷中选择喜欢跳绳的学生进行了访谈，问题如下：

①跳绳运动给你带来了哪些变化？

②长期坚持跳绳有什么变化?

③体育课练习跳绳的内容、形式有哪些?

④练习跳绳对课外体育锻炼有哪些帮助?

多数学生认为跳绳简单、易学,跳绳后胃口变好了,感觉心情愉快、神清气爽,脑袋很清醒,文化课的注意力更集中了,学习效率也更高了。身体素质方面,心肺功能增强了,单位时间内的跳绳数量越来越多,运动能力有所提高。

长期坚持跳绳的学生发现自己的体质健康测试成绩明显提升了,弹跳能力变强,身体健康,不易生病;每天坚持跳绳,学习、生活更自律了,学习的专注力变强,学习成绩也有一定的提升。

不少学生课后坚持每天跳绳,体能提升了,力量素质提升了,希望以后多开展跳绳活动,想体验多种花样的跳绳方式,也愿意积极参加跳绳社团活动。

很多高年级学生喜欢长绳8字,他们认为这项运动能体现学生之间的团结协作,提高学生之间的配合能力,锻炼团结协作能力,也能体验运动的乐趣。

笔者也对问卷中没有选择跳绳的学生进行了访谈,跟学生喜欢的项目做了简单对比,分析学生的跳绳需求为后续跳绳运动的开展提供参考。访谈结果如下:

不少学生因为跳绳容易抽到自己而产生了胆怯心理,还有学生提出课上总是跳绳,练习形式比较单一,很枯燥。个别学生觉得跳绳提升成绩慢,枯燥乏味,消耗体力太大、太累,不愿意练习跳绳。

不少学生也对学校开展跳绳运动提出了自己的建议,希望以后课上有自由练习跳绳的时间,也可以增加各种形式的跳绳。体育课长绳8字的练习中可以按照跳绳水平的高低进行分组练习。学生可以根据自己的水平进行分组练习,提高练习的趣味性。

(四)我校跳绳运动开展过程中存在的问题

1.跳绳动作与学生能力不匹配

花样跳绳作为一项新兴的体育运动,多数学生从未接触过。在实际教学中会发现,花样跳绳对学生身体的协调性、灵活性具有一定的挑战性,看似简单的动作，学生的实际完成度较差，班级整体完成情况未达到预期。教师只能教授相对来说难度较低的动作，促使跳绳运动顺利开展。

2.学生对跳绳运动的热情降低

刚接触花样跳绳特色课间操时，学生比较兴奋、充满热情，但动作学习和练习还是比较枯燥的，一个动作需要反复练习，跳绳失误也是对学生身体和心理的一个考验，为了完成整个班级的展示练习，需要反复练习，随着时间的推移，学生对动作和音乐的掌握愈加熟练，但对跳绳的热情却随之降低。个别学生会觉得跳绳太累，更想参加别的轻松的项目。

（五）总结

花样跳绳特色项目的建设是一个长期而持续的积累过程。我校在师资条件、场地和器材等方面的建设框架已基本建立。我校体育教师的花样跳绳专业技能不高，无外聘教师，不能满足学校花样跳绳特色项目建设的需求，下一步我校将引进校外跳绳教练来提升跳绳学习练习的专业性。

我校花样跳绳运动的开设方式相对比较单一，未来我校将增设花样跳绳校本课程，并把花样跳绳运动融入大课间活动中，把花样跳绳校本课程与课间操结合起来。同时还会加大花样跳绳的宣传力度，普及跳绳知识，通过校内媒体推送和学校社团表演，提高学生对花样跳绳的认知度，增强学生的学习兴趣以及参与花样跳绳运动的积极性，进而实现让更多的学生喜爱花样跳绳、懂花样跳绳、会花样跳绳。

西师附小皮划艇项目发展分析及建议

（一）皮划艇项目介绍

皮划艇分为皮艇和划艇，皮艇源于格陵兰岛上的爱斯基摩人用鲸鱼皮制作的小船，使用两端均有桨叶的双桨划动，皮艇运动员坐于艇内，面向前方，皮艇有舵，运动员手持两头带桨叶的桨在艇的两侧轮流划动，脚用来操纵舵控制航向；划艇则源于加拿大，与皮艇的不同之处为运动员前腿成弓步姿势，后腿跪于艇内，两手握一支单面桨在艇的一侧划动。

20世纪30年代，皮划艇运动传入亚洲，50年代，中国自制并生产皮划艇，并在北京、上海、哈尔滨等多个城市相继开展皮划艇运动。1957年第3届全国运动会把皮划艇列为正式比赛项目。皮划艇运动被越来越多的人所知晓，也逐渐成为大众喜爱的运动项目。

（二）皮划艇运动的作用

1.促进学生的身心发展

（1）皮划艇运动对小学生的生理作用

众所周知，健身运动能够对人体产生一定的刺激，不同的刺激强度、作用时间的长短以及人体各个器官系统的机能状态，均能对人体产生良好的影响。经常进行健身运动的人，身体会更加强健，身体动作更有力、灵活。传统艇船类项目主要以竞技体育的方式为主，专业性要求极高，具有较强的健身功能，受到场地、器材和规则等诸多因素的限制，大众普及度和参与度较低。皮划艇能够满足普通学生的健康需求，从锻炼身体的角度，作为一项很好的有氧运动，皮划艇可以增强人体的心肺功能，锻炼心血管机能，特别是对下肢关节的运动负荷较小。泳池皮划艇运动是一项新开发的室内休闲类划艇项目，它不仅具有一定的竞争性，同时还为体育运动增添了简单性和趣味性。现在社会上可供学生参与水上运动的方式不多，泳池皮划艇运动具备了运动性、趣味性、易操纵性、简单性和娱乐性等特点，在满足了普通学生的体育运动需求的同时，还可以实现和发挥它的健身功能和作用。[1]

（2）皮划艇运动对小学生的心理作用

由于皮划艇是一项水上运动，学生在户外进行运动的同时也亲近了大自然，能够改善情绪紧张问题，促进精神放松，保持心情舒畅，进而保持良好的心理状态。

学生在与大自然的零距离接触中，对于大自然的生命更具有爱心与同情心，会更加珍爱生命，珍惜朋友之间的友情。积极参加皮划艇运动的学生具有较强的组织能力，具有较强的团队意识，会积极地帮助伙伴等。[2]

2.丰富学校的社团活动内容

我校为促进学生的全面发展，开设了田径、足球、篮球、跆拳道、武术、棒垒球等丰富的社团供学生选择，学生乐于参加各种体育项目，而且在

① 田哲嘉.泳池艇船类项目开展的可行性研究［D］.北京：北京体育大学，2018.

② 陈茹，文静.休闲皮划艇在杭州中小学开展的必要性与可行性分析［J］.当代体育科技，2019，29（9）：179-181.

社团活动中身心都得到了全面的发展。学校将皮划艇这项运动引入小学校园的社团活动中，为学生搭建起水上运动平台，大大地提升了学生对体育运动的兴趣，也提高了学生参与体育运动的积极性，从而能够增强体质。

（三）我校皮划艇项目的开展现状

1.学生喜欢皮划艇项目现状调查

为全面了解学生对于该项目的了解及参与的积极性，我校在皮划艇项目开展初期进行了问卷及访谈调查。三至六年级学生喜欢的体育项目调查数据中，有8.98%的学生选择了皮划艇项目（图1-2-9）。调查显示，有176名学生对于该项目有一定的需求，学生愿意尝试并且喜欢参与这一项水上运动。

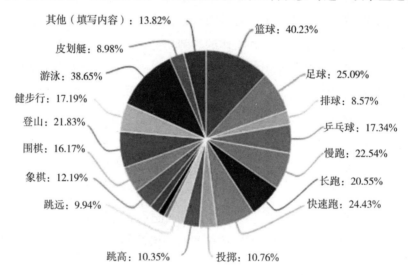

图1-2-9 三至六年级学生选择喜欢校内体育项目百分比

因此，针对问卷调查我们从选择皮划艇项目的176名学生当中随机抽取20名学生进行访谈，来了解学生对该项目的参与度。问题如表1-2-12所示。

表1-2-12 皮划艇项目参与度调查表

序号	问题
1	在本次调查问卷中你选择了该项目，你为什么喜欢皮划艇项目？
2	你觉得参与皮划艇项目时跟其他项目有什么不同？
3	参加皮划艇项目给你带来了什么变化？（身体、心理）
4	参加完该项目你觉得对其他体育项目有什么提升？

访谈案例1：

①我喜欢皮划艇项目是因为它是一种水上运动项目，是一项很有乐趣的运动项目。

②因为皮划艇是水上运动，所以需要练习者具有一定的平衡性，这也是区别于我们平时的运动项目的。

③皮划艇项目的练习让我的身体素质提高了，并且培养了我勇敢拼搏的精神和战胜一切困难的勇气。

④参加完皮划艇项目，我觉得我的跑步能力比之前有了很大的提升。

访谈案例2：

①我之前接触过皮划艇项目，而且在夏令营也参加过皮划艇的训练，我觉得皮划艇项目非常有趣。

②皮划艇是一项水上运动，给我的感觉很自由、很轻松。

③我感觉胳膊更有劲了，而且减肥了，让我感受到了运动的快乐，我很喜欢在水上面滑行的感觉。

④参加完皮划艇项目，我觉得我的臂力提升了，因为在皮划艇项目中上肢力量用得多，然后还会用到腰部，因为游泳也会用到腰部，所以对我学习游泳也有很大的帮助。

访谈结果显示，学生是喜欢并且乐于参与该项目的，此项目区别于其他项目的最大特点是，水上项目对于学生有一定的吸引力，学生乐于参与水上运动。学生可以通过皮划艇运动使身体均衡发展，增强体质健康。而且学生进行水上运动的同时也亲近了大自然，能够放松心情。因此，学校开展皮划艇项目是符合学生的身心发展规律以及实际需求的，对于学生的全面发展具有十分重要的意义。

2.拓展校内外资源，推动皮划艇项目的发展

我校体育工作从学生的实际需求出发，尊重学生的个体差异，力求让每一个孩子的个性得到发展，能力得到培养，潜能得到发挥。2021年9月，我校与西城区体育局合作，将皮划艇项目引进了校园，为学生搭建起水上运动平台，并由专业的皮划艇老师带领社团。学校充分利用和拓展校内外的课程资源，让资源服务于学生，更加深入地阐释了我校"健康第一、基础扎实、

学有所长、国际视野、全面发展"的培养目标。学校引进该项目，使学生获得了更多的运动体验，引导学生学会多种运动技能，促进学生的全面发展，也同时推动了皮划艇项目在小学校园的发展。

图2 皮划艇社团

3.高水平的师资力量

学校体育运动的发展离不开教师的引领，我校皮划艇社团有两名教师，他们的基本情况如表1-2-13所示。

表1-2-13 皮划艇社团教师成员

姓名	毕业院校	教师简介
刘博	北京体育大学	原国家皮划艇队队员，全国冠军，国家健将级运动员，现为西师附小体育教师
韩磊	首都体育学院	原国家皮划艇队队员，2005年亚洲皮划艇锦标赛冠军，全国冠军，国家健将级运动员，高级教练，现任北京市西城区皮划艇队主教练

4.科学选材，促进学生健康成长

皮划艇运动是很有锻炼价值的一项水上运动，该项目对有氧耐力和力量有较高要求，学校十分重视对该项目的普及以及学生的实际需求。从参与多项体育运动、学会多种运动技能的角度来看，在小学四、五年级开始就接触皮划艇运动，以此作为兴趣爱好，对孩子的健康成长是有积极意义的。

依据学生的身心发展特点，学校在四年级的学生当中进行了该项目的开展，在选材中需衡量学生的身体素质，所选学生都会游泳且已经取得深水合格证，皮划艇社团现共有15名学生（9男，6女）。开展皮划艇这项运动，同时对我校游泳校本课程的开展和普及也起到一定的推动作用。由于此项目为学校新开设的项目，开设时间较短，学生对于该项目的了解还不够深入，因此在三至六年级学生所有项目中选择该项目的人数所占比重比例中较低，而且皮划艇社团目前招收的是四年级学生，因此在各年级的数据分析中四年级学生选择皮划艇项目所占的比例较高，占到10.16%（图1-2-10）。

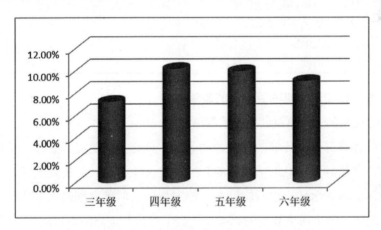

图1-2-10 三至六年级学生选择喜欢皮划艇项目所占的百分比

5.训练计划明确，提高教学的实效性

在教师的研究探讨下，皮划艇社团根据学生的身心特点制订翔实的练习计划。通过参与该项目，学生能够初步掌握皮划艇运动的技术，拓展水上相关安全知识，发展平衡能力、速度、力量、耐力、协调性等运动能力或身体活动能力。通过水上练习和比赛能够锻炼学生随机应变的能力和抗压能力，提高心理素质。在每次的社团活动中教师都会科学严谨地进行教学，从而提升教学的实效性。社团9月份的练习计划如表1-2-14所示。

表1-2-14 社团9月份的练习计划

第一次	①了解水上安全知识，熟悉场地环境 ②认识船艇器材，知道器材的使用、维护方法 ③观摩运动员训练 ④训练陆上空桨技术动作：复位动作 ⑤进行上下水训练
第二次	①了解水上安全知识，熟悉场地环境 ②认识船艇器材，知道器材的使用、维护方法 ③训练陆上空桨技术动作：复位动作 ④进行上下水训练
第三次	①体能训练：慢跑热身，行进间协调性练习，爬行动作训练，50米跑 ②训练陆上空桨动作：巩固复位动作 ③拉伸放松
第四次	①动态拉伸，柔韧性训练 ②训练陆上空桨动作 ③进行上下水训练 ④进行前进、倒退、转弯训练

（四）我校皮划艇项目发展的建议

1.更新观念，推动新设项目的发展

学校体育都是以传统的体育活动为主，如跑步、跳绳、足球、篮球等体育项目。学校对于水上运动项目的开展少之又少，尤其是皮划艇项目。因此要更新学生的观念，让他们能够去了解皮划艇，明确皮划艇的锻炼价值，从而大大地激发学生对皮划艇的兴趣，提高学生参与皮划艇项目的积极性。

2.对体育教师进行相关培训

2021年9月皮划艇项目进入我校，项目开展的时间相对较短，学生以及教师对于该项目的了解较少。因此，我校专业教师可对其他体育教师进行相关培训，使体育教师更加深入地了解皮划艇项目，进而在各年级体育教学课堂继续拓展皮划艇项目相关知识，促进我校皮划艇项目的发展。

3.以比赛的形式提升学生练习的积极性

在体育教学中利用游戏及竞赛的进行教学，可提高学生参与运动的积极性。对于皮划艇运动项目来说，如果在训练中没有比赛会降低学生参加皮划艇运动的积极性，同时也会使学生缺乏竞争意识和团队意识。因此，教学中可融入比赛情景或形式，以激发学生的竞争意识，提高学生参与该项目的积极性。

4.以社团发展促进项目发展

为使更多的学生参与到皮划艇项目当中，我校会继续探索皮划艇社团的综合发展，通过社团的发展壮大进行不断辐射，利用优质的社会资源以及专业的教师团队吸引更多的学生参与到该项目当中，引导学生掌握皮划艇的运动技能，同时培养学生的团队配合意识，为培养出专业的皮划艇后备人才打下坚实的基础。以特色项目发展为契机，落实立德树人的根本任务，全面提升我校的育人目标。

第二篇
会健体

引言——学会科学健体，具备关键能力

　　体育是教育的重要组成部分，是培养德、智、体、美、劳全面发展的社会主义建设人才的一个重要方面，也是执行党的教育方针的重要组成部分。体育与健康课程是开展学校体育工作的主渠道，更要坚持贯彻实施"健康第一"的教育理念，落实立德树人的根本任务和素质教育的要求，通过体育与健康教育教学，帮助学生逐步形成核心素养和关键能力，促进学生全面发展，凸显体育与健康课程健身育人的本质特征和不可替代的育人功能。

　　西师附小依托学校原有的"朴实、扎实、平实"的教学特色，提出了"知识对接心灵"的课堂文化理念，"知识"既包括常规的课堂知识，也包括课本外的知识；"心灵"则指学生的内心世界，即教学需符合学生的身心发展规律，要能促进学生全面健康成长；"对接"是指在知识传授与学生的心灵之间搭建起桥梁，引导学生将知识的学习与对客观世界的认识统一起来。我校提出该理念是希望教师能够从过去偏重关注知识教学转变为关注学生心灵成长，让学习成为学生的生命自觉[1]。

　　"知识对接心灵"的课堂文化理念，在体育教学方面体现为以小学阶段的学生为中心，以促进学生学习发展为宗旨，以优化学生的科学健体方法为目的，以促进学生全面发展和终身体育为根本目标，注重学生的在校学习，更关注于学生的成长需求和终身发展。体育教师通过增加教学手段，优化教学方法，创新教学模式不断强化学生的体育学习体验，让学生真正爱上体育，享受体育，在科学的健体方法的指导下，得到更多的愉悦感和满足感。学生掌握科学的健体方法是以"爱运动"为前提，他们只有对体育产生兴

---

[1]　李庆元.构建"知识对接心灵"的教学文化［J］.北京教育（普教版），2014（4）：41-42.

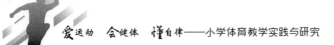

趣，才会主动关注健体方法，并在体育实践中不断探索研究更多科学有效的健体方法。因此，我校体育学科教育教学以培养学生的体育兴趣为引领，也是引导学生更好地掌握健体方法的重要基石，我校体育教师在教育教学实践中，真正立足于学生实际，从实际出发研究学生的体育兴趣，全面关注学生的发展。

小学生6至12岁正处于能力、意识、习惯、观念建立的关键期。是小学生的体育兴趣培养的开始，让学生真正爱上体育，乐于参与体育课程与各种体育活动，将体育运动当作自己生活的重要的组成部分，能够从中得到更多的快乐，在体育课堂学习中及课余体育锻炼中获得更多的满足感和成就感。体育教学注重学生兴趣的培养，这是帮助引导学生养成让健身成为习惯的重要前提，也是让学生持续科学健体获得体育教学良好效果的重要保障。

体育学科在教学过程中特别关注学生的心理和情感需求。教学是知识技能和情感态度、价值观培养的综合过程，这正与我校"知识对接心灵"课堂文化理念的四个核心要点相契合，知识的传授要准确、深刻；知识的教与学要有逻辑性；知识在教学中要被开放智慧地呈现；知识的学习是一个唯美的互动过程，这就强调体育教学既要注重学生的体育知识，强化学生的体育运动技能，更要注重学生的情感态度培养，注重学生在体育锻炼中的热情，让学生从中得到更多的快乐。这样学生能够从主观上更加积极地从事体育锻炼，学习和掌握更多的健体方法。

一、会健体的目的和意义

（一）小学生身心发展的规律及特点

1.小学生身体发展的规律及特点

（1）身体形态

10岁以前男女生体型基本相同，其特点是头大，躯干长，四肢短，重心低而不稳，四肢皮下脂肪分布较多。10岁以后特别是进入青春期以后，因骨骼和肌肉的迅速发育，体型趋于成人，男女间有明显的差异。体育教学中要求在促进学生身体全面发展的基础上着重身体姿态教育。

（2）身体机能

①神经系统。5至6岁时神经系统的发育速度最快，并迅速接近成人水平，大脑重量已经达到成人脑重的90%，但是在机能上大脑的兴奋过程仍占优势并容易扩散，表现为活泼好动，注意力不易集中，运动动作准确性较差。随着年龄的增长，抑制过程逐渐发展，最后兴奋和抑制达到均衡。因此，在体育教学中，应采用直观的方式，多做示范和以活动性游戏为主，并要求多样化。每次活动时间不宜过长，否则容易引起神经系统的疲劳。

②运动系统。运动系统发育呈波浪式，阶段性很强。骨骼、肌肉的发育特点是：骨骼含有机物多、无机盐少，比例是1∶1。因此骨的弹性和可塑性强，而硬度小，不易骨折，但易弯曲呈畸形。下肢较上肢发育晚，脊柱发育更晚。肌肉重量轻、质软，肌纤维细弱，肌肉含水分多，含蛋白质和无机盐少。据此，进行运动时要做到持续的时间勿过长，运动量不应超过身体负担的能力，尤其勿进行静止用力活动，更要防止长时间站立和负重，注意增强脊柱的锻炼，防止脊柱和胸廓的畸形。由于肌肉发育不均衡，要注意发展伸肌和小块肌肉，并注意肌肉的协调性和灵敏性，勿使肌肉过度负担。体育教学中要注意培养学生正确的站、走、跑和跳的姿势，防止不正确的动作给身体发育造成不良影响。使用的运动器材的大小、轻重要符合其身体特点。

③心血管系统。少年儿童的心率随年龄增加而降低，心容积、心输出量等相对较成人大，但由于负荷后心率增加较快，只能适应短时间紧张的运动。进行长时间强度大的运动时，会因缺氧而出现疲劳。少年儿童的血压随年龄的增长而升高，青春期后心脏发育迅速，血压升高较快，有的可出现收缩压超过正常标准，称为"青春性高血压"。我国7～17岁人群高血压发生率男性为1.4%，女性为0.6%。根据上述特点，体育教学应以发展学生有氧能力为主，不宜进行用力过大的憋气或长时间静止用力的活动，运动强度要适当。

④呼吸系统。少年儿童的呼吸肌发育弱，胸廓窄，肺泡小，鼻腔短直，呼吸频率快，呼吸表浅，肺活量小，在运动中主要靠加快呼吸频率来增大肺通氧量，容易缺氧和产生疲劳。因此，在体育教学中，首先要让学生学会正

确的呼吸方法，加强呼吸深度练习，特别是加强深呼吸。另外，还要做到呼吸和动作的正确配合。

（3）身体素质

①身体素质的自然增长。从出生至25岁左右，人体各项身体素质随着年龄的自然增长而增长，这种现象称为身体素质的自然增长。男女之间各项身体素质在12岁以前差别不大，其身体素质增长的趋势特点是，在青春发育期增长的速度快、幅度大，男生一般在15岁左右，女生一般在12岁左右。

②身体素质的阶段性。各种身体素质的自然增长过程包括增长阶段和稳定阶段。增长阶段是身体素质随年龄的增长而递增的年龄阶段，包括快速增长阶段、停滞下降阶段和缓慢增长阶段。稳定阶段是身体素质增长的速度明显减慢或停滞，甚至有所下降的年龄阶段。

在不同的年龄阶段中，学生的身体形态、机能和素质指标在整个生长发育期间都会呈现波浪式发展特点，即有些阶段发育速度较慢，而有些阶段发育速度较快。而发育速度快的阶段，更容易受环境因素的影响。如果抓住了快速发育、发展阶段这个有利时机，给学生创造更多更适宜的环境刺激，在一定程度上可以弥补遗传方面的不足。西师附小体育学科通过长期在教学实践中积累的教学经验，结合小学生身心发展的规律及特点，进行了科学化、合理化的总结分析，我们认为水平一阶段的学生由于年龄小，从幼儿园到小学，通过做运动、玩游戏的方式进行各种身体练习，使他们的身体更协调和灵活，促进健康成长，应该主要发展的是学生的灵敏素质、柔韧素质和平衡素质；水平二阶段的学生随着年龄的增长，身体不断发育，可能会出现运动方式和方法不会以及不良的饮食习惯等原因造成的身体受伤，应该主要发展灵敏素质、速度素质、柔韧素质和力量素质；水平三阶段的学生初步步入青春期，身体变化相对较大，应该主要发展灵敏素质、力量素质、速度素质、耐力素质。并通过体育学科独有的育人方式和功能，让每一个西师附小学生在不同的水平阶段，在认识自我身体的基础上，学会科学的健体方法，具备未来人才所需的关键能力。

2.小学生心理发展的规律及特点

小学生心理发展的总体特点是心智不成熟，认知水平低；好奇心超强，想象力丰富；判断力有限，记忆水平高；对于爱的心理需求强，处于性格形成和习惯养成的阶段。

（1）水平一（6～8岁）学生的心理特点

水平一（6～8岁）学生的心理特点具体表现为注意力集中时间为15～20分钟；表现欲强，独立性、自觉性差；兴趣广泛但持续时间短，依赖性强。

（2）水平二（9～10岁）学生的心理特点

水平二（9～10岁）学生的心理特点具体表现为注意力集中时间为20～25分钟；集体观念、协作意识开始形成；独立性有所增强，对情绪能有意识地控制；勤奋努力和懒惰懈怠导致成绩两极分化。

（3）水平三（11～12岁）学生的心理特点

水平三（11～12岁）学生的心理特点具体表现为竞争意识强烈，人与人的差异明显；处于问题和矛盾期，有自信和自卑意识；开始关注外表、生理和情感。

（二）体育运动对学生健康发展的影响

体育运动是提高人们身体健康的有效方式，是增强身心健康的主要途径。人体在运动过程当中会产生多巴胺、血清素和去甲肾上腺素这三种神经传导物质。多巴胺是一种人体的"快乐化学物质"，当学生运动完后，大脑就会释放多巴胺，从而使人产生满足感和愉悦感。血清素是一种"治愈"物质，当血清素分泌旺盛且活性强时，学生的内心就会比较平静，感觉到被治愈。去甲肾上腺素跟注意力有直接的关系，它会使孩子的专注力增强。少年儿童处于生长发育期，科学地进行体育运动、补充营养有利于提升免疫力，促进生长发育。

1.运动能够让大脑运作更活跃

小学阶段的学生注意力水平较低，一般维持在10～15分钟左右，他们的注意力程度会随着年龄的增长而加深。运动能有效提高学生的注意力、记忆力、认知和执行能力。运动过后，学生的大脑处于比较活跃的状态，这时候他们对于知识的接纳程度较深。运动能使大脑的兴奋与抑制合理地进行交替，减少神经系统的疲劳，使学生保持头脑清晰，提高学习效率。

2.运动能够促进学生的骨骼发育

人体长骨的骨骺与骨干之间存在着骺软骨，骺软骨不断增长和骨化，骨的长度就不断增加。在12至18岁之间骺软骨的生长速度很快，尤以四肢骨骼的生长最为明显。运动能使血液循环加快，新陈代谢旺盛，生长激素分泌量明显增多，并可刺激少年儿童钙和磷的吸收，加速骨矿物质在骨内沉积，从而加速骨骼的生长。

3.运动能增强学生的心肺功能

小学生正处于身体发育的关键时期，运动能增强心肺功能，使血液循环加快，提高氧气的运输能力和利用率，使新陈代谢加快。在运动过程中肌肉活动需要消耗大量的氧气并排出更多的二氧化碳，于是呼吸器官需要加倍工作，胸廓活动范围扩大，肺活量加大，对防止呼吸道常见病有良好的作用。

4.运动能让学生更专注、情绪更稳定

小学生的情感自制力差，情绪多变。而且在小学阶段，学生们普遍存在自控力、专注力较弱的问题。运动不但能让孩子的精神变得饱满、有活力，并减轻学习压力带来的负面情绪，还可以提高孩子的专注力，增强情绪的稳定性。小学生通过参加体育活动、体育游戏、体育竞赛，沉浸在愉快的氛围中，愉悦身心的同时还可以保持高度专注，从而提升注意力。

5.运动能够提高学生的自我控制能力

多巴胺和血清素会让孩子感觉到快乐和幸福，运动之后多巴胺和血清素会快速分泌，所以过于好动、控制力弱的小学生在运动之后，他们的自我控制能力会变得比以前好，但是分泌的多巴胺和血清素只能维持在1小时左右，有的甚至半小时就褪去了，而每天都进行一定量的体育运动，能够保持大脑中多巴胺和血清素的浓度。而学校里面的体育活动都是有交互性的，孩子们会在这个过程中互相学习，自我调节能力也能在与同伴的互动中不断强化。

二、聚焦核心素养，培养关键能力

（一）核心素养

体育与健康课程要培养的核心素养，主要是指学生通过体育与健康课程学习而逐步形成的正确价值观、必备品格和关键能力，包括运动能力、健康行为和体育品德等方面。

1.运动能力

运动能力是指学生在参与体育运动过程中所表现出来的综合能力。运动能力包括体能状况、运动认知与技战术运用、体育展示或比赛三个维度，主要体现在基本运动技能、体能、专项运动技能的掌握与运用上。

2.健康行为

健康行为是指学生增进身心健康和积极适应外部环境的综合表现。健康行为包括体育锻炼意识与习惯、健康知识与技能的掌握和运用、情绪调控、环境适应四个维度，主要体现在养成良好的锻炼、饮食、用眼、作息和卫生习惯，树立安全意识，控制体重，远离不良嗜好，预防运动损伤和疾病，消除运动疲劳，保持良好心态，适应自然和社会环境等。

3.体育品德

体育品德是指学生在体育运动中应当遵循的行为规范和体育伦理，以及形成的价值追求和精神风貌。体育品德包括体育精神、体育道德和体育品格三个维度。[①]体育精神主要体现在积极进取、勇敢顽强、不怕困难、坚持到底等方面；体育道德主要体现在遵守规则、尊重裁判、尊重对手、诚信自律、公平竞争等方面；体育品格主要体现在自尊自信、文明礼貌、责任意识、拥有正确的胜负观等。

核心素养的上述三个方面密切联系，相互影响，在体育与健康教育教学过程中得以全面发展，并在解决复杂情境的实际问题过程中整体发挥作用。

（二）关键能力

1.在掌握与运用体能和运动技能，提高运动能力方面

水平一的要求是积极参加各种体育游戏，感受体育活动的乐趣，学练和体验体育基本运动能力。水平二的要求是在水平一的基础上增加多种运动项目的游戏和多种运动项目的知识与技能，使学生能进行体育展示或比赛，运用所学知识观看体育展示或比赛。水平三的要求是积极参与运动项目学练，体能水平显著提高；掌握运动项目的基本知识，学练运动项目的技战术，并

---

① 尹志华，刘皓晖，侯士瑞，徐丽萍，孟涵.核心素养时代体育教师专业发展的挑战与应对——基于《义务教育体育与健康课程标准（2022年版）》的分析 [J].体育教育学刊，2022，38（4）：1-9，95.

能在体育展示或比赛中运用，运用比赛规则参与裁判工作，观看体育比赛并能进行简要评价。

2.在学会运用健康与安全的知识和技能，形成健康的生活方式方面

水平一的要求是感受体育锻炼对健康的重要性，参加校内外体育活动；知道个人卫生保健、营养膳食、安全避险等健康知识，并将其运用于日常生活中。水平二的要求是在水平一的基础上了解体育锻炼对健康的重要性，了解健康的知识和方法，并将其运用于日常生活中，关注自己的情绪变化。水平三的要求是理解体育锻炼对健康的重要性，主动参与校内外体育锻炼，将健康与安全知识和技能运用于日常生活中，遭受挫折和失败时保持情绪稳定。

3.在积极参加体育活动，养成良好的体育品德方面

水平一的要求是在体育活动中表现出不怕困难、努力坚持学练的意志品质。能够按照要求参加体育游戏，在体育游戏中尊重教师、爱护同学，能扮演不同的运动角色。水平二的要求是在有一定难度的体育活动中表现出勇敢顽强、克服困难的意志品质。能够按照规则和要求参加体育活动，在体育活动中表现出文明礼貌、乐于助人的行为。水平三的要求是在有挑战性的体育活动中能够迎难而上，表现出自信和抗挫折能力。遵守各种规范和规则，尊重裁判，尊重对手，表现出公平竞争的意识。具有团队精神和集体意识，能接受比赛结果。

三、会健体的实施途径

西师附小坚持以课堂教学为主渠道，在"知识对接心灵"的课堂文化理念的指引下，重视体育知识传授，强化学生体育专项技能培养，让学生在体育锻炼中不断增强身体素质，强化意志和品格。结合学校实际，整合校内外各种资源，不断丰富体育课程体系，注重体育师资队伍建设专业化、科学化。教师们以"在研究中实践，在实践中研究"为教学基本策略和方法，以新课标指出的："体育与健康教育是实现儿童青少年全面发展的重要途径"为指导，以新时期教育教学改革现状为背景，对教学内容和方式加以丰富，着力培养学生小学阶段应具备的运动能力、健康行为和体育品德。

（一）构建良好的学校体育环境

重视体育环境建设，是教育教学多元化的重要体现，是培养和丰富学生健体方法、强化体育教学效果的重要保障。我校注重优化校内体育设施，利用学校电子班牌、海报等相关设施进行体育知识宣传，走在校园里，随处可以看到体育的相关知识，让每一个学生都能感受到浓烈的体育学习氛围，获得体育文化熏陶，提高体育文化认知。

（二）"知识对接心灵"下的体育课堂

通过对"知识对接心灵"的课堂文化理念和"会健体"的研究，能够避免将知识与学习割裂，帮助学生形成积极主动的学习态度。学生在获得基础知识与基本技能的同时，还能学会学习，学会健体，学会做人，形成正确的价值观，构建对自我、对他人、对社会、对自然关系的初步认识，为自身发展奠定坚实的基础，让立德树人落在实处。

我们提出"会健体"的课堂，通过科学的课堂教学，从学生全面成长的目标出发，让教育回归本质，让每一个学生都能在课堂上真正地发声。教师需要以科学运动为原则来培养学生掌握"会健体"的方法。在小学阶段，学生的身体和心理处于快速发育时期，他们活泼好动但耐力不足，边界和规则意识尚在完善阶段。作为体育教师，需重视学生身心发展的特点，分阶段、个性化地为学生进行体育锻炼的科学规划和安排。在以学生发展为中心，"学、练、赛（评）"为主线的教学模式下，教师采用多种创新的教学方法，能够激发学生的体育兴趣，引导学生掌握基本的体育技能、建立良好的体育品德，让学生在实践中掌握科学的锻炼方法，形成正确的价值观。另外，教师还要做好学生的精神启迪和习惯培养，发挥体育教学的实践优势，使学生在体育锻炼下过程中形成自我超越和全力拼搏的精神理念。

小学体育教育不仅是为了让学生掌握知识和技能，更重要的是培养学生具备关键能力和健康意识，使学生感受到参加体育运动的快乐，树立终身体育的意识，提升学生参与的积极性。小学体育教学中学生关键能力的培养不是一蹴而就的，需要一个长期稳定的过程。因此，小学体育教学过程中，教师和学校应积极建立完善的小学生体育成长计划，结合体育校本资源进行体育课程教学的设计，既要结合教材和体育大纲的要求，同时又要兼顾本学

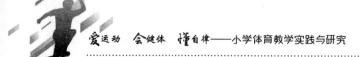

校的实际情况，帮助学生更好地参与到小学体育课程当中，提升学生参与的积极性。在学生参与的过程中要进一步注重体育技巧和运动技能的培养，通过运动技能教育，提升体育教学的吸引力，从而培养学生终身体育的"会健体"意识。

以运动中最容易被学生所忽略的两个环节——运动前热身和运动后放松为例，前者是打开运动细胞，舒活肢体筋骨，让学生从静止状态向运动状态调整的环节；后者是闭合运动细胞，收拢运动情绪，安抚运动部位，让学生从运动状态向静止状态调整的环节。这两个环节对于提高运动的顺畅性，调动运动情绪以及降低运动损伤风险有着非常重要的意义。不论是学校体育课还是日常的生活锻炼，这两个环节都应当成为运动过程的开始与结束环节。

在教师指导学生运动的过程当中，要让学生能够有意识地注重自身能力的培养和良好的行为习惯的养成，让运动成为习惯，让学习成为习惯。同时，教师在传授知识的过程中，要注重传授的准确性、深刻性和全面性，注重体育课堂的知识与教学的逻辑性。在体育教学中，让学生在学习知识的同时，智慧得到呈现，也是一种唯美的互动过程。

（三）"科学、实践、开放"的体育活动

1.科学

"科学"即遵循学生的身心发展规律，循序渐进地运用科学的、多样化的教学方法启蒙学生，培养学生的运动兴趣，帮助学生掌握运动技能，使学生具有终身进行体育锻炼的能力。

小学阶段是学生身心发育的关键阶段，也是培养学生终身体育意识的黄金时期。为更好地增强学生体质，提高健康水平，让学生掌握正确的健体的方法，在体育教育教学以及实践活动中需要进行正确引导，使学生学习和掌握更多的科学健体的方法，从而使学生具备一定的科学锻炼素养，了解科学锻炼的基本知识，树立科学锻炼的意识，掌握科学锻炼的方法，并从小养成科学锻炼的习惯。

我校的游泳课程一直是受学生喜欢、符合小学生年龄特点的运动项目之一。游泳不仅是一项运动技能，同时还是一项生存技能。游泳项目更加体现了身体的和谐发展，需要在水中全身协调运动。

通过游泳可以提高呼吸与血液循环系统的功能，增强身体的力量素质、耐力素质及全身各关节的灵活性，使身体均匀协调地发展，形成健美的形体。长期坚持游泳可以锻炼意志品质，培养勇敢顽强、吃苦耐劳、不怕困难的精神。在与同伴的交往中有利于建立和谐的人际关系。

我校游泳课程在教学中根据学生的身心发展特点进行科学系统的教学，因材施教、循序渐进地使学生学会游泳。学生在参与过程中能够掌握健康知识，获得扎实的运动技能，学会科学锻炼的方法，进而将科学锻炼的知识、态度、技能和行为迁移至学习和生活当中，形成积极主动的学习态度、健康的生活方式，从而让健身成为习惯，让学习成为习惯，促进其身心健康与人格健全。

2.实践

"实践"即学生亲身参与的实际获得。

我校深入落实学生每天锻炼一小时活动，每个学生都积极主动参与到体育运动当中，实现全员参与，让学生感受到我校"使每一天都有意义"的办学理念。学生通过参与不同的体育运动，能够掌握不同的运动技能，感受体育氛围，体验运动的魅力与乐趣，从而爱上运动。

形体课的开展可以塑造学生优美的体形和姿态，提高学生身体运动系统的灵活性、控制力和表现力，提高学生的审美能力。我校一年级学生在入校之后会进行形体课的学习，这样不仅能使学生对自己身体的基本姿态进行矫正和规范，还可以在很大程度上提升学生的身体素质，加快脂肪的消耗，从而促进肌肉的生长，为学生的体形匀称提供保障。通过形体训练可以让学生了解到更多关于美的知识，提高审美观念。

不同项目的体育课程，都能够发挥学生的自主学习能力，让学生在学习中学会知识探究。发挥同伴作用，在运动爱好者（如减脂成功小达人、班级运动之星）的带动下，不断强化学生的体育学习热情，彼此帮助和借鉴，营造更加浓厚的自主学习氛围，让学生在各种体育活动中感受体育文化的熏陶，感知体育精神的魅力，从而将体育真正内化为一种思想，转变为他们的行动，在行动中形成体育锻炼意识和习惯。

教师在教学中能够关注学生的实际获得，满足学生的发展需求。学生在

点滴学习中能够增强自信，享受到运动的乐趣，学会锻炼的方法，主动参与到体育运动当中，树立了体育锻炼的意识。

3.开放

"开放"即关注课程内容的开放度和学习空间的开放度，最大限度地利用好社会资源，将学生的学习从学校内扩展到学校外。

学校课外体育活动是学校教育不可缺少的重要组成部分。体育实践活动也是育人的基本途径和方式，是促进学生全面发展、实现素质教育目标的路径之一。在小学阶段，学生自主参与课外体育锻炼，不仅能够提升学生的身体素质，同时还能够帮助学生锻炼良好的意志品质，更好地参与到课堂学习当中，成为对国家和对社会有用的栋梁之材。

积极发挥课内外体育竞赛一体化作用。我校通过组织校内各种形式的体育比赛，提倡鼓励学生参与市级、区级等各类项目的系列比赛，有效促进了学校体育工作的全面发展。举办不同类型的校内外体育比赛活动，让学生能够参加各种体育比赛，给学生提供更好的学习和锻炼的机会。为学生提供观看各种规格的体育赛事的机会，让学生能够掌握各种体育项目中的技战术和相关比赛规则，从而帮助学生树立良好的体育道德与体育品格，为学生健康成长、全面发展及终身体育习惯培养营造良好的育人环境。

此外，我校还开展了丰富多彩的体育实践活动，课内与课外相结合，以此达到锻炼学生、培养学生的目的。家校共育，让家长走进孩子们的体育运动当中，在体育运动当中享受运动的乐趣，增强自身体质，形成健康体魄，锤炼意志品质。例如，在体育教育月当中举办的西师附小集团校运动会、趣味运动会、奥森健步行、西山登山等。全校学生在参与过程中关键能力得到进一步提升，从而在参与体育锻炼的过程中学会有效保护自己，并利用自己所具备的关键能力提升自己、发展自己，在体育活动中具备解决问题的能力，将兴趣转化为内驱力，将体育运动生活化。

"全员参与"是我校多年来体育实践活动参与的方式之一，在活动的设计中做到学生人人参与、教师参与、家长参与。吸收家长的力量，利用社会的资源，构建新型的家校合作方式。参加体育实践活动是学生在体育课堂之外的一种学习提升方式，目的就是让我校的每一个孩子都能得到锻炼，在每一次参与中都能有所收获。学生在参与过程中能够有效地开阔视野，汲取相关的知识，从而进一步提升身体素质。在集体参与过程中学生的社会适应能力得到发展，集体荣誉感增强，同时更加深入地诠释了我校"理解、引导、陪伴"的育人理念，让家长感受到家校共育的目的在于孩子的健康成长，从而构建和谐的家校关系，促进教育的和谐发展。

西师附小在全面推进学校体育发展的过程中，着眼于立德树人这一根本任务，不断深化对于体育教育教学对人全面发展的意义、任务的认识，聚焦学生核心素养，培养学生正确的价值观、必备品格和关键能力，让学生学会科学的健体方法，引导学生在拥有健康体魄的前提下树立远大理想，明确人生目标，成长为德、智、体、美、劳全面发展的社会主义建设者和接班人。

第一章 会健体的意义

一、落实国家政策，接力教育教学

中共中央办公厅、国务院办公厅印发的《关于全面加强和改进新时代学校体育工作的意见》中指出，教育教学改革是加强和改进学校体育美育工作的关键，聚焦教会、勤练、常赛是教育教学改革的核心。在教学改革上，体育教学首次提出完善"健康知识+基本运动技能+专项运动技能"的教学模式，着力提升学生核心素养。①

2022年版新课标强调，体育与健康教育是实现儿童青少年全面发展的重要途径，对于促进学生积极参与体育运动、养成健康生活方式、健全人格品质，提升国民综合素质，推动社会文明进步，建设健康中国和体育强国，实现中华民族伟大复兴具有重要的现实和长远意义。义务教育体育与健康课程以身体练习为主要手段，以体育与健康知识、技能和方法为主要学习内容，以发展学生核心素养和增进学生身心健康为主要目的，具有基础性、健身性、实践性和综合性等特点，是学校教育的重要组成部分，对促进学生德、智、体、美、劳全面发展具有非常重要的价值。②西师附小根据国家政策及国家课程标准，通过建立西师附小体育课程体系，将"爱运动、会健体、懂自律"目标细化。西师附小的体育教学不是简单的课程方案罗列，而是一种独立的课程运行形态，它密切学生与自然、与社会、与他人的联系，强调以学生的经验、社会实际和社会需要的问题为核心，以有效地培养和发展学生解决问题的能力。由此可见，体育教学是落实国家政策的必经之路。

---

① 吴戈.对美感教育与艺术教育的思考［J］.艺术教育，2021（01）：7-9.

② 潘绍伟.体育与健康课程的重要变化与基本理念——《义务教育体育与健康课程标准（2022年版）》专家系列解读之一［J］.体育教学，2022，42（05）：5-7.

二、"会健体"是教与学的唯美互动

会健体，就是能在认识自己的身体条件的基础上，学会科学、循序渐进的健体方法。它包括健康认知与行为（健康知识的掌握与应用、体育锻炼的意识与习惯、自然与社会环境相适应），体能与竞赛（体育健康达标，掌握发展体能的方法、测量与评价体能的方法，比赛意识，角色转化，决策能力，队友合作与支持等）。

（一）"会健体"中的"教"

学校体育是实施素质教育、促进学生全面发展的重要途径，对于促进教育现代化、建设健康中国和人力资源强国，实现中华民族伟大复兴的中国梦具有重要意义。[1]体育与健康课程建设是学校体育工作的重要内容，落实国家课程标准要求，组织实施好体育与健康课程是教育行政部门和学校及体育教师共同的责任。

教：泛指传授知识。讲授知识固然重要，但是笔者认为育人更为重要，教学中要以育人为先，促进学生的健康发展。

教会：是指教师为学生创设享受体育运动乐趣的情境与活动，使其喜欢、懂得并学会体育运动，提高体育运动能力。因此，"教会"旨在学生"学会"，是指学生在体育教师的指导下学会基本运动技能以及专项运动技能。[2]培养学生体育锻炼的习惯，增强其规则意识、合作精神和意志品质，并提升其运动技能和体质健康水平。同时，笔者认为"教会"不仅是教学生学会和掌握知识技能，更加重要的是使学生从"学会"转变为"会学"。

会教：教师在教学中要能够根据学生的变化而灵活运用教学策略，会教要做到以学定教，以教会为主。

我校体育学科研究教育教学的过程：初步交流、探讨本学期的教研主题；进一步交流对"教会、会教"相关理论学习的理解与思考，并初步达成共识；分组讨论，确定教学内容及教学目标；集体交流、探讨教学设计；再次研讨教学方

---

① 周少伟，陈军. 以特色体育促进农村薄弱学校内涵发展的路径探析［J］. 现代农业研究，2022，28（02）：48-51.

② 袁志欢. 指向质量提升的课堂教学设计与实施——兼论"教会、勤练、常赛"在体育课中的落实［J］. 中国学校体育，2021，40（06）：40-42.

法；确定教学时间；完成上课内容，相互交流、分享经验，再次集体交流、总结反思。我校体育教师围绕"教、教会、会教"的优化课堂教学方式的研究主题，根据本学期的教学内容和学生实际情况，以年级组为单位进行分组并讨论制订教学计划实施过程。"教学有法，教无定法，贵在得法"，"教会"与"会教"表面上虽然是顺序对调了，但实际的意义却是不同的。教会和学会一样，是一种技术；会教和会学则是一种艺术。技术容易学，艺术无止境。西师附小体育以课堂教学研究为主渠道，使学生在课堂练习中实现与自身、与同伴、与运动器械、与运动规则的对话。我们不仅教会了学生动作方法，还教会了学生进行思考、积极实践，培养学生主动进行体育锻炼的习惯。

（二）"会健体"中的"学"

基于西师附小体育课程体系中"会健体"的教育教学内涵，学校体育教学应成就每一个学生，以每个学生都能成为终身学习者为主要愿景与目标，兼顾不同学生的个别特殊需求，尊重多元文化与性格差异，关怀弱势群体，开展全教育元素的健康教育，透过引导性教育、情景化教学、探究式学习策略，激发学生的学习兴趣，促使学生在西师附小的体育课程与活动中，得到丰富的锤炼与引导，为学生进入中学、大学的学习打下良好的基础。

1.培养学生具备健康生活、体育运动的基本知识、兴趣与技能；

2.促进学生体育与健康的素养；

3.促使学生养成规律运动与健康生活的习惯；

4.培养学生在体育与健康方面解决问题与自我规划执行的能力；

5.培养学生独立生活的自理能力；

6.引导学生善于思考与利用所学的健康生活、体育运动相关知识，且掌握在日常生活中善于运用的能力；

7.引导学生对体育与健康的欣赏能力，提升学生对于身体基本运动能力、运动美、良好品德的基本素养，丰富课外生活的全人格健康；

8.增强学生对关怀父母、同伴的道德意识和责任感，可以向他人普及所学健康知识；

9.增强学生良好人际关系与团队合作精神；

10.发展学生的体育文化素养与国际视野。

第二章　促进体育核心素养的教与学

　　西师附小以"立德树人"为根本任务，以教育、教学为中心，以课堂为主渠道，整合国家、地方和校本课程资源，形成了具有特色的"三三五"课程体系。积极开发体育课程资源，根据学生的认知特点和身体发育情况，在脑科学的指导下，为各年级安排体育课程。努力探索学科教学的改革，以适应新时代学生核心素养的培育，并形成西师附小学科教学特色，推进高质量义务教育。在我校"知识对接心灵"的课堂文化引领下，各学科积极开展具有学校特色的研究，力图在课程标准和课堂教学之间架起一座桥梁。各学科根据学科本质和学科特色，结合我校文化，不断深入地进行研究。其中"爱运动、会健体、懂自律"是近几年我校体育学科教研组在研究过程中的总结。我校的培养目标中把"健康第一"放在首位，体育教学从"会健体"出发针对核心素养各方面细化目标的制订与反复验证外，还结合课堂观察，对于不同体育项目的有效教学策略、结合学生身心特点的教材分析、教师研究实效性科学论证的课例研究方法，以我校特色APDA的形式，通过分析、说课、上课和评课四个环节开展教学研究并融入APDA小组模式的学习共同体中，形成以项目为导向的课程内容要点、课时分配、单元方案、教学计划为一体的不同年级不同项目的大单元"学、练、赛"一体化课程构建。通过体育课程，不仅能培养学生的运动习惯和运动技能，更加注重开发体育学科的育人功能。在教育教学中，注重培养学生的团结协作精神，关注学生顽强意志品质的形成，并引导学生养成良好的规则意识。

　　体育学科本着在研究中实践和在实践中研究的原则，把研究成果运用到体育课堂上，不仅在课堂上组织丰富的活动，还在假期引导学生亲近自然，坚持锻炼，组织了多项亲子体育活动。在这样的体育氛围中，学生们爱上运动，学会科学健体，培养了体育品格。"双减"背景下，学校更加注重提高学生的身体素质和在校学习质量，我们只有通过不断研究，在实践的基础上不断总结，才能更好地育人。在我校"使每一天都有意义"的核心办学理念下，我们将秉承"居敬守静"的教师文化，一步一步踏实研究。

一、APDA体育与健康课例研究——"小篮球：原地拍球比多"

基本信息			
姓　名	车老师	学　校	北京市西城区师范学校附属小学
学　科	体育与健康	年　级	一年级
教科书版本及章节			人教版《体育与健康》水平一第六章第一节

1.单元教学设计

单元学习主题	小篮球：原地拍球比多

2.单元教学设计说明

　　本单元依据新课程标准的基本理念，坚持"健康第一"的指导思想，关注每一个学生的发展与不同需求，确保每一个学生都受益。在单元课时设计中营造和谐的学习氛围，提高参与意识，促进相互学习与帮助，让学生在愉悦的学习氛围中掌握动作方法，体验运动的乐趣，培养优良的意志品质，进而促进学生身心的全面发展

　　本单元设计共分为3课次。第1次课让学生初步学练原地多种姿势拍球动作，体验和感知小篮球的球性，了解小篮球的基础知识，初步学习小篮球的动作方法和技术技能，感受学练小篮球运动获得的乐趣与成功的喜悦。第2课次在初步学会原地拍球的基础上，进一步进行原地拍球的学练与挑战。再通过竞赛、小组合作等方式提高学生的拍球能力，发展灵敏、协调等身体素质。第3次课是技能闯关，基于前两节课已具备拍球技能，实现拍球技能的拓展性练习，拓宽学生视野，拓展学生小篮球运动能力的发展空间，增强学生参与小篮球运动的自信心，使学生感受到小篮球团队运动的荣誉感与责任感，形成相互协助、团结进取的集体主义精神

3.单元学习目标与教学要点

学习目标：

　　①认知目标：能够知道小篮球原地拍球的动作要点，并能够简单说出2~3个小篮球原地拍球的动作要点，知晓简单的小篮球比赛规则

　　②技能目标：能够初步掌握原地拍球比多运动中的大臂带动小臂、掌心空出、拍按球的正上方的动作要点，发展协调、灵敏、速度、力量等身体素质

　　③情感目标：感受篮球运动带来的乐趣，培养认真学习、刻苦锻炼以及团结协作的良好作风和行为习惯

教学要点：张开手指、掌心空出、连续有节奏地用力按压球

4.单元整体教学思路（教学结构图）

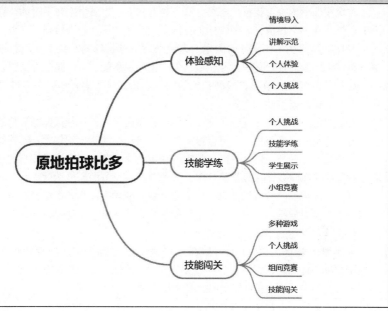

课时教学设计

课　题	小篮球：原地拍球比多

1.教学内容分析

　　篮球运动起源于美国，随后风靡全世界。篮球运动是运动员围绕着篮球而开展的集体性运动，其比赛中攻防转换快速，跳跃动作与投篮动作多维度结合，从而产生运球、传球、投篮三项技能的结合。通过规则限制，5人团队在24秒紧迫攻防对抗中，形成默契配合与个人能力展现，实现得分领先达成团队获胜的目标

　　本节课是单元的第2课次。"小篮球：原地拍球比多"选自人民教育出版社《体育与健康》教材水平一，属于球类活动的学习内容。通过多种方式的小游戏设计，使学生初步学习和掌握一些篮球项目的简单知识和技术方法，激发学生主动参与学练活动的兴趣，提升小篮球原地拍球能力

　　小篮球运动是小学生十分喜爱的体育运动，以小篮球原地拍球为主要内容，以游戏和比赛为载体，把学习球类项目的简单动作方法融于游戏活动中，令整体教学活动具有较强的趣味性、竞争性、对抗性、集体性和全面锻炼身心的价值。主要培养小学生从小对球类运动的兴趣爱好，并为今后参与小篮球比赛打下坚实的基础

　　在学生学习本项技术时，往往会出现动作不协调、拍按球的时机难以掌控、没有形成拍按球、小臂屈伸等问题。教师在教授过程中不仅要让学生明确动作要点，更要让学生懂得本项技术的实战应用价值，养成良好的小篮球运球习惯，能够做出连续拍按球的动作，提升控球能力，为比赛能力的提升夯实基础

2.学习者分析

本次授课学生来自我校一年级一班，共有36人。本班学生在平时的体育活动中有很高的积极性和参与热情，大多数学生身体素质较好，运动能力较强。应重点关注一年级学生身体的灵活性、协调性与力量，避免出现篮球拍球的时机不准确、拍球节奏不连贯、拍球无力度的现象。因此要注重培养学生的观察能力与体验能力，以及上肢力量，控制好拍球的时机和节奏，提高拍球的力量，帮助学生更好地体验篮球原地拍球的动作，提高动作的连贯性

本班学生整体对篮球运动非常感兴趣，想象力丰富，具有很强的模仿能力，部分学生注意力不集中，易分散，还不会控制自己的情绪。注意力不集中、不持久，也会出现"顾此失彼"的现象。还有一部分学生的意志力比较薄弱，完不成较难的动作，缺少信心。教师应予以重视，在教学设计中，避免单调、反复的原地拍球练习，合理安排运动量，利用不同种类的游戏调动学生的练习兴趣，使学生注意力集中，学习充满趣味。在练习过程中及时鼓励学生，让信心不足的学生也能认真参与学习，并且在教学中注重小组合作，培养学生的集体主义精神

本课为第2次课，学生在前1课次的学练中，已经知晓小篮球原地拍球的动作方法，掌握了简单的篮球球性练习和多种姿势拍球，对原地拍球的动作有了初步学习，掌心空出、连续有节奏地用力按压球是拍球比多的关键

3.学习目标确定

　　①认知目标：知道原地拍球比多的动作名称和方法

　　②技能目标：能够初步学会原地拍球比多时连续有节奏的按压球的动作方法，提高拍球能力，发展协调、灵敏、速度、力量等身体素质

　　③情感目标：感受篮球运动的乐趣，培养认真学习、刻苦锻炼的行为习惯以及团结协作的精神

4.学习要点

张开手指、掌心空出、连续有节奏地用力按压球

5.学习评价设计

本节课为促进学生认真学习，积极参与练习，在教学过程中设计了多种学习效果评价（教师评价、同伴评价、自我评价），很好地完成了本课的教学目标

项目	优秀	良好	加油	评价方式
运动参与	能够积极地参与学练赛游戏活动，在练习中能主动与同伴交流、沟通体会	能够主动参与学、练、赛游戏活动，练习中能与同伴交流练习体会	能够参与学、练、赛游戏活动、参与小组的活动	同伴评价、自我评价
运动技能	完成小篮球原地拍球比多，用力运球，节奏感强，抓和压结合拍球好	较好地完成了小篮球原地拍球，用力运球，节奏感较强，抓和压结合拍球较好	基本完成了小篮球原地拍球，节奏感、抓和压结合拍球一般	教师评价
社会适应	积极完成所学内容，对自己的情绪有很好的控制，在活动中帮助其他学生	完成所学内容，对自己的情绪有较好的控制，在活动中帮助其他学生	完成所学内容，对自己的情绪有一定的控制	同伴评价、自我评价

本课练习密度： 45%~50%；平均心率：120~135次/分		
6.学习活动设计		
教师活动		学生活动
教学环节一：开始部分2'~3'		
教师活动1： 课堂常规（1分钟左右） 　①提前到达场地，检查器材 　②集合整队、师生问好；宣布本课的内容及任务；检查服装，安排见习 教师活动2： 队列练习（1~2分钟左右） 　①教师统一口令进行队列练习，并组织学生进行踏步喊口令练习 　②原地踏步走，立定		学生活动1： 组织：四列横队 　①体委整队，报告人数，见习生到达指定位置 　②学生问好，认真聆听教师讲解本课的内容 学生活动2： 　学生在教师的口令下进行队列练习。踏步时喊口号 　要求：队列做到"快、静、齐"，精神饱满，声音洪亮
设计意图： 　教师排除体育课上的安全隐患 　培养学生良好的课堂常规，集中学生的注意力，激发学生的学习兴趣，明确本课的学习任务		
教学环节二：准备部分4'~5'		
教师活动1： 　①教师进行镜面示范，跟随音乐带领学生齐做加油歌模仿操（3分钟左右） 　②教师适时给予提示 教师活动2： 　教师讲解专项准备活动方法，进行语言提示，与学生一同做专项准备活动（2~3分钟） 　①手指关节 　②球性练习（左右拨球、弓步绕球、弓步拨球、8字绕球） 　③"找朋友"：用拍球的方式快速散开、跟着音乐边拍边唱边找朋友		学生活动1： 组织：体操队形 　学生听音乐，模仿教师齐做 　要求：动作幅度大，节奏感好 学生活动2： 　学生与教师一同做专项准备活动 　要求：认真观察、充分活动
设计意图： 　让学生在音乐（加油歌）的伴奏下热身，做一般和专项准备活动，提高学生的心率，预防运动伤害事故，为主教材教学打下良好的基础		

教学环节三：基本部分28' ~ 29'	
教师活动1： 小篮球：原地拍球比多（19~20分钟左右） 　　动作方法：自然姿势站立，双腿微屈，上体微前倾，抬头原地进行拍球动作练习，看谁拍的次数多。教学重点：单踏双落，连续跳进。教学要点：张开手指、掌心空出、连续有节奏地用力按压球 学： 　　教师示范并且讲解原地拍球比多的动作方法，引导学生认真观察动作。（1分钟） 练： 　　①教师组织学生优势手拍球练习（从1次到多次），并配合不同节奏的音乐进行辅助教学，巡视指导（2分钟） 　　②教师组织学生非优势手拍球练习，并进行巡视指导（1分钟） 　　③教师请拍球动作好的学生进行示范（1分钟） 　　④教师组织学生2人一组跑动换位运球追拍的练习，互相纠正和评价（2分钟） 　　⑤教师组织学生2人一球拍球接力的练习，互相纠正和评价（2分钟） 　　⑥教师组织学生2人双球拍球后传球练习 　　⑦请优秀小组进行展示，并进行点评 赛： 　　个人挑战赛（先到30个结束）	学生活动1： 组织：四列横队 学： 　　学生认真观察，注意听讲 练： 　　①学生原地进行拍球练习，并按要求进行自主练习 　　②学生进行非优势手拍球练习 　　③部分学生积极展示，其他学生认真观察 　　④学生自主练习，互相学习 　　⑤学生积极参与、认真练习 　　⑥认真练习、积极配合 　　⑦部分学生展示，其他学生认真观察、听讲 赛： 　　学生自主挑战
设计意图： 　　主教材以"学、练、赛"三个阶段进行活动 　　第一阶段的"学"，教师通过示范讲解，让学生直观地了解动作方法，建立正确的动作概念 　　第二阶段的"练"，学生自主合作练习，通过音乐节奏、不断挑战闯关的形式完成学习任务，让学生成为学习的主体 　　第三阶段的"赛"，通过展示了解学生的学习情况。在比赛中检验学生的学习成果，同时也是对本节课"小篮球：原地拍球比多"巩固学习与升华	

教师活动2：	学生活动2：
①教师讲解游戏方法及规则。（1分钟） 游戏名称：投球进筐 游戏方法：将学生分成若干组，分别站在线后，每人一个篮球，听哨音向前拨球，然后进行投篮（呼啦圈），投中的得1分，紧接着运球回去和下一名学生击掌，依次出发，得分多的组获胜 游戏规则： 第一，到达投掷线后才能进行投篮 第二，击掌后下一人出发 ②教师组织学生进行游戏。（7分钟左右） ③教师小结，给予鼓励	①学生认真听讲，记清规则 ②学生进行游戏 ③学生认真倾听 要求：遵守游戏规则，奋力拼搏

设计意图：

在游戏的安排上结合了篮球投篮的动作进行比赛，提高了运动的密度，上下肢搭配发展学生的下肢力量以及身体的灵敏性。通过比赛激发学生的竞争精神，培养学生乐观、积极进取的生活态度，同时在游戏中培养学生的规则意识，使其明白规则的重要性

教学环节四：结束部分2' ~ 3'

教师活动：	学生活动：
①教师带领学生随音乐进行放松操 ②教师提问 ③教师宣布下课	组织：体操队形 ①学生认真随教师进行放松 ②学生认真积极回答 ③师生再见

设计意图：

通过放松活动让学生的心率恢复到正常水平，为下节课做好准备；通过提问让学生再一次回顾本节课的动作要点，进一步加强记忆

安全措施：

①课前检查场地，安全合理地布置场地
②课上检查学生的服装、运动鞋，且安排见习生
③做好准备活动，充分活动身体各关节，避免伤害事故的发生
④关注学生上课的练习状态，及时进行巡视指导
⑤调控学生使用场地（保持安全距离），同时调控练习密度与强度
⑥结束部分进行放松调整，帮助学生使身心逐渐恢复到正常水平

7.特色学习资源分析、技术手段应用说明
教学资源分析： 　　篮球场1个，音响1个，篮球40个，呼啦圈10个 技术手段应用说明： 　　①游戏化教学：创设游戏，激发学生的运动兴趣，提升课堂的教学效果 　　②直观教学：教师示范并讲解，帮助学生建立正确的动作概念
8.本课教学特色
①通过节奏不同的音乐、游戏等方式辅助学生掌握拍球时的节奏感和技术动作 　　通过快慢音乐节奏，激励学生学习的热情和主动性，唤起学生内心的愉悦和心理上的满足，强化学习动机。通过设置不同的游戏让学生更加认真地投入学习中，提高技术动作的学习效率 　　②学生自评、小组互评、教师评价 　　采用三种评价方式，让学生在学习过程中认识自己，在小组中互相观察、互相学习，教师巡视指导，通过以上评价方式，不断提高学生的动作技术，培养学生之间的团结合作精神，激发学生的运动兴趣 　　③自主练习，互相挑战 　　在课堂上通过自主练习，自主选择挑战对象，创造一个轻松、竞争的学习环境和氛围，使学生进一步掌握原地拍球的技术动作，培养学生勇于挑战的勇气，充分发挥了体育学科育人的功能

APDA体育与健康课例研究——一年级体育与健康
"小篮球：原地拍球比多"课例研究报告

一、教学及研究主题

为推进小学体育兴趣化改革进程，顺应时代的发展，教学模式也应推陈出新，改变陈旧单一的教学模式，改变教与学的关系，适应教学的需要和学生的需要。闯关教学是从电脑游戏中借鉴而来的，对学生具有极强的吸引力。构建教学流程是教学模式的标志，包含了教学思想和策略等。教学模式的操作程序是基本的、相对稳定的，但不是一成不变的。体育教学流程的构建，使教师在教学过程中能根据学生和教学条件的现实情况进行微调，简单、便捷地重现这种教学模式。闯关式教学流程是根据体育课和学生两个因素进行设置的，考虑到体育课的教材选择、教学内容、教学结构，学生的认知规律、心理和生理负荷以及学生的智力水平等。[①]车永军老师选取"小篮

---

① 孙玉科.设置小学体育"关卡"教学，促进学习过程自能化［J］.散文百家（新语文活页），
　 2019（08）：139.

球：原地拍球比多"为例开展课例研究是因为本课接近学生生活，拓展性强，便于开展闯关游戏教学法。构建由易到难、层层递进的教学流程，可根据学生水平进行分层教学，从而面向全体学生。

二、教学方案的规划与设计

（一）学情分析

小学一年级学生的注意力不集中，易分散，他们还不会控制自己的情绪，而且注意的范围较小，不善于分配自己的注意，经常会出现"顾此失彼"的现象。他们的想象力丰富，易于进入情境，还具有很强的模仿能力和模仿欲望。

本节课的授课对象是我校一年级一班的学生，全班共有36人。学生在之前的学习中已经掌握了简单的篮球球性练习和多种姿势拍球，对篮球拍球的动作有了一定了解。本节课学生第一次进行"小篮球：原地拍球比多"动作的学习，课前预设部分学生出现按压球动作不标准的问题。因此在教学当中通过教师讲解示范、学生展示和不同节奏音乐伴奏下进行练习不断提高学生完成拍球动作的节奏感和控制力。本次研究所选课例是在2012年由教育部审定，人民教育出版社出版的《体育与健康》教材水平一中第六章第一节的内容，本单元是围绕培养学生的小篮球拍球能力展开的，贴近学生的生活。

（二）方案的设计

本节课的内容是"小篮球：原地拍球比多"的第一课时，在教学过程中通过球性练习和专项准备活动，提高学生对篮球的控制能力，为主教材的学习奠定基础。通过音乐和"闯关"小游戏，由易到难突破本节课的要点。通过教师示范、学生学练、现场演示、游戏比赛等活动，使学生获得积极的情感体验和动作体验。

教学过程包括四个活动，活动一：由准备部分导入，通过队列练习让学生明晰什么是规则意识，在课堂和班级集体活动中，保持团队一致的规则意识；活动二：通过热身操，结合篮球球性进行练习；活动三：突出本节课的核心部分原地拍球比多，使学生明晰动作的概念和技巧，突出重难点的动作引导，让学生根据自身基础进行初步练习，持续练习后，会做的学生坚持做，不会做的由教师进行个别辅导后学着做；活动四：结合本课原地拍球比多动作探索和认知为主的特性，强化下肢力量的练习，增加篮球投篮游戏，重点突出团队配合，迅速完成任务，并引导学生进行小组讨论，探索完成游戏的技巧，强化学生探究式学习策略；活动五：教师带领学生做放松活动，完成结束部分，布置课后作业，将课堂延伸到学生的生活中去。

（三）教学反思及收获

本节课的教学，优点是游戏多样、小组合作、分层教学，以与主教材互相配合的形式进行组织教学。

我也认识到在深入理解教材和技术动作方面存在一定的差距，在今后的教学过程中，要进一步研究课标、教材、优秀案例以及教学视频资料，多向优秀教师学习，掌握一定的教学研究方法以及课堂组织方式，让学生在游戏中不断学习、提高。

作为青年教师，一节体育课虽然结束了，但学生是否觉得这节体育课有乐趣，是否真正学会了技术动作，还有没有更好的教学方法等这些问题都值得我去思考与反思。

社会在进步，在教学方面也应有所创新。所以只有不断提高自身的业务水平，才能使课堂更加有生机和活力，才能让学生在体育课上不仅能够学到体育知识、技能和方法，还能够感受到开心快乐。

二、APDA体育与健康课例研究——"并脚跳"

基本信息			
姓　名	郑老师	学　校	北京市西城区师范学校附属小学
学　科	体育与健康	年　级	二年级
教科书版本及章节			人教版《体育与健康》水平一第五章第四节
1.单元教学设计			
单元学习主题			并脚跳
2.单元教学设计说明			

　　本单元坚持立德树人的根本任务，以"健康第一"为指导思想，结合我校"使每一天都有意义"的办学理念，针对二年级学生的身心发展特点，为学生创设乐学、善思的课堂氛围，在课堂中落实我校"爱运动、会健体、懂自律"的体育学科表达研究，让学生在多种形式的学习、练习、创新和挑战中逐步掌握技术动作，培养学生的竞争合作、创新意识

　　本单元共分3课次：第1课次，复习巩固并脚跳技术动作，练习手腕放松摇绳、前脚掌着地；第2课次，学练创新，通过比赛和多种跳绳方式练习提升上下肢协调配合能力；第3课次，拓展空间，通过个人和小组的拓展创新学练，让学生达成快速完成并脚跳的目标

3.单元学习目标与重点、难点

①认知目标：知道多种并脚跳的动作要领，并能说出2～3个动作名称

②技能目标：85%以上的学生掌握手腕摇绳、双脚同时起落动作方法，能快速连续完成并脚跳；增强学生的下肢力量，提高上下肢协调配合能力

③情感目标：体验学练跳绳带来的乐趣，培养积极参与、善于思考、勇于创新、团结协作的优良品质

单元重点：手腕摇绳、双脚同时起落

单元难点：上下肢协调配合、连续快速跳绳

4.单元整体教学思路（教学结构图）

课时教学设计

课 题	并脚跳

1.教学内容分析

　　跳绳运动在我国已有数千年的历史，是一个喜闻乐见的体育项目。跳绳活动最早可以追溯到汉代。2007年，国家体育总局颁布了《中国跳绳竞赛规则》，对跳绳的动作名称做了明确的规定，自此跳绳运动逐渐有据可依，各项赛事有序开展，拉开了大众跳绳普及推广的序幕

　　跳绳是一个以下肢跳跃为主的项目，能有效增强练习者的下肢力量，发展弹跳能力；能增强心肺机能，提高机体代谢水平，增强体质，预防肥胖；在一些有多种变化的跳绳动作的练习中还能提高练习者的上下肢协调配合能力

　　并脚跳出自人民教育出版社《体育与健康》教师用书第五章第四节，归属于体操类活动。本册教材中的跳绳内容以并脚、交换跳短绳和长绳为重点。单人跳和多人协作跳的学练，对于发展学生身体素质、提升创新能力以及培养竞争意识有十分重要的意义

　　跳短绳是长绳和其他跳跃类项目的基础动作，并脚跳又是跳短绳的基本动作，学生在一年级的并脚跳教学中初步学习了并脚跳的动作方法，基本能进行连续跳绳，但部分学生在并脚跳练习中容易出现分脚跳、直臂摇绳、动作不协调的现象。二年级并脚跳教学针对一年级学练的情况，设计了多种方式的并脚跳，提高练习的趣味性和挑战性，能够激发学生的学习积极性，提高上下肢协调配合能力

2.学习者分析

　　本课的授课对象是我校二年级十七班的学生，全班共有39人。本班学生有较强的学习意识，喜欢新鲜事物，善于模仿，能主动参与到学习活动当中，同伴之间有合作意识，勇于尝试挑战。二年级学生脑功能发育处于"飞跃"发展的阶段，大脑神经活动的兴奋水平提高，表现为既爱说又爱动，注意的集中性与稳定性较差，教师应重点关注学生的注意力水平

　　学生在一年级并脚跳的学习中已经初步掌握并脚跳的动作，对跳绳有了一定的了解。初步有了一定的自我评价和集体活动意识，对规则有了一定的了解，初步建立了规则意识。本课学习课前预设部分学生出现跳绳时并脚不充分、左右摆绳、手腕摇绳不充分等问题。因此在教学当中通过设置不同难度的练习方式来提高学生练习的积极性，使学生在多种方式的并脚跳学练中逐步掌握手腕摇绳、并脚连续跳跃的方法

　　西师附小围绕"爱运动、会健体、懂自律"的体育学科表达，以学生全面发展为育人目标来构建高质量的课堂教学。本节课的练习中，突出了学生的主体地位，教师通过适时的引导来激发学生的活动参与兴趣，集中学生的注意力，培养学生的自控能力，提高学生的课堂参与度和学习效率，促进学生身心全面发展，落实立德树人这一教育根本任务

3.学习目标的确定

①认知目标：知道多种并脚跳的动作方法，明确手脚配合的重要性
②技能目标：85%以上的学生初步学会手腕摇绳、双脚同时起落，发展跳跃能力，提高身体的协调性
③情感目标：在练习中能表现出善于思考、勇于挑战、团结协作的品质

4.学习的重点、难点

教学重点：手腕摇绳、双脚同时起落
教学难点：上下肢协调配合

5.学习的评价设计

　　本节课为提高学生学练的积极性，及时、准确地评价学生的知识、技能和情感，在教学过程中设计了多种学习效果评价（教师评价、同伴评价、自我评价）来检验是否达成本课教学目标。

项目	优秀 👍👍	良好 👍	加油 💪	评价方式
知识	会描述并脚跳的方法	能说出并脚跳的动作要点	能在教师的提示下说出动作要点，但表述不全面	教师评价
技能	能连续进行并脚跳、完成两个挑战任务，能编创出两人一绳新跳法	能连续进行并脚跳、基本完成两个挑战任务，能编创出新动作	能连续进行并脚跳	同伴评价、自我评价
情感	能积极主动地参与练习、完成任务；能融入小组合作中，准确评价同伴，配合愉快，能主动帮助同学	能较主动地参与练习、基本完成任务；能融入小组合作中，较准确地评价同伴，配合愉快，能主动帮助同学	能较主动地参与练习，未能完成任务；能在教师和同学的鼓励下融入小组合作中，评价同伴不准确	同伴评价自我评价

本课的练习密度：40%～45%左右
平均心率：135～140次/分

6.学习活动设计	
教师活动	学生活动
教学环节一：开始部分2'～3'	
教师活动1： 课堂常规（1分钟左右） 　①提前到达场地，检查器材 　②集合整队、师生问好；宣布本课的 教学内容；检查服装，安排见习生 教师活动2： 队列练习（1～2分钟左右） 　教师统一口令组织学生进行队列练习 　①原地转法练习 　②原地踏步，依次立定	学生活动1： 组织：四列横队（队形1） 　①体委整队，报告人数，见习生到达 指定位置 　②学生问好，认真聆听本课学习内容 学生活动2： 　学生在教师的口令下进行队列练习。 踏步依次立定时喊口号"主动、自律、求 真、向善" 　要求：精神饱满，队列整齐
设计意图： 　教师排除教材、学生服装、身体健康的安全隐患 　培养学生良好的课堂常规，为学生创设良好的课堂学习氛围。让学生明确本课的练习内容，在踏步依次立定中结合口号"主动、自律、求真、向善"，让学生了解学校的文化，展现良好的精神面貌，养成一切行动听指挥的习惯	
教学环节二：准备部分5'～6'	
教师活动1： 　①教师带领学生跟音乐做韵律操，教师进行镜面示范（2分钟左右） 　②教师及时进行语言提示 教师活动2： 　教师讲解练习方法，语言提示，组织学生进行练习（2～3分钟） 　①提踵练习 　②原地纵跳 　③1分钟单摇跳	学生活动1： 组织：体操队形（队形2） 　学生听音乐，跟随教师做韵律操 　要求：队形整齐、动作规范、有节奏 学生活动2： 　学生知道游戏方法，在教师的组织下开始练习 　①脚提踵 　②并脚纵跳 　③原地快速并脚跳 　要求：注意力集中，认真练习，与其他同学保持安全距离
设计意图： 　通过音乐欢快、节奏感强的韵律操激发学生练习的积极性，让学生在愉快的氛围中充分活动身体各关节，为本课学习做好准备 　巩固学生并脚跳的动作，从原地提踵练习、原地纵跳过渡到单摇跳，为多种方式的并脚跳学习做好准备	

教学环节三：基本部分27' ~ 28'	
教师活动1： 并脚跳（19~20分钟左右） 　　动作方法：两手握绳的两端，由后向前摇绳，当绳即将落地的一瞬间双脚同时跳起，绳从两脚下摇转过，连续进行 　　教学重点：手腕摇绳、双脚同时起落 　　教学难点：上下肢协调配合 创设情境： 　　①进行班级吉尼斯挑战赛（30秒快速并脚跳） 　　②左右摆绳练习 　　③左右摆绳接并脚跳练习 　　④在音乐的伴奏下有节奏地左右摆绳并脚跳 　　⑤两人一绳并脚跳（连续跳1×8拍即为达标） 　　⑥编创两人一绳并脚跳新动作 　　⑦终极挑战：两人两绳并脚跳 创新：优秀小组展示	学生活动1： 组织：体操队形（队形2） 学： 　　①学生认真听讲，融入情境 　　②学生原地左右摆绳练习 要求：手腕摇绳 　　③左右摆绳并脚跳练习 　　④有节奏地左右摆绳并脚跳 　　⑤两人一绳并脚跳练习 要求：连续并脚跳跃，手腕摇绳 　　⑥学生两人一组并脚跳练习 要求：积极动脑，勇于创新 　　⑦两人两绳并脚跳 要求：两人摇绳和跳的节奏一致 　　⑧观看优秀小组展示
设计意图： 　　主教材分为创设情境（基础动作练习）、挑战、创新三个阶段进行活动 　　第一阶段创设班级吉尼斯竞赛情境，学生在比赛的氛围中练习快速并脚跳 　　第二阶段设置左右摆绳并脚跳的练习，巩固学生手腕摇绳和并脚跳动作，增加练习的趣味性和难度，激发学生练习的积极性。通过讲解两人一绳的练习方法，鼓励学生大胆尝试，开动脑筋编创两人一绳的新跳法，开拓并提高学生的创新思维能力，也是对本节课并脚跳的巩固学习与升华 　　第三阶段设置终极挑战——两人两绳并脚跳，为学生提供更高的学练平台，提高学生连续跳跃和上下肢协调配合能力。在两人一组的练习中鼓励同学互相纠正，控制好两人的相对位置和跳的节奏，巩固提升并脚跳技术动作	
教师活动2：短绳变变变 　　①教师讲解、示范（1分钟） 　　练习方法：每四人为一个小组，一人在绳中间左侧位置，两人摇绳（用短跳绳），摇绳同学右手拿跳绳向跳绳同学站的方向摇绳 　　练习规则：每人有两次机会，如果连续跳10次以上只有一次机会 　　②组织部分学生练习一次（1分钟左右） 　　③组织学生开始练习（6分钟左右） 　　④教师进行总结	学生活动2：队形4 　　①学生认真听讲，知道练习方法 　　②学生有组织地练习，熟悉练习方法 　　③学生正式练习 要求：遵守游戏规则，奋力拼搏

设计意图：

　　利用短绳跳长绳，提高跳绳的利用率，降低长绳的练习难度，让学生初步体验摇长绳、跳长绳的方法。通过合作练习培养学生的合作意识，提高集体适应能力，使学生养成乐观、积极进取的心态。另外，在练习中逐步培养学生的规则意识

<table>
<tr><td colspan="2" align="center">教学环节四：结束部分2′~3′</td></tr>
</table>

教师活动：	学生活动：
①教师带领学生跟随音乐进行放松练习 ②下集合口令 ③带领学生总结本课的学习内容 ④宣布下课，安排学生送还器材	组织：体操队形（同队形2） 　①学生认真跟随教师进行放松练习 　②跟教师一起总结本课的学习内容 　③送还器材 　要求：器材摆放整齐

设计意图：

　　利用学生喜爱的音乐创编放松操，让学生在愉快的氛围和舒展的动作练习中充分放松身心。带领学生总结本课的学习内容，引导学生课后与家长、同伴积极练习跳绳，逐步养成运动习惯

安全措施：

　　①课前检查场地，安全合理地布置场地

　　②课上检查学生的服装、运动鞋，且安排见习生

　　③做好准备活动，充分活动身体各关节，避免伤害事故的发生

　　④关注学生上课的练习状态，及时进行巡视指导

　　⑤调控学生使用场地（保持安全距离），同时调控练习密度与强度

　　⑥结束部分进行放松调整，帮助学生充分放松身心

7.板书设计

队形1：	队形2：	队形3：	队形4：

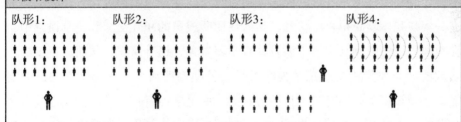

8.特色学习资源分析、技术手段应用说明

教学资源分析：

　　音响1台、跳绳40根

技术手段应用说明：

　　①情境教学：创设情境，在课堂中丰富并脚跳练习形式，激发学生的运动兴趣，提升课堂教学效果

　　②直观教学：教师进行示范、讲解，帮助学生建立直观动作印象

　　③体验式教学：在学生体验、熟练基础动作后，设置挑战、创新任务，激发学生练习的积极性，为学生的想象力、创造力提供平台，巩固提升并脚跳技术动作

9.本课的教学特色

①结合"爱运动"为核心的体育学科特色表达，通过设计多种方式的并脚跳，激发学生练习跳绳的积极性，以跳绳为基础，增强学生的跳跃能力，进而培养学生参与跳绳的兴趣，让学生爱运动；在讲解多种方式的并脚跳后，激发学生的想象力编创更多的跳法，让学生知道练习的方法，让学生会健体；在跳绳吉尼斯挑战赛中，培养学生的规则意识，让学生知道规则并能遵守规则，让学生懂自律

②充分利用教学资源。本节课以跳绳为媒介，在教学中设计多种并脚跳的方法，如两人一绳跳短绳的方法；利用短跳绳巧变"长绳"，让学生有不同的跳绳体验，组织学生初步学习跳长绳的方法，为跳长绳学习做好准备

③在课堂上注重对学生的德育教育，在练习中融入学校主动（练习中积极主动）、自律（遵守竞赛规则）、求真（跳绳数数准确）、向善（乐于助人，团结友善）的办学理念，让学生在各项练习和比赛中初步体验自己与他人的关系，能较好地处理同学关系，提高社会适应能力

APDA体育与健康课例研究——二年级体育与健康"并脚跳"
课例研究报告

一、教学及研究主题

引导体验式教学是基于现代教育思想和管理理论的一种教学方式，它以建构主义教学思想为指导，以体验式学习理论为基础，为提高学生的体育学习兴趣和以团队精神与分析解决问题能力为主要内容的社会适应性，通过教师设计有利于技术正迁移的引导性项目活动，让学习者通过个人在活动中的充分参与和体验获得直接认知，然后在团队成员的相互交流和分享讨论中、在教师的积极鼓励和引导下激发体育学习兴趣、提升认识，从而进一步提高实践能力。建构主义思想认为学习是一种建构性活动，强调学生的巨大潜能，认为知识不是通过教师传授得到的，而是学习者在一定的情境即社会文化背景下借助其他人包括教师和学习伙伴的帮助，利用必要的学习资料通过意义建构的方式获得的，强调教师不是单向的知识传递者，其作用在于为学习者提供丰富的学习情境，帮助和指导学习者建构自己的经验，并引导学习者从直接经验中学习，鼓励教学信息的多方向流动，而不只是从教师到学习者的单向流动；指出学习者学习的主动性以及学习者之间的合作与交流，认为不同个体所建构的知识的差异正是相互间合作与交流的基础，认为有效的学习需要从学习者的兴趣出发，从解决实际的问题出发，只有这样学习者才

能产生学习的动力。[①]本课选取"并脚跳"为例开展课例研究是因为跳绳是儿童喜爱的一项运动，对场地、器材要求不高，可操作性强。

二、教学方案的规划与设计

（一）学情分析

小学二年级的学生，已经初步适应了小学阶段体育课的学习方式，但在情感态度、生活方式、行为习惯等方面还比较幼稚。他们的认知能力尚处于较低水平，注意力的稳定性较弱。他们活泼好动，有强烈的好奇心，想象力丰富，模仿能力强。教师需要针对教学内容设计多种练习方式，以满足学生的好奇心，增强体验感。本次研究所选课例是在2012年由教育部审定，人民教育出版社出版的《体育与健康》教材水平—第五章第四节的内容，本单元是围绕跳绳展开的。课前进行了调查，二年级学生中80%以上会跳绳，但对于如何提高并脚跳的连续性、是否有更多的练习方法，没有更多的选择方案和想法。

（二）方案的设计

本节课是并脚跳的第二课次，在准备活动中通过设置不同难度的并脚跳练习，来增强练习的趣味性，充分活动下肢，巩固徒手并脚跳双脚同时起跳同时落地的动作，为主教材的学习做好准备。通过不同难度的并脚跳练习方式来增强练习的趣味性和挑战性，提高学生连续跳跃的能力，巩固提升并脚跳技术动作。通过体验多种练习方式，让学生在实践中领会并脚跳的动作方法，培养积极向上、团结协作的品质。

教学过程包括四个活动：

活动一：通过队列练习提高学生的组织纪律性，展示良好的精神风貌。

活动二：通过韵律操、原地提踵练习、原地纵跳过渡到单摇跳，为多种方式的并脚跳学习做好准备。

活动三：第一阶段创设班级吉尼斯竞赛情境，学生在比赛的氛围中练习快速并脚跳。第二阶段设置左右摆绳加并脚跳的练习，巩固学生的手腕摇绳和并脚跳动作，增加练习的趣味性和难度，激发学生练习的积极性。通过讲解两人一绳的练习方法，鼓励学生大胆尝试，开动脑筋编创两人一绳的新跳法，开拓并提高学生的创新思维能力，也是对本节课并脚跳的巩固学习与升华。第三

---

① 赵艳衡. "引导体验式"教学模式的开发与实证分析［D］. 北京：北京体育大学，2010.

阶段设置终极挑战——两人两绳并脚跳，为学生提供更高的学练平台，提高学生的连续跳跃和上下肢协调配合能力。在两人一组的练习中鼓励同学互相纠正，控制好两人的相对位置和跳的节奏，巩固提升并脚跳技术动作。

活动四：结合本课跳绳这一内容，利用短绳巧变长绳，重点突出小组协作，以组内协作和组间竞争的方式充分参与和体验项目活动有利于人际关系、个人角色转换能力的培养和提高学生的团队协作精神与竞争意识。

三、教学方案的实施与改进

（一）实录片段和实景描述

这一课例的教学进行了两次，每次教学后均进行研讨，并对教案进行调整修改。经过第一次的课堂教学实践，课例研究小组发现课堂练习难度较大，第三个环节设计需要进行调整修改。

①环节三中的100次单摇跳对二年级学生来说难度较小，学生参与的积极性不高，部分学生在练习时出现慢跳的情况，针对这种课堂练习结果，将100次单摇跳改为班级30秒单摇吉尼斯比赛，为学生创设一个竞赛情境。为大家简单介绍规则，不抢跳，时间到后再跳不计入总数，培养大家的规则意识。比赛开始后，大家都不甘落后，快速跳单摇，学生跳单摇的速度也提高了。

②体验式学习体现得不明显，学生练习较多，反思、讨论和分享较少，不利于提高学生之间的沟通交流能力和分析解决问题的能力。所以在基本练习、挑战和创新动作的部分增加了同学互评环节，教师及时关注学生，当学生讨论或互评出现偏差时，由观点相对正确的学生或教师对问题进行总结并讲解，这样有利于对知识技术的掌握程度进行反馈性调节。及时纠正错误便于兴趣的培养，同时也可以增强师生之间的交流。

（二）同伴的观察记录和描述

在左右摆动并脚跳环节学生容易出现手腕摆绳紧张，身体重心不稳定的情况，在两人一绳的环节，学生在最初练习时容易出现配合不当，跳的节奏、位置控制不好的情况，大部分同学都能积极应对，寻找解决策略，再次尝试；一小部分学生会出现消极的情绪；个别学生会出现难以听取同伴正确的建议、推卸责任的情况。

（三）群体研讨意见概述

①应该深入体验并脚跳的多种方式，本课设计内容较多，强度较大，教师应根据天气、场地和学生的练习情况随时做出调整，保证适宜的练习强度。

②练习和讨论过程中，教师要关注每个学生，参与讨论，及时把握学生动态，这样有助于课堂生成。

③学生互评和纠错的准确性和及时度难以把握，在培养学生分析问题、讨论问题能力的同时，教师应给予正向的引导，保证同学互评的有效性。也可以选掌握较好、表达能力强的同学就近帮助别的小组，提高小组间的协作能力。

四、教学反思及收获

体验式学习是低年级学生学习、练习的主要形式，操作程序可以简单地表示为确定教学内容—设计促进技术正迁移的引导性项目—引导学生充分参与和体验—引导学生反思、分享和讨论—讲解总结—再实践参与新活动或比赛。如何在日常教学中有效运用体验式教学方法提高课堂学练效果，是教师需要进一步研究学习的内容。

在课堂氛围的创设方面，教师应在开始部分进行思想教育，鼓励学生正向评价同伴，积极接受同伴正确的建议。练习过程中教师也应及时关注、及时发现、及时纠正，对于发现偏差的同学也应及时给予肯定并提出希望，营造积极向上、谦虚互助、团结协作的课堂学习氛围。

体验式练习后学生反思讨论的时间把控得当，体现出开放性，不求标准化、唯一化，以创新为主要目标。关注学习的过程，淡化结论的对错，鼓励学生积极参与，但对学生的评价要多元化，不仅要关注学到的知识、技能，更要关注其情感态度价值观。

三、APDA体育与健康课例研究——"后滚翻"

基本信息			
姓　名	肖老师	学　校	北京市西城区师范学校附属小学
学　科	体育与健康	年　级	三年级
教材版本及章节		人民教育出版社《体育与健康》教师用书水平二第五章第三节	

1.单元教学设计	
单元学习主题	后滚翻

2.单元教学设计说明

　　技巧是小学体育教学的主要内容之一。三年级学生处于柔韧和灵敏素质发展的敏感时期，他们具有一定的运动能力，但抽象思维能力还较差，认知事物往往离不开具体形象的事物，教学内容从学生的模仿练习过渡到简便易行的单个动作，然后上升为符合学生实际的难度组合动作

　　水平二的学生通过水平一技巧——前滚翻的学习，已经初步掌握了翻腾动作的基本技术，并且对技巧这项技术产生了一定的兴趣，因此在课的安排上着重强调同伴的练习，抓住学生好学的求知心理，通过教师指导、学生练习、同伴间的练习等方式培养学生的自主学习能力和团队合作精神，同时达到提高动作技术的教学目的，让学生在课堂上体会该项目带给自己的快乐

3.单元学习目标

　　①认知目标：通过教学使学生掌握后滚翻的动作要领和术语

　　②技能目标：通过课堂学习，80%以上的学生能够完成动作，发展身体的灵敏、协调和速度等身体素质

　　③情感目标：培养学生勇敢、顽强、勇于挑战的意志品质，提高学生观察、积极思考及合作学习的能力

4.单元整体教学思路（教学结构图）

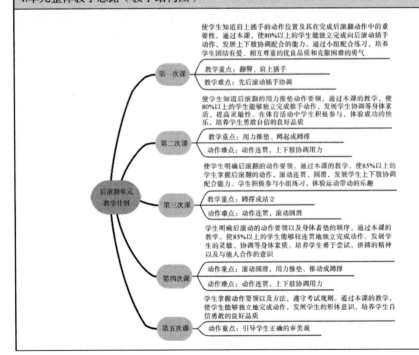

课时教学设计	
教学内容	后滚翻

1.教学内容分析

　　本节课是本单元第一次课，在教学过程中通过滚动、插手等练习，提高学生身体的协调能力，为主教材的学习奠定基础。进行分步教学，由浅入深、从简到难，让学生主动参与，反复练习动作，培养学生的运动、动脑及观察能力，发展学生的个性，引导学生合作、交流，提高学生的兴趣。通过游戏，提高学生的综合素质，培养学生良好的意志品质和胜不骄、败不馁的精神风貌。

2.学习者分析

　　生理特点：对于三年级的学生主要进行身体素质指标增长教学，其速度、柔韧、腰腹力量的提升尤为明显。骨骼增长速度加快，此时的骨骼弹性强，可塑性强，肌肉的含水率较高，肌肉弹性和肌肉韧性都有所增加，适合正确身体姿态的培养。神经系统中兴奋和抑制的机能有所增强，控制和调节自己行为的能力明显提高

　　心理特点：三年级的学生有较强的学习意识，喜欢新鲜事物，善于模仿，能主动参与到学习活动当中，与同伴之间有合作意识，勇于尝试挑战。他们有了一定的自我评价和集体活动意识，对规则有了一定的了解，初步建立了规则意识

　　运动基础：西师附小围绕体育学科表达"爱运动、会健体、懂自律"，以学生全面发展为育人目标来构建高质量的课堂教学。本课的授课对象是我校三年级十班的学生，全班共有45人。学生在之前的学习中已掌握简单的抱腿团身滚动的动作，对滚翻动作有了一定的了解。本课学生将第一次进行后滚翻技术动作的学习，课前预设部分学生出现指尖方向不准确或者翻臀动作不充分问题。因此在教学当中通过后倒踢垫的练习，提高学生完成后滚翻动作的连贯性。本节课以教、学、练的模式来进行，学生将学习后滚翻动作中的每一个步骤，并能说出身体的着垫顺序，练习后倒插手，将滚动与插手动作相结合，最后让每个学生都尝试做后滚翻的完整动作。游戏部分，提高学生的心率进行有效教学，利用简单的运物游戏引导激发学生的兴趣，以此集中学生的注意力，培养学生的自控能力，提高学生的课堂参与度和学习效率，促进学生身心全面发展，落实立德树人这一教育的根本任务

3.学习目标确定

　　①知识目标：知道肩上插手的动作位置及其在完成后滚翻动作中的重要性

　　②技能目标：通过本课的教学使80%以上的学生能独立完成向后滚动插手动作，发展上下肢协调配合的能力

　　③情感目标：通过小组配合练习，培养学生团结友爱、相互尊重的优良品质和克服困难的勇气

4.学习重点难点

　　①教学重点：后倒快，团身紧，滚动圆滑
　　②教学难点：向后滚动插手动作协调

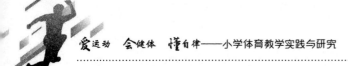

5.学习评价设计

①自我评价：练习中，学生对自己的学习状态以及滚动练习中自己的完成情况进行评价，并且能够说出动作方法

②同伴评价：练习过程中，学生根据自己的练习情况及同伴的练习情况与表现，进行相互评价，能够发现问题并指出

③教师评价：在学习过程中，教师始终关注学生学习、练习的状态并及时进行评价、展示，巡视过程中保护并帮助学生完成动作

评价方式：教师通过观察、语言激励以及请同学进行展示，提高学生学习的积极性，培养学生正确的动作意识，以及认真的态度

项目	优秀	良好	合格	继续加油	评价方式
运动技能	能熟练完成动作且动作规范、协调，姿态优美。动作轻松、连贯、稳定	能独立完成动作，动作正确。动作比较连贯、稳定	能独立完成动作，动作较为连贯	不能独立完成滚翻动作，并有严重错误	教师评价
运动参与	能够积极地参与学练赛、游戏环节，在练习中主动与同伴进行交流	能够积极地参与学练赛、游戏环节，在练习中能与同伴进行交流	能够积极地参与学练赛、游戏环节，参与小组练习	不能参与学练赛、游戏环节	自我评价、同伴评价
社会适应	能够愉快地与同伴进行合作，完成每一个环节的练习，及时给予同伴关心与鼓励	能够与同伴进行合作，完成每一个环节的练习，给予同伴关心与鼓励	能够与同伴进行合作，完成每一个环节的练习	不能与同伴进行合作	自我评价、同伴评价

6.学习活动进程

教师活动	学生活动
教学环节一：开始部分2' ~ 3'	
教师活动1： 课堂常规（1分钟左右） ①教师整队 ②师生问好 ③宣布本课内容 ④安排见习生活动 教师活动2： 队列练习（1~2分钟） ①原地转法 ②齐步走—立定 教师统一口令进行队列练习	学生活动1： 组织：四列横队 ①学生精神饱满 ②师生问好 ③认真听讲，记住本课的要求 ④见习生到指定位置见习 学生活动2： 组织：四列横队 ①学生听到口令后完成动作 ②学生听哨音进行动作练习 要求： ①动作一致，口号洪亮　②精神振奋

设计意图：

　　①精神饱满，着装整齐，符合要求。体现学生良好的课堂常规及安全意识

　　②摆臂到位，挺胸抬头，展现班级常规，队列整齐

教学环节二：准备部分5' ~ 6'

教师活动1： 热身操（3分钟左右） 　　①教师领做动作 　　②教师语言提示动作方向 教师活动2： 　　①教师讲解动作要求 　　②教师巡视指导	学生活动1： 组织：体操队形 　　①学生跟做动作 　　②听教师提示完成动作 　　要求：学习态度端正，充分热身 学生活动2： 　　①学生跟做动作 　　②学生认真练习 　　要求： 　　①听从教师口令进行练习 　　②学习态度端正

设计意图：

　　①注意力集中，活动各关节，避免扭伤，并为后滚翻的学习与练习做准备

　　②利用专项练习加大主要关节的活动，避免在练习时受伤

教学环节三：基本部分27' ~ 28'

教师活动1： 后滚翻（19 ~ 20分钟左右） 动作方法： 　　背向滚翻方向蹲撑，两脚提踵，上体略前倾，两手同时用力推垫，向后倒体团身滚动，同时迅速屈肘，两手置于肩上（手背尽量靠近肩胛，掌心向上、指尖向后）使臀、腰、背、肩、颈、头依次着垫，当肩部着垫时，用力推垫翻转成蹲撑，站立 教学重点： 　　后倒快、团身紧，滚动圆滑 教学难点： 　　向后滚动插手动作协调 教： 　　①教师讲解动作要领、动作方法 　　②教师示范动作，引导学生认真观察动作，注意看手的位置 　　③教师引导学生进行插手练习，并一步步进行引导	学生活动1： 教： 　　①学生认真观察，注意听讲，回答教师问题 　　②学生进行徒手插手练习 　　③学生体会手指、手肘方向

学： 肩上插手练习 　　前后两人一组，一人双手拿沙包做肩上插手的动作，另一人帮助他纠正动作，如若动作标准、规范，则摘下他手中的沙包；不规范则先纠正动作，正确后再摘下沙包 　　①教师讲解动作，并示范 　　②教师组织学生进行练习 　　③教师巡视，纠正学生动作 练： 滚动插手练习 　　打开小垫子，每位同学自己练习向后滚动插手的动作 　　①教师讲解动作，并示范 　　②教师组织学生练习 　　③教师巡视，并纠正学生动作 滚动触垫练习 　　将两个体操垫摆成直角状，将一块垫子平放在地面上，另一块垫子放在练习者后侧，帮助者扶住体操垫的两侧，练习者团身向后滚动，后倒时尝试用双脚触碰到垫子后还原蹲撑，触碰到垫子视为动作完成 　　①教师找一名学生进行示范，讲解双人配合的方法 　　②教师组织学生进行练习 　　③教师巡视学生练习情况 　　④教师纠正学生动作 　　⑤教师请动作标准的同学进行示范 　　⑥教师再次组织学生进行练习，并相互评价动作 　　⑦教师小结学生练习情况 　　⑧组织学生尝试完整动作 　　⑨请动作好的同学进行展示	学： 肩上插手练习 ①学生认真听讲，观看示范 ②学生认真练习 ③学生及时改正动作 练： 滚动插手练习 ①学生认真听讲，观看示范 ②学生练习动作 ③学生及时改进动作 滚动触垫练习 ①学生认真观看动作示范，听懂动作的练习方法，以及小垫子的使用方法 ②学生两人一组 ③学生认真练习 ④学生及时改正 ⑤学生积极思考，认真观看 ⑥学生积极练习，并相互评价动作 ⑦学生认真听讲 ⑧学生尝试完整动作 ⑨个别同学进行展示

设计意图：
　　主教材分为"教、学、练"三个阶段进行活动。
　　第一阶段的"教"，教师通过示范、讲解使学生直观地了解动作的方法，建立了正确的动作概念
　　第二阶段的"学"，学生根据教师提出的要求进行学习。在展示中互相学习、评价，激发学生的学习兴趣
　　第三阶段的"练"，通过展示了解学生的练习情况，培养学生勇敢、自信的精神。在游戏和比赛中培养学生的团结精神以及班级荣誉感

教师活动2： 　　教师讲解游戏规则 　　四人一组按顺序依次进行往返接力跑，将沙包依次运送至指定位置，一人一次只拿一个沙包。比一比哪组小蚂蚁搬家最快 　　①教师组织学生进行练习 　　②教师组织学生进行比赛	学生活动2： 　　①学生认真听讲 　　②学生按要求进行练习 　　③学生进行比赛

设计意图：
　　在往返接力跑的基础上，为学生寻找乐趣，利用本课使用的教具进行游戏设计，增强趣味性，提高学生的心率、运动量

教学环节四：结束部分2' ~ 3'

教师活动： 　　①放松拉伸 　　②教师总结本课情况 　　③带队回班	学生活动： 　　①学生跟做动作 　　②学生认真听讲

设计意图：
　　使学生养成科学锻炼的习惯，在体育课上保持身心愉悦

安全措施：
　　①课前检查场地，安全合理地布置场地
　　②课上检查学生的服装、运动鞋，且安排见习生
　　③做好准备活动，充分活动身体各关节，避免伤害事故的发生
　　④关注学生上课时的练习状态，及时进行巡视指导
　　⑤调控学生使用场地（保持安全距离），同时调控练习密度与强度
　　⑥结束部分进行放松调整，帮助学生使身心逐渐恢复到正常水平

7.场地与器材布置

挂图展示设计：

后滚翻

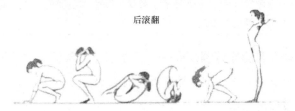

动作方法：
　　背向滚翻方向蹲撑，两脚提踵，上体略前倾，两手同时用力推垫，向后倒体团身滚动，同时迅速屈肘，两手置于肩上（手背尽量靠近肩胛，掌心向上、指尖向后）使臀、腰、背、肩、颈、头依次着垫，当肩部着垫时，用力推垫翻转成蹲撑，站立。

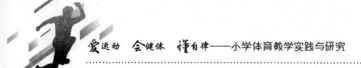

课前场地布置图：

8.特色学习资源准备、技术手段应用说明

教学资源准备：

小垫子46块，沙包132个，标志桶14个

技术手段应用说明：

①直观教学：通过运用示范、分解动作练习等来传递教学信息，进行具体的教学活动。直观教具的呈现要放在学生面前合理的距离内，让学生先看到整体，然后再分辨各个部分，并且要设法引起和保持学生的注意力。从肩上插手到后倒滚动踢垫的练习，层层递进，使学生一步一步地进行后滚翻的练习

②引导式教学：通过引导激发学生的学习兴趣，使学生由被动、消极转为主动、积极。通过分解动作的铺垫，学生已经掌握了动作的基本要领，通过动作分部链接，将所有的动作串联在一起。在展示环节通过彼此之间的自评、互评，起到互相刺激的作用

9.本课的教学特色

在教学中，正确引导学生进行练习，大胆尝试，在体验中发现问题，在实践中解决问题，使学生明确肩上插手的位置。在音乐的伴奏下练习热身操，引导学生快速进入课堂状态，增强学生的新鲜感，激发学生的学习热情，培养学生的节奏感，增强课堂效果，使学生体验到课堂的快乐。通过有效的教学方法、手段和组织措施激发学生主动参与，调动学生的练习兴趣，使教师的引导与学生的主动发展得到充分发挥。副教材为"蚂蚁搬家"，通过游戏发展学生的快速奔跑能力以及灵敏协调素质，培养集体意识以及团队的协作精神。此游戏的安排弥补了主教材运动生理负荷的不足，通过本课学练，使学生的上下肢力量得到均衡发展

APDA体育与健康课例研究——三年级体育与健康"后滚翻"
课例研究报告

一、教学及研究主题

赫尔巴特根据他的心理学理论，认为教学过程是各种观念的频繁活动，兴趣、注意、统觉在这个过程中有着重要作用和意义。他认为人们的认识过程，在兴趣状态下可产生两种心理活动，一种是"专心"，另一种是"审

思"。专心是"集中于任何主题或对象而排斥其他的思想"。其观念活动表现为：一种观念比较突出并对其余观念发挥作用，不由自主地压制与隐蔽了其他观念。审思是"追忆与调和意识内容"，其观念活动为协调、同化新旧观念的一种统觉活动。只有通过审思活动把那些被专心接受的新观念与儿童原有的观念调和起来，才能保证儿童意识的统一性。因此，审思活动应当在专心活动之后进行，专心活动与审思活动交替进行，就构成了所谓的"精神呼吸"活动。观念无论处于运动状态还是静止状态都可以进行专心活动和审思活动。赫尔巴特依据他确定的人们在认识过程中观念运动的规律，将教学步骤分为"明了、联合、系统、方法"四个主要阶段。选取"后滚翻"为例是因为本课对于三年级的学生来说兴趣更大，也是一个"挑战"，从兴趣出发，引发学生注意，最后促进学生一步一步挑战成功。

二、教学方案的规划与设计

（一）学情分析

水平二的学生通过水平一技巧——前滚翻的学习，已经初步掌握了前滚翻动作的基本技术，并且对技巧这项技术产生了一定的兴趣，因此在课的安排上着重强调同伴的练习，抓住学生好学的求知心理，通过教师指导、学生练习、同伴间的练习等方式培养学生的自主学习能力和团队合作精神，同时达到提高动作技术的教学目的，让学生在课堂上体会到该项目带给自己的快乐。

（二）方案的设计

教学过程包括四个活动，活动一：师生问好，宣布本课的教学内容。在教师的组织下进行原地转法练习、齐步走—立定练习，体现了学生良好的课堂常规。然后走到指定位置散开准备热身操的练习。活动二：在音乐的伴奏下，学生完成准备活动，教师领做，为本课主教材内容教学打下基础。专项准备活动做"小游戏"，通过"计算、写英语单词"的形式使学生活动颈部，避免意外伤害的发生。之后再进行抱腿团身滚动的练习，复习第一课次的滚动连贯。活动三：通过由简到难、循序渐进的教学方法，带领学生初步体会后滚翻的动作。先做"肩上插手"的练习，使学生体会动作的位置，通过递沙包的形式前后相互检查动作。再练习滚动肩上插手，在滚动中找到插手的位置。最后前后两人配合，将垫子摆成直角状，练习滚动后触垫，体会

翻臀动作，让学生在小组配合下练习动作，克服恐惧心理。完成后滚翻的学习后再简单进行颈部拉伸。各组听哨音走到游戏场地，游戏部分设计为"蚂蚁搬家"，用以发展学生的下肢力量，提高学生的心率，培养学生的集体意识和团结互助的优良品质。活动四：在教师的指导下进行放松整理，调整呼吸，使身心放松。总结本课学生的练习情况，带队回班。

三、教学方案的实施与改进

（一）实录片断和实景描述

这一课例的教学进行了两次，每次教学后均进行研讨，并对教案进行调整修改。经过第一次的课堂教学实践，小组成员认为课堂练习效率较低，第三环节设计得为简单，不够完整，没有深入，学生收获不大，需要进行如下调整修改：

为了激发三年级学生的学习兴趣，增加直观形象化的教学元素，比如将教师教授以示范为主的动作让学生先自己进行模仿练习，并结合学生展示，增强学生的好胜心，也为做好滚翻动作打下基础。

环节三中的示范动作应强调手的位置，为接下来的课程打好基础。老师一开始就说同学们跟老师学习后滚翻中手的位置，这样的教学会对三年级的学生造成困扰，学生会不理解后滚翻为什么要用手，需要在哪个位置进行推手，课堂上会出现较多的错误动作，随后的练习只会一味地模仿教师所示范的动作，而并不理解几项练习对于后滚翻动作有什么帮助，所以教师应在示范完整动作时让学生注意插手位置，之后结合口诀等方法使学生一步一步地完成练习。此外，也可结合学生的生活实际或者所见所闻来提高学生的学习兴趣。

环节三中说教成分过多，应提高每一个学生的学习效率，通过肩上插手、后倒插手、滚动后倒踢垫这几项练习启发学生对于完整动作的理解。然后前后两人为一个小组，对动作进行互评，纠正他人的同时也为自己理解动作而打下基础。

环节三中刚开始并未体现学生完整动作的练习，作为第一节课做完整动作确实存在危险性，但亦需要学生进行完整动作的尝试，这样学生才会对自己的动作有一个思考，明白自己哪些方面还需要提高；已经完成动作的学生会思考如何才能做得更加流畅、更加自如。

对于游戏环节，一开始设计的是利用摆放回去的垫子进行拼搭接力，四块小垫子可以形成一个小房子，但考虑到天气以及学生接力跑的稳定性，将教具换为沙包进行蚂蚁搬家的接力游戏。

（二）同伴的观察记录和描述

在观看教师示范环节，前排学生会挡住后排学生，此处组织较为混乱，示范位置不佳。在展示环节，30%左右的学生敢于尝试动作，部分学生还没有明确自己的动作是否出现错误，有的学生没有完成自己应完成的动作，有的学生错失了展示的机会；部分学生有开小差的情况，没有参与到课堂中来，不听提醒。

（三）群体研讨意见概述

针对小组成员的安排，将学生按照1～4号进行编号，明确每个学生的位置以及分工。

有些地方需要设问，设问一定要明确。需要分步骤的地方分步骤进行，不需要分步骤的可简单带过。

对于本课一开始的设定只有插手位置的练习过于简单，应大胆尝试完整的动作练习，学生具备完整动作练习的能力。在环节三应加入对应的保护与帮助，培养学生的小组合作以及保护意识。

在上课过程中，教师应更深入地掌握每个学生的练习情况，进行巡视，参与指导动作。及时把握学生的练习情况，有助于课堂的顺利进行。

在展示环节，可分组进行展示，并且各组可统计得分，完成完整动作的小组积一分，未完成的不积分，最后看一看哪个小组的积分最多，算一算全班一共有多少积分，为下一次后滚翻的课程制订好目标，希望全班学生都能完成任务。

（四）教学反思及收获

教材搭配合理，教学过程环环紧扣，能调动学生的学习兴趣，使学生的身体、心理以及适应能力得到发展、提高。通过不同方法和手段的学练，本课的重难点问题基本得以解决，完成了学习目标。练习场地的布置便于教师的教和学生的学，所有学生都能看清楚示范动作，有良好的学习氛围，特别是本节课的器械得以充分利用。但同时也存在很多不足，学生掌握动作的及时性反馈评价和课上对学生的激励性评价不足，与学生的磨合程度不够，学生课堂常规有待提高。

四、APDA体育与健康课例研究——"侧向助跑跳高"

基本信息			
姓　名	周老师	学　校	北京市西城区师范学校附属小学
学　科	体育与健康	年　级	四年级
教科书版本及章节		人教版《体育与健康》 水平二第四章第二节	

单元教学设计

单元学习主题	跳跃——侧向助跑跳高

1.单元教学设计说明

　　本单元的设计基于立德树人的根本任务，构建高质量课堂的新样态。树立"健康第一"的指导思想，结合我校"点滴积累，使每一天都有意义"的办学理念，围绕体育与健康"爱运动、会健体、懂自律"的学科表达开展教学研究。教学中，针对小学四年级学生的生理、心理特点，从学生发展需求出发，构建学生在课堂教学中的主体地位；注重运动技能的教学，引导激励学生在练习中开动脑筋，相互学习合作

　　本单元共有6课次，本课为第3课次。第1课次是技术进阶，使学生感受起跳，掌握单脚起跳向上摆腿的动作技能。第2课次是助、跳结合，使学生掌握定点起跳和节奏起跳的动作方法。第3课次是完善侧向助跑跳高技术，使学生掌握节奏起跳和起跳高点。第4课次使学生掌握侧向助跑起跳过一定高度横杆的动作方法，完成个人挑战。第5课次是学生让参加黄金联赛，进行自我和小组的挑战，感受越过横杆的成功和喜悦。第6课次是学生技能评定，用于发展学生的速度、灵敏、协调等身体素质。通过侧向助跑跳高的"学、练、赛"一体化设计，学生的培养时空感、目测力和观察力，提升学生的专项能力、专项技能与比赛能力，发展学生的灵敏、速度、协调和力量等身体素质

2.单元学习目标与重点、难点

　　①认知目标：知道侧向助跑跳高的动作术语，简单说出2～3个动作要领，了解"学、练、赛"的知识点与评价方式

　　②技能目标：90%以上的学生能够初步学会侧向助跑跳高助跑与起跳结合的动作方法，提高下肢力量与加速能力，发展灵敏、协调等身体素质。男生跳过75厘米、女生跳过70厘米的高度

　　③情感目标：形成乐观、开朗、积极进取的学习态度，表现出勇敢、自信、果断和勇于克服困难的体育精神

单元重点：助跑与起跳相结合

单元难点：衔接紧密、流畅

3.单元整体教学思路（教学结构图）

（教学结构图）

- 明确等级 / 晋级挑战 / 自我实现　—　技能评定　— 6
- 个人挑战 / 小组挑战 / 极限挑战　—　黄金联赛　— 5
- 起跳高度 / 依次过杆 / 落地缓冲　—　个人挑战　— 4

中心：侧向助跑跳高

- 1 —　技术进阶　— 感受起跳 / 学练起跳 / 展示起跳
- 2 —　助、跳结合　— 定点起跳 / 节奏起跳 / 个人展示
- 3 —　完善技术　— 节奏起跳 / 起跳高点 / 小组竞赛

课时教学设计

课　题	侧向助跑跳高

1.教学内容分析

　　跳高属于田径运动中的田赛项目是运动员在克服自身重力的前提下，挑战垂直高度的一项自我实现性运动。在1896年第一次现代奥林匹克运动会中跳高就被列为正式比赛项目

　　侧向助跑跳高是三、四年级的学习内容，是在一、二年级跳跃基本活动的基础上，重点让学生体验快速跑与单脚起跳相结合的动作方法。侧向助跑跳高是由助跑、起跳、过杆和落地四个基本技术组成的

　　在教学时应结合学生的实际能力，针对本单元应达成的目标，设计多种趣味学练活动，激发学生的参与兴趣，使学生理解、参与、体验助跑与起跳相结合技术，引导学生从不同难度进阶的教法、学法中初步掌握衔接紧密、流畅的助跑与起跳技术，提高学生的侧向助跑跳高能力

2.学习者分析

　　本次授课学生来自我校四年级二班，共有38人。本班学生在平时的体育活动中有很高的积极性和参与热情，大多数学生身体素质较好，运动能力较强。应重点关注四年级学生身体的灵活性与协调性，避免出现动作连接不紧密的触杆现象。因此要注重培养学生的下肢力量，提高学生的跳跃能力，帮助学生更好地体验助跑与单脚起跳相结合动作，提高动作的连贯性

　　本班学生兴趣广泛，乐于参与各项体育运动的学练，但男女生之间开始出现边界，授课中曾出现过争论问题和矛盾冲突点，教师应予以重视，做好协调与组织工作，减少或避免此类问题的出现。同时本班学生的自我评价意识正在初步形成中，能够主动参与评价，但对于评价结果与结论较为看重，教师在筹划和组织过程中要做到公平、公正，避免出现评价纠纷与误判问题

　　本课为第3课次，学生在前2课次的学练中，已经知晓侧向助跑跳高的助跑节奏与起跳。起跳是跳高技术的关键环节，其任务是快速地改变人体运动方向，展现尽可能大的垂直速度和合理的腾空角度，完成过杆动作

3.学习目标的确定

①认知目标：知道侧向助跑的动作术语，能够简单说出2~3个动作名称

②技能目标：90%以上的学生能够掌握助跑节奏与起跳有力的方法，发展下肢力量、弹跳力和身体协调性

③情感目标：表现出勇敢、自信、果断和克服困难的优良品质

4.学习的重点、难点

教学重点：助跑节奏；教学难点：起跳有力

5.学习评价设计

本节课为激发学生侧向助跑跳高的练习兴趣，在教学过程中采用量化侧向助跑跳高评价标准的方式，学生通过练习能够进行自我评价、同伴评价，很好地完成本课的教学目标

等级		国际健将 （★★★★★）	健将 （★★★★）	一级运动员 （★★★）	评价方式
成绩评定	男生	93~98厘米	84~91厘米	75~82厘米	自我评价、同伴评价、教师评价
	女生	90~95厘米	80~88厘米	70~78厘米	
运动参与		积极参与学、练、赛活动，在练习过程中能主动与同伴交流、沟通体会	主动参与学练赛活动，自我挑战中获得满足感	在教师或同伴的引导下，能够参与学练活动	同伴评价、自我评价
社会适应		能愉快地与同伴合作完成学练活动，在小组挑战中勇于拼搏，表现出自我的不可或缺性	能与同伴合作完成学练活动，不怕困难，表现出积极进取的优良品质	主动与同伴交流、乐于帮助同伴，能够在小组活动中积极配合、展现自我	同伴评价、自我评价
运动曲线图		本课练习密度：40%~45%左右 平均心率：135~140次/分			

运动曲线图数据（心率/分钟）：
- 0分钟：约85
- 5分钟：约120
- 10分钟：约130
- 15分钟：约130
- 20分钟：约150
- 25分钟：约130
- 30分钟：约150
- 35分钟：约160
- 40分钟：约120
- 45分钟：约100

6.学习活动设计

教师活动	学生活动
教学环节一：开始部分3'	
教师活动1： 课堂常规 　　①提前到达场地，检查器材 　　②集合整队、师生问好；宣布本课的内容及任务；检查服装，安排见习	学生活动1： 组织：四列横队 图1 　　①体委整队，报告人数，见习生到达指定位置 　　②认真聆听教师讲解本课内容
教师活动2： 队列练习 　　统一口令进行队列练习 　　齐步走—向后转走—立定	学生活动2： 　　学生在教师的口令指导下进行队列练习 要求：精神饱满，横排面整齐
设计意图： 　　①学生养成良好的课堂常规习惯，培养学生正确的身体形态、认真练习的态度和良好的组织纪律性 　　②采用语言导入，激发学生的学习兴趣，明确本课的学习任务	
教学环节二：准备部分7'	
教师活动1： 1.自编绳操《卡路里》 　　摇绳打地、双脚跳绳、双脚前后跳绳、单脚左右跳绳、高抬腿跳绳 2.专项准备活动 　　①双脚跳跃短绳 　　②单脚前后左右跳跃短绳	学生活动1： 组织：体操队形（图2） 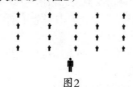 图2 ①学生注意力集中 ②按教师口令进行练习，动作整齐到位 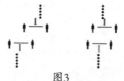 图3 ①分小组练习正对横绳双脚跳跃短绳 ②分小组练习侧对横绳单脚前后左右跳跃短绳

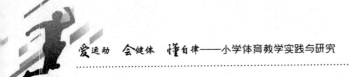

设计意图：
　　①通过绳操练习使学生身体各部位得到充分活动
　　②利用跳短绳做单双脚跳跃练习，为侧向助跑跳高做好准备

教学环节三：基本部分27'

教师活动1：	学生活动1：
侧向助跑跳高（19分钟） 　　动作方法：以左脚为例 　　侧向直线助跑，助跑方向与横杆的夹角在30°~45°。助跑放松，在横杆垂直线三四脚的地方用力蹬地起跳，两臂协调配合用力上摆，起跳腾起后两腿依次过杆，摆动腿先着地 　　教学重点：助跑节奏 　　教学难点：起跳有力	组织：四列横队 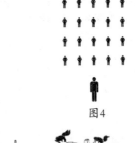 <div align="center">图4</div>  <div align="center">图5</div>
①组织学生依次跳过3根高为60厘米的短绳 　　②引导学生连续助跑三步起跳摸高 　　③引导学生跳过70厘米高度的杆 　　④组织优秀生展示动作，引导学生评价，介绍评价要点（2分钟） 　　⑤引导学生自主选择队友，练习跳过不同高度的杆 　　⑥引导学生5~6人结组，进行小组晋级挑战赛 　　⑦教师总结学生学习成果	①8~9人一组，连续跳过3根短绳，体验节奏起跳 　　②学习三步起跳摸高，重点感受助跑有节奏，动作连贯 　　③积极跳过70厘米高度的杆，着重体验助跑节奏清晰，起跳有力 　　④积极展示，知晓本课的评价要点，努力达成自我学练成效定位 　　⑤自主选择队友，完成不同的起跳高度，着重体验助跑节奏清晰，起跳快速、有力 　　⑥积极参与等级挑战赛，突破本课的学习难点，在自我挑战中获得满足感 　　⑦知晓自我学练中完成的等级成绩

设计意图：
　　主教材基于"学、练、赛"一体化设计三进阶，构成本课的教学层次
　　本课学的设计围绕着知晓侧向助跑跳高的助跑节奏与起跳有力动作要点，学生在连续跳过3根短绳练习中，体会短距离有节奏的助跑，再到三步起跳摸高体验助跑中垂直向上起跳技术动作，形成由浅入深、循序渐进的学习。再让学生通过跳过70厘米高度皮筋练习感受助跑节奏清晰，起跳有力。最后引导学生进行跳高等级比赛，在比赛中检验学生的学习成果，同时也是对本节课侧向助跑跳高的巩固学习与升华

教师活动2：	学生活动2：
远程套圈（9分钟）	①学生认真听讲，记清规则
①教师讲解游戏方法并进行示范，提出要求（1分钟）	②采用螃蟹步快速前进去套圈
游戏方法：将学生分成四组，每组第一个学生快速做出指定动作，手持小圈套桶，完成后快速返回到起点，下一个同学出发，以此类推，最后一人完成后，套中次数最多的小组获胜	要求：遵守游戏规则，奋力拼搏 ③采用鸭子步快速前进去套圈 ④手触底式青蛙跳快速前进去套圈 ⑤相互评价
规则：返回时与同伴击掌方可出发，不得抢跑	
要求：第一，遵守游戏规则；第二，积极参与；第三，注意安全	
②组织学生螃蟹行进套圈	
③引导学生鸭子步行进套圈	
④引导学生青蛙跳行进套圈	
⑤小结，给予鼓励	

设计意图：在游戏的安排上选择了上下肢结合的比赛，提高了运动的密度，发展了学生的下肢力量以及身体的灵敏性。通过比赛激发学生的竞争精神，培养学生乐观、积极进取的生活态度，进一步培养学生的规则意识，形成自我管理与约束能力

教学环节四：结束部分3'

教师活动：	学生活动：
①带领学生随音乐进行放松	组织：体操队形
②小结本节课完成的情况并及时对学生进行表扬	①认真随教师进行放松
③教师宣布下课	②认真倾听，明确本课学的练重点、难点与要点

设计意图：通过放松小舞蹈，提高学生的参与兴趣。积极放松，使人体的各项机能逐渐恢复到正常水平，促进学生终身体育意识的形成。进行小结，引导学生积极锻炼，使每一天都有意义

安全措施：
①课前检查场地，安全合理地布置场地
②课上检查学生的服装、运动鞋，且安排见习生
③做好准备活动，充分活动身体各关节，避免伤害事故的发生
④关注学生的上课练习状态，及时进行巡视指导
⑤调控学生的使用场地（保持安全距离），同时调控练习密度与强度
⑥结束部分进行放松调整，帮助学生让身心逐渐恢复到正常水平

7.板书设计

队形1：四列横队   队形2：体操队形

队形3：跳高队形

队形4：远程套圈比赛队形

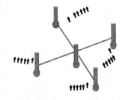

8.特色学习资源分析、技术手段应用说明

教学资源分析：

　　跳高架5个、皮筋5根、体操杆10根、标志桶4个、呼啦圈40个、展板1块

技术手段应用说明：

　　①直观教学：教师做示范并结合展板进行讲解，帮助学生建立正确的动作概念

　　②启发式教学：通过问题驱动，引导学生进行体验，动作由易到难、循序渐进

　　③在学生的学、练、赛中完成本课的重难点

9.本课的教学特色

　　重视学生的主体地位，在各个环节中始终把学生主动、全面的发展放在重心地位。自主性是研究性学习最显著的特征。教师在学生基本掌握侧向助跑跳高跳过70厘米皮筋的基础上，组织学生自主选择适合自己的高度，进行小组练习。学生主动参与到各种跳跃练习中，能够提高自身的学习能力，能够有成功过杆的体验并享受运动的乐趣

　　利用学生已有经验，采用正迁移，促使学生掌握侧向助跑跳高动作。充分利用跳绳，限制跳跃高低、快慢，提高课堂教学效率

　　四年级学生的自我评价意识开始形成，有较强的竞争意识、不甘落后的认识和态度。在自主选择跳高的高度环节，有个别学生在选择挑战高度时，过高地预估了自己的跳跃能力，选择的高度自己无法完成，这说明学生还不能够正确地评价自己的跳跃能力，需要教师的引导，避免学生出现好高骛远的心态。教师根据学校制定的体育考核评价表，给出了本节课的评价标准。在课堂教学中组织学生练习、展示、比赛，以此检验学生在本节课中的学习成果

APDA体育与健康课例研究——四年级体育与健康
"侧向助跑跳高课例研究报告"

一、教学及研究主题

法国教育学家卢梭在他的"启蒙运动"中提出："研究性学习要顺应儿童的天性，激发出儿童的潜在能力，教育过程中要尊重学生自身的选择，让学生学会自主学习，主动探究问题并解决问题是很重要的。"研究性学习作为提升学生自主学习、主动探究的教学方法，更加强调学生在学习过程中的实践体验和学习目标。在教学中应用研究性学习，能够培养学生的探究、学习品质。本研究提出将研究性学习作为教学重点，以此来培养四年级学生的自主学习能力、合作探究能力和解决问题的能力，改善学生的学生态度和锻炼态度，提高学生的参与性和积极性。

二、教学方案的规划与设计

（一）学情分析

四年级学生感知觉的随意性和情绪性比较明显，进行练习时容易被新颖的内容所吸引，经常忘记练习的主要方向，兴趣多，时间和空间感较差。男女生之间开始出现界限，爱争论问题，容易激动。自我评价意识开始形成，有较强的竞争意识、不甘落后的认识和态度，自控能力逐步加强，集体荣誉感增强，并掌握一定的社会行为规范。9～10岁是学生身体发育最快的阶段。肌肉水分率多，大肌肉群较小肌肉的发育要快，要多培养跑、跳、投等基本活动的能力，在发展大肌肉群的时，也要发展小肌肉群。心脏容积和血管容积比较小，不宜进行过分剧烈或耐久性过强的练习活动。应从学生的发展需求出发，构建学生在课堂教学中的主体地位；注重运动技能的教学，引导激励学生在练习中开动脑筋，相互学习合作。

本课的授课对象是我校四年级二班的学生，全班共有38人。本班学生在平时的体育活动中有很高的积极性和参与热情，大多数学生身体素质较好，运动能力较强。由于四年级学生的肌肉力量和身体协调性较差，往往起跳力量不足，身体腾起后很快下降，会出现压杆现象。因此，在教跳高技术动作的同时，安排了发展跳跃的摸高练习，帮助学生更好地体验助跑与单脚起跳相结合的动作方法，从而提高学生的学习兴趣。本次研究所选课例是在2012

年由教育部审定，人民教育出版社出版的《体育与健康》教材水平二第四章第二节的内容，本单元是围绕跳跃能力展开的，贴近学生生活。

（二）方案的设计

本节课的内容是"侧向助跑跳高"的第三课时，在教学过程中通过自编绳操和专项准备活动来提高学生单脚起跳的能力，为主教材的学习奠定基础。通过教师示范、学生学练、现场演示、游戏比赛等活动，使学生获得积极的情感体验和动作体验。

教学过程包括四个活动：

活动一：由准备部分导入，通过队列练习让学生养成良好的课堂常规习惯，培养学生正确的身体形态、认真练习的态度和良好的组织纪律性。

活动二：通过自编绳操和专项准备活动，使学生身体各部位得到充分活动，利用跳短绳做单双脚跳跃练习，为侧向助跑跳高做好准备。借助跳绳使学生从原地起跳依次摆腿自然过渡到跨越式跳高的上一步起跳练习，为基本部分做铺垫。

活动三：突出本节课的核心部分——侧向助跑跳高。通过示范以及挂图讲解，使学生直观地了解动作方法，建立正确的动作概念。学生在小组合作练习中确定起跳腿，体会侧向助跑跳高的起跳动作。学生在连续跳过3根短绳练习中，体会短距离有节奏的助跑，进一步体会起跳动作。学生自主选择助跑起跳练习，让学生成为学习的主体。学生在展示当中相互学习、评价，激发学生的练习兴趣。教师通过适当引导进行德育渗透，落实立德树人的根本任务。通过展示了解学生的学习情况。引导学生进行跳高比赛，在比赛中检验学生的学习成果，同时也是对本节课侧向助跑跳高的巩固学习与升华。

活动四：选择了上下肢结合的比赛，提高了运动的密度，发展了学生的下肢力量以及身体的灵敏性。通过比赛激发学生的竞争精神，培养学生乐观、积极进取的生活态度，同时在比赛中培养学生的规则意识，使其明白规则的重要性。

活动五：教师带领学生跳放松小舞蹈，提高学生的参与兴趣，积极放松，使人体的各项机能逐渐恢复到正常水平，促进学生终身体育意识的形成。进行小结，引导学生积极锻炼，使每一天都有意义。

（三）教学反思及收获

研究性学习是学生在教师的指导下，根据选定的主题，在一定的问题情境和学习环境中，主动去发现问题、探究问题，在获取知识的同时也能够掌握所学的技能，最终达到解决问题的学习活动。在"侧向助跑跳高"教学研究中，我们要注重学习的实践行，强调学习的过程性，以及学习的自主性和学习的开放性，让学生作为研究性学习的主体，培养学生的运动兴趣以及良好的练习习惯。

1.调动学生已有的经验，提高学生的迁移能力

学生已有的经验并不仅仅是跳跃内容方面，四年级学生在体育课堂中已有了一定的知识储备。教师要充分利用正迁移，在教学设计中把学生已有的跳跃经验，包括跳绳、跳皮筋的经验应用到侧向助跑跳高学习中，帮助学生提高迁移能力，从而更快地掌握体育知识技能。

2.关注差异，纵向评价，学有所获

在自主选择跳高的高度环节，有个别学生在选择挑战高度时过高地预估了自己的跳跃能力，选择的高度自己无法完成。对于学困生而言，过多的横向比较，会使他们感受到压力，进而产生挫败感，因此教师也要多对他们进行纵向的评价比较，继而培养学生的自信心，使学生每天进步一点点，学有所长。

五、APDA体育与健康课例研究——"体前变向换手运球"

基本信息			
姓　　名	冯老师	学　　校	北京市西城区师范学校附属小学
学　　科	体育与健康	年　　级	五年级
教科书版本及章节		人教版《体育与健康》水平三第六章第一节	
1.单元教学设计			
单元学习主题		体前变向换手运球	
2.单元教学设计说明			
本单元坚持立德树人的根本任务，构建高质量课堂的新样态。树立"健康第一"的指导思想，结合我校"点滴积累，使每一天都有意义"的办学理念，围绕学科表达"爱运动、会健体、懂自律"开展教学研究。教学中，结合篮球运动集体性、对抗性和趣味性强的特点来激发学生的练习兴趣，关注学生的实际获得			

本单元教学采用循序渐进的教学形式，使学生在练中学、学中思，从而逐渐掌握体前变向换手运球技术。培养学生主动思考、自主练习的意识和习惯。发展学生的身体协调能力，提升学生的判断力。培养学生认真练习、遵守纪律和勇于克服困难的精神及团结合作的意识

在教学过程中以探究式学习方式为主，落实"教会、勤练、常赛"，通过多种游戏和比赛活动来激发学生的参与兴趣，创设乐学、爱学的课堂教学氛围。教学中引导学生积极参与、相互协作、积极创新，引导学生与运动交朋友，乐于参加各种体育活动，养成坚持锻炼的习惯，形成健康的生活方式

本单元共分为5课次，第一节课教学中通过视频资源的引入，介绍体前变向换手运球技术动作在比赛中的应用场景，并引导学生明确此项技术的应用效果。知晓体前变向换手运球时按拍球的正确位置，能够准确找到按拍球的正确位置。第二节课教学中学生懂得换手运球时身体重心的变化，以及跨步、转体的快速突破的动作方法，并能够较连贯地做出跨步、转体、快速运球的技术动作。第三节课教学中学生能够初步学会体前变向换手运球前倾、探肩的动作方法，提升运球快速变向能力。第四节课教学中学生能够初步学会体前变向换手运球后加速推进，形成投篮和有效传球动作的配合，为体前变向换手运球的实战应用奠定基础。第五节课教学中不仅要通过考评了解学生对本项技术的掌握程度，还要通过多种模拟真实比赛情境的比赛来提升学生的技战术水平与比赛能力

3.单元学习目标与重点、难点

①认知目标：学生能够说出3～5个体前变向换手运球的动作要点，明确简单的篮球比赛规则，懂得安全练习的重要性

②技能目标：学生能够初步学会体前变向换手运球动作，提高控球能力，发展学生的灵敏、协调等身体素质

③情感目标：学生乐于参与，体验运动带来的乐趣，培养学生勇敢、机敏、果断、顽强等心理品质和团结友爱的合作意识

重点：时机判断准确，跨步、转体、探肩动作连贯

难点：手脚配合协调、节奏清晰，变向迅速

4.单元整体教学思路

```
                    视频导学          体验技术          评价促能
                    个体体验          以身护球          实战检验
                    共同学练          灵活多变          应用条件
                    以赛促练          以赛带练          以评促赛

体前变向换手运球 — 体验感知 — 技术学练 — 以赛促能 — 多维技能 — 效能评价

                    知晓方法                    突破加速
                    体验技术                    多维技术
                    人球合一                    实战应用
                    运球突破                    配合应用
```

课时教学设计	
课 题	体前变向换手运球

1.教学内容分析

　　篮球运动在我国的开展、普及和影响居三大球之首，由于对场地、器材要求不高，群众性篮球运动开展较为普及，参与性较高，是学生在校期间开展较为全面的一项球类运动

　　篮球技术分为运球、传球、投篮，体前变向换手运球技术的重点是要在学生已经初步掌握原地运球、行进间运球和曲线运球的前提下，进行技术进阶性发展，通过体前变向换手运球技术的应用，快速突破防守，形成高效进攻，获得最佳传球与投篮时机，赢得比赛先机，取得有效得分

　　体前变向换手运球出自人民教育出版社的《体育与健康》教师用书，归属于球类运动中小篮球的重点学习内容。本册教材小篮球的教学内容以传球、接球和运球、投篮等几项基本技术为重点，以各种小篮球能力练习和篮球游戏为辅；以完整的技术教学为主，单个动作为辅，将小篮球的能力练习与小篮球的基本技术练习有机地结合起来，使学生的能力和技术均得到提高。教学内容对发展学生身体的灵活性，提高控球能力，加快进攻速度、启迪思维和开发想象力都有积极的作用

　　体前变向换手运球在教学中重点关注变向换手运球的时机判断和跨步、转体、探肩等技术动作，形成手脚配合协调、节奏清晰、变向迅速的突破技术。同时融合传球与投篮等技术，形成有效的技术衔接与战术应用，为学生小篮球技能的提升奠定基础。小学五、六年级学生通过本项技术的"学、练、赛"一体化构建，能够培养团结友爱、互相帮助和勇敢顽强的精神，增强体质，提高身体素质和运动能力，形成自我约束力，养成良好的锻炼习惯，促进身心得到更好的发展

2.学习者分析

　　本次授课的班级是我校五年级一班，共有37人，本班学生学习态度端正，纪律养成习惯较好，乐于参与体育运动的学练，由于五年级学生身体正处于快速的生长期，速度、灵敏素质、发展快速，耐力与力量素质正处于初级发展阶段，所以在教学中教师要重点关注学生运动能力发展的窗口期，给予学生全方位的引导与指导，教会学生更多的锻炼方式和方法，助力于学生身体素质的全面发展和运动能力的全面提升

　　本班学生在水平一、水平二阶段对小篮球的原地运球、行进间运球等技术有了初步认识与学练，由此在技术进阶过程中可重点学练体前变向换手运球，由此来获得更高的突击防守技术，形成有效的技战术配合，为学生良好的篮球竞赛能力的形成助力

　　教师在教学中应重点研判技术学练与真实比赛情境的关系，实现"学、练、赛"一体化，改善运球技术，提升运球能力，实现体前变向换手运球在比赛中的灵活运用

　　本课教学以学生发展为中心，通过丰富多彩的趣味学练活动激发学生爱运动的兴趣，形成会健体的能力，展现懂自律的态度

3.学习目标的确定
认知目标：能够了解体前变向换手运球1～2个动作要领，明确安全练习的重要性 　　技能目标：能够初步学会体前变向换手运球跨步、转体的动作方法，形成协调连贯的突破动作，提升运控球能力，发展身体的灵敏、协调、空间判定等综合素质 　　情感目标：养成严肃、严谨的学习态度，培养克服困难、顽强拼搏的优良品质，以及奋勇争先、永争第一的体育精神

4.学习重点、难点
重点：跨步、转体 　　难点：上下肢协调配合

5.学习评价设计
本课为知晓学生的技能学练效果，评定学生的学习态度，设计了多维度的学业质量评价标准（自我评价、同伴评价、教师评价），力求达成本课的学习目标

等级	国际健将 （★★★★★）	健将 （★★★★）	一级运动员 （★★★）	评价主体
运动技能	能够做出跨步、转体动作，上下肢协调配合	能够较好地做出跨步、转体动作，上下肢协调配合	基本能够做出跨步、转体动作，上下肢协调配合	教师评价
运动参与	积极参与学练活动，融入多种学练情境与小组活动中，能够获得成功的喜悦与感受	主动参与学练活动，参与多种情境的学练活动，能够获得满足感	在教师或同伴的引导下，能够参与学练活动	自我评价
社会适应	主动与同伴交流，乐于帮助同伴，在小组研究或挑战中敢于担当、勇于拼搏，表现出自我的不可或缺性	主动与同伴交流，乐于帮助同伴，不怕困难，勇于担当，表现出积极进取、协商互让的优良品质	主动与同伴交流，乐于帮助同伴，能够在小组活动中积极配合、展现自我	同伴评价

　　本课练习密度：35%～40%

　　平均心率：140～145次/分

6.学习活动设计

教师活动	学生活动
教学环节一：开始部分2′～3′	
教师活动1：课堂常规 　　1.提前到达场地，检查器材 　　2.集合整队，师生问好；宣布本课的内容及任务；检查服装，安排见习 教师活动2：队列练习 　　统一口令进行队列练习；齐步走—向左转走—向右转走—立定	学生活动1： 组织：四列横队 1.排队入场，体委组织队列 2.聆听讲解，明确任务 学生活动2： 　　1.听清口令，集体共同练习 　　要求：队列整齐，方向正确

设计意图： 　　1.建立严密的教学组织，养成良好的纪律习惯 　　2.建构和谐的课堂学习氛围，塑造良好的身体姿态，培养集体荣耀感与团队凝聚力	
教学环节二：准备部分5'～6'	
教师活动1：篮球操：《一起来运动》 　　①镜面示范引导，学生跟随音乐共同练习篮球操 　　②提示、指导动作，充分活动 教师活动2：熟悉球性练习 　　①原地运球（高、低运球） 　　②篮球小游戏：行进间运球夺旗赛	学生活动1： 组织：体操队形 　　①倾听音乐共同练习 　　②完善动作共同提高 　　要求：动作标准，用力到位 学生活动2： 　　①灵活运球 　　②利用篮球场地边线进行运球夺旗赛游戏 　　要求：遵守规则，避免冲撞
设计意图： 　　①充分热身、熟悉球性，在音乐的伴奏下形成运球能力，获得身心的愉快感受 　　②结合所学内容复习已有技术动作，拓展技术迁移性圈层，为主教材学练做好铺垫	
教学环节三：基本部分27'~28'	
教师活动1：体前变向换手运球 　　动作方法：右手运球向左侧变向突破时，突然改变球的方向，按拍球的右侧上方，使球从身体右侧弹向左前侧，右脚迅速向左侧前方跨出，上体左转、前倾并探肩，换左手按拍球的左后侧继续加速前进 　　重点：跨步、转体 　　难点：上下肢协调配合 　　①出示展板引导学生观察，重点围绕跨步与转体技术进行讲解 　　②引导学生2人结组，进行跨步、转体触手动作练习（左右交替） 　　③引导学生利用标志杆（单杆）进行体前变向换手连续运球练习 　　④引导学生利用标志杆（横向双杆），进行体前变向换手连续运球练习	学生活动1： 组织：四列横队 　　①观看、倾听教师讲解，明确跨步与转体技术要点 　　②2人结组散点进行跨步、转体触手练习，重点感受跨步时重心下降与转体时侧身触手动作 　　③利用标志杆进行体前变向换手连续运球练习。体验变向换手运球的连续性，感受上下肢协调配合 　　④利用横向双标志杆进行体前变向换手运球练习。体验变向换手运球的时机，突破上下肢协调配合的难点

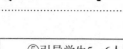

⑤引导学生5～6人结组，利用软对抗防守体验前变向换手运球练习	⑤利用5～6人结组进行软对抗防守，体前变向换手运球练习。着重体验跨步、转体动作，突破上下肢协调配合的难点
⑥引导学生进行体前变向换手运球动作示范，引导学生评价，介绍评价要点	⑥通过认真观看形成正确的动作概念，知晓本课的评价要点，努力达成自我学练成效定位
⑦引导学生5～6人结组，利用软对抗防守进行体前变向换手运球限时挑战赛	⑦参与5～6人结组软对抗防守下的体前变向换手运球挑战赛。着重体验跨步、转体动作自然协调，突破本课的学习难点

设计意图：

主教材以构建"学、练、赛"一体为三进阶来构成本课的教学层次

本课学的设计紧紧围绕着听清、知晓体前变向换手运球动作要点，从同伴互助性游戏入手，体验感受跨步、转体技术动作，形成由浅入深、循序渐进的学习。再通过利用单杆和双杆进行体前变向换手运球的练习，感受和判定变向的时机与运球的连续性，突破上下肢协调配合的动作难点。随后学生在模拟真实比赛情境下的简单比赛中，提高体前变向换手运球的技术水平，形成真实防守情境下的运球突破动作，实现运动技能"学、练、赛"在真实情境比赛中的有效应用，达成本课的学习目标，促进学生专项运动能力的提升与发展

教师活动2：突破打板得分	学生活动2
游戏方法：将学生分成人数相等的9组，每组一个篮球和一块篮板。听到开始口令后，每队的第一名同学，连续用体前变向换手运球的方法突破"防守员（横向摆放的4组双杆）"，然后完成投篮打板动作，打板得1分，投进3分。然后运球返回，与同组的第二名同学用触地反弹球完成交接，第二名同学再以同样的方式进行比赛，在规定的时间内得分多的组获胜 游戏规则：①遇到标杆时必须采用体前变向换手运球的方式。②交接时必须采用触地传球的方式	组织：做操队形 　　①明确游戏方法与规则，知晓分组方法 　　②参与游戏、积极挑战、永争第一 　　③积极参与，不断进取 　　要求：遵守游戏规则，奋力拼搏

设计意图：

以赛促练，进一步巩固提升体前变向换手运球应用技能，形成完整的运球与投篮技术，为学生形成比赛能力奠定基础。通过比赛激发学生的竞争精神，培养学生乐观、积极进取的生活态度和规则意识，使学生形成自我管理与约束能力

教学环节四：结束部分2' ~ 3'	
教师活动： 　　①引导学生进行拉伸放松活动 　　②总结本课的教学内容，赞美学生的学习状态 　　③教师宣布课后学练的内容	学生活动： 　　组织：体操队形 　　①在音乐的伴奏下共同拉伸放松 　　②明确本课的自我表现，知晓努力的方向 　　③期待下次课程的学习，明确课下学练的内容

设计意图：
　　通过拉伸放松活动恢复身心，促进学生终身体育锻炼习惯的养成。引导学生积极锻炼，使每一天都有意义。

安全措施：
　　①课前检查场地，安全合理地布置场地
　　②课上检查学生的服装、运动鞋，且安排见习生
　　③做好准备活动，充分活动身体各关节，避免伤害事故的发生
　　④关注学生上课练习的状态，及时进行巡视指导
　　⑤调控学生的使用场地（保持安全距离），同时调控练习密度与强度
　　⑥结束部分进行放松调整，帮助学生让身心逐渐恢复到正常水平

7.特色学习资源分析、技术手段应用说明

教学资源分析：
　　录音机1台、标志杆54个、展板1块
技术手段应用说明：
　　①直观教学：教师示范并结合展板进行讲解，帮助学生建立正确的动作概念
　　②探究式教学：在课堂上采取"教会、勤练、常赛"的教学活动，激发学生的运动兴趣，引导学生进行体验，动作由易到难、循序渐进。在学生的学、练、赛中完成本课的重难点，提升课堂的教学效果

8.本课的教学特色

　　①遵循由易到难、循序渐进的教学原则
　　教学过程中首先采用无球练习到有球练习、由使用单杆练习到使用双杆练习，其次体现由教师启发到学生自主练习，由分组讨论到学生展示，最后由完整动作体验到与篮球运动实战相结合进行比赛。这样的教学设计与安排符合学生的认知规律，学生在学、练、赛的过程中掌握所学知识，有利于掌握重难点，达成教学目标
　　②建构"学、练、赛"一体化，有效促进运动能力的提升
　　本课打破教师教、学生学的传统教学模式。教师为学生营造宽松愉快的学习氛围，让学生由让我学变成我要学，使学生在学习的过程中感受到学习的乐趣。学生不仅能够掌握练习内容，还能知道动作为什么要这么做、这么做的目的是什么，在"学、练、赛"的过程中，激发学生的练习动力，有效促进运动能力的提升

APDA体育与健康课例研究——五年级体育与健康
"体前变向换手运球"课例研究报告

一、教学及研究主题

探究学习是一种非直接接受知识技能的学习方式。在探究式教学的过程中，学生的主体地位得到了提升。本课选取了"体前变向换手运球"为例开展课例研究，是因为本课接近儿童生活，拓展性强，便于运用探究式教学法。

二、教学方案的规划与设计

（一）学情分析

五年级学生的视觉和听觉的感受性已有所发展，感知事物的准确性也有所提升，动作规格评价提高了，已从具体形象思维向抽象逻辑思维过渡，但仍然是同直接与感性经验相联系。在探究式学习中，可以发展学生比较、分析、综合思维的能力。本次研究所选课例出自人民教育出版社《体育与健康》教师用书第六章第一节的内容。本单元是围绕球类运动展开的教学，小篮球运动深受广大学生的喜爱，因此根据学生身体和心理的发展特点，将球类运动规则简化，用篮球运动的形式和方法更好地锻炼学生的身体。课前进行了调查，五年级学生全部都参加过篮球的练习，但对于具体规则和技术动作等还没有形成正确意识。

我所教班级的学生都比较活泼，喜欢运动。他们之前学习过原地运球、行进间运球、原地胸前传接球等技术，大多数男同学都能较好地掌握一定的运球技术，有一定的篮球基础。但是，有些女同学和一小部分男同学对篮球运动缺乏兴趣，他们对自己的运球控制能力没有信心，这些现实问题也给教学带来了一些困难，我结合本班学生的实际问题，在教学中做到让技能学习与乐趣培养相结合，调动学生学习的积极性和自主性以及学生的学习兴趣，通过探究、讨论、实践突破重难点，这样有利于达成教学目标。

（二）方案的设计

本节课的内容是"体前变向换手运球"的第二课时，在教学过程中学生通过无球练习、持球练习、借助标志杆练习等，提高了身体的控制能力，为主教材的学习奠定了基础。通过教师引导、学生游戏和比赛等活动，使学生获得积极的情感体验和动作体验。

教学过程包括四个活动：

活动一：让学生在队列练习中形成良好的组织纪律性，培养学生做事认真、一切行动听指挥的习惯。

活动二：通过篮球操的练习，让学生感受到体育锻炼的美，促进学生良好身体姿态的形成。为基本部分做好身体和心理的准备，避免伤害事故的发生。

活动三：教学过程中采取循序渐进的教学方法。在教师提出问题后，学生带着问题进行体验练习，学生在体验练习的过程中解决问题，达成本节课的教学目标；在练习中，教师鼓励学生积极进行探究和体验，激励学生勤动脑、多思考。激发学生的练习热情，使教、学、练有机地结合起来，充分发挥学生的主体作用，让学生在练习中感受到获得成功的喜悦心情，以此激发学生的练习兴趣。

"体前变向换手运球"重难点的突破，也是课堂教学成功的标志。在课堂教学中，教师能够关注学生的学习过程和感受，设计学生感兴趣的练习内容，用教材教而又不局限于教材，不是教教材。目标制订符合实际，教学方法能够引起学生的兴趣，学生在互助、讨论、实践中加深对动作的理解。教师在巡视的过程中，及时发现和纠正学生在练习中出现的错误动作。教师不是把技术动作的规范学习作为教学的重点，而是通过学、练、赛的形式把技术的学习与应用作为教学的重点，以培养学生的篮球运动意识和思考解决问题的能力。使篮球运动的实际比赛与应用相结合，根据学生的差异进行指导与帮助，在学生的主动练习中，发展学生的身体素质，提升学生的运动能力。

在突破打板得分的游戏中，对学生进行遵守纪律和规则的教育，使学生懂得只有在遵守规则的前提下大家共同努力，协调配合，才能获得成功，培养学生公平竞争的意识。为学生营造既紧张又激烈的比赛氛围，培养学生团结协作的优良品质，充分发挥学生团结协作的能力，让学生感受体育活动的乐趣，促进学生身心全面发展。

活动4：通过小游戏使学生的身心得到充分放松。

三、教学方案的实施与改进

（一）实录片段和实景描述

本课例的教学是第二节课，课前进行研讨，并对教案进行反复研磨。课例研究小组发现课堂教学中学生的有效练习场地拥挤，不利于进行体前变向换手运球的完成，重点不够突出，学生掌握起来有一定的难度，因此进行了完善。

①为了能激发五年级学生的学习兴趣，增加了直观形象化的教学元素。比如将教师示范动作为主的方法改为以教师引导学生分组思考，引导学生体验、思考为主的方法。

②在学生进行探究式学习时，教师提出的问题要明确，学生在实践过程中针对具体问题进行讨论和实践，所以建议教师以跨步练习为起点。

③从逻辑上来说，五年级的孩子在小学阶段的体育活动中掌握了一定的运动技能和运动知识，他们愿意用已有知识技能迎接新的挑战，在本课中学生运用已有的知识技能，通过小组讨论探究体前变向换手运球动作相关的一些问题，再进行全班探究式学习。

④环节三中说教过多，品德培养来源于学生的生活，所以要将生活情境搬进课堂。在这个环节中，要让学生感受到成功的喜悦，老师进行适时的指导，课堂也是对生活的回归。

⑤在环节四中让学生说一说自己的收获。

（二）同伴的观察和描述

在自主探究环节中，同学们都能自觉主动地进行体验，虽然有部分学生的动作并不准确规范，还有的学生在探究的过程中对自己所做的动作不够自信，有时还要看一看同伴是如何做的。有的学生比较活跃，能直接向老师请教，将自己的想法和思考与教师交流。

（三）群体研讨意见概述

①学生在自愿结组时，两人为一组。进行讨论、实践、评价。

②在探究学习的过程中，问题要明确，动作要求要清晰。

③在探究学习的过程中，要培养学生对篮球的练习兴趣，不要局限于学生对本节课动作的掌握。

④探究过程中，教师进行巡视指导，及时发现和解决问题，参与讨论和评价，及时把握学生动态，有助于课堂生成。

⑤让学生说一说本组在讨论、实践环节中的探究过程，说一说本组是

如何练习的，发现了什么问题，是怎样解决的，与同学们进行分享，然后由其他小组进行补充，为学生营造表现的平台，学生自主探究与教师指导相结合，传授知识和解决问题相结合。

（四）教学反思及收获

优点：

五年级学生喜欢迎接挑战，在探究学习的过程中发挥了学生的想象力、创造力和与同伴合作的能力，学生练习目标明确，知道自己要做什么，探究式学习充分调动了学生的学习兴趣，让他们更积极地投入到学习活动中，通过对所学内容进行分析、探索、讨论、质疑、创造等来实现学习目标，培养了学生分析与解决问题、交流与合作的能力。

在探究过程中，关注到学生的真正获得，学生能说出自己的想法、鼓励学生积极发言、积极参与、积极实践。在学习的过程中教师不仅关注学生知识、技能的学习，还关注学生的学习过程及其情感态度价值观，体现了课堂教学的开放性。

不足：

在教学过程中，学生进行分组练习时，要关注不同学生的差异，因为学生在结组时，出现了组内两人篮球技术特别出色，接受能力很强，而有的小组，组内两名学生都对篮球兴趣不高，动作不协调的现象。教师在巡视指导的过程中，应关注学生的差异，引导学生相互帮助、相互学习，使不同层次的学生都能在本节课中有所收获。

启发：

在小学体育课堂教学中，应为学生营造宽松愉快的学习氛围，从学生的实际需求出发，关注学生的实际获得，引导学生积极参与到课堂的学习中来，让学生能够运用已有知识，参与到实际教学中，为学生树立信心，让学生在探究学习的过程中做学习的主人，并将这种探究学习的意识迁移到生活中，让学生体验到体育带来的成功与快乐，做更好的自己。

六、APDA体育与健康课例研究——"助跑投掷垒球"

基本信息			
姓　名	李老师	学　校	北京市西城区师范学校附属小学
学　科	体育与健康	年　级	六年级
教科书版本及章节		人教版《体育与健康》水平三第四章第三节	

1.单元教学设计

单元学习主题	助跑投掷垒球

2.单元教学设计说明

　　本单元教学以"健康第一"为指导思想，围绕学校"点滴积累，使每一天都有意义"的办学理念，结合六年级学生的身心发展特点和认知规律，运用多种教学方法，充分调动学生学习的积极性，培养学生主动参与体育运动的意识，学会运动技能的同时让学生在真实的情境中享受体育运动的快乐，为培养学生的锻炼习惯打好基础

　　本单元运用讲解示范法、启示引导法、鼓励表扬法等，引导学生在体育课堂学练中加强师生间的沟通与交流；通过小组合作、探究学习，鼓励学生根据多种器材和自身实际需求，实现自主学练、自我评价、自我达成；采用游戏、情境等多种教学模式，以灵活多变的手段贯穿始终，激趣导学，寓教于乐，学会技能，灵活运用，真正实现学、练、赛一体化，最终达到掌握技能、锻炼身体、以体育人

3.单元学习目标与重点、难点

　　①认知目标：90%以上的学生能够说出助跑投掷垒球的动作术语，知道其基本健身价值与锻炼方式

　　②技能目标：90%以上的学生能够初步掌握助跑投掷垒球的动作要点，能够全身协调用力完成投掷动作，改进投掷技术，发展力量、灵敏协调等身体素质

　　③情感目标：引导学生依据问题分析、判断解决问题，促进学生处事能力的形成，培养学生的自信、果断、互助等优良品质

4.单元整体教学思路（教学结构图）

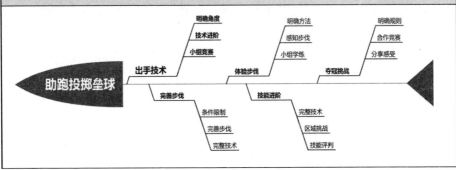

课时教学设计	
课　题	助跑投掷垒球

1.教学内容分析

投掷是人体的基本活动技能之一，属于人体独具特色的运动能力。小学投掷教学内容主要包括掷远和掷准两类，掷远主要在投掷的出手角度上与掷准有较大差异。掷准是根据投掷物的位置而形成出手角度，但掷远的出手方向主要是前上方。助跑投掷垒球技术主要由持球、助跑、引球、出手这几个步骤组成

水平一学习了原地投掷垒球，水平二学习了上一步投掷垒球和侧向投掷垒球。本部分在教授时往往会出现助跑与交叉步的脱节。教学时，应让学生明确交叉步的动作方法，在徒手练习时初步学会动作方法，知晓动作要点，形成连贯性动作记忆

2.学习者分析

生理特点：六年级学生处于敏感素质发展即将交替的阶段，速度、灵敏、柔韧等素质的最佳发展阶段即将过去，力量、耐力等素质发展的敏感期即将到来。特别是大肌肉群的发展时期，也将向大小肌群同时发展的时期过渡

心理特点：六年级学生处于少年心理向青年心理过渡的时期，既带有少年的天真，又时常表现出青年人的成熟。六年级学生的集中注意能力有所发展，集中注意力、专心致志的时间可达30分钟左右。注意分配能力也有所提高，在注意腿的动作的同时，还能注意到手或脚的动作；注意上下肢动作的同时，还能注意到重心的变换。集体意识有所发展，已不满足于无规则要求的游乐性游戏，特别喜爱有一定规则的竞赛，愿做体力和智力相结合的游戏。已开始把体育活动作为抒发感情的途径

运动基础：本节课的授课对象是六年级六班的学生，全班共有40人。在水平一和水平二已学习了原地投掷垒球和上一步投掷垒球、侧向投掷垒球，学生已有一定的基础。本节课的内容上有些枯燥乏味，因此利用游戏来增加趣味性和新鲜感，用特别准备的教具带领学生开展热身活动，不仅能吸引学生的注意力，还能让学生积极参与活动，在心情放松的状态下完成教学内容，从而达到本次课的教学目标。本节课在严谨的教学模式下，通过有意思的内容来激发学生的积极性，让学生由"要我学"转变成"我要学"。因此，体育教学中应用多种教学方法来吸引学生，让学生爱上体育运动，并且在体育课上体验到学习的快乐。

3.学习目标确定

①认知目标：85%以上的学生能够初步了解助跑投掷垒球的动作要点

②技能目标：85%以上的学生能够初步学会助跑后交叉步的动作方法，发展学生的投掷能力及全身协调的能力

③情感目标：培养学生团结合作、勇于挑战自我的良好品质

4.教学的重点、难点

　　教学重点：持球后引，交叉上步、蹬地、转体

　　教学难点：助跑与投掷不脱节，动作连贯、协调

5.学习评价设计

　　本节课为促进学生认真学习，积极参与练习，在教学过程中设计了多种学习效果评价（教师评价、同伴评价、自我评价），很好地完成了本课的教学目标

等级	5分	3分	1分	评价方式
运动技能	熟练完成投掷动作，整体动作自然、流畅，并达到一定的远度	较好地完成投掷动作，用力顺序较正确，整体较自然流畅，并达到相应的远度	基本完成投掷动作，动作不连贯、不协调，没有达到相应的远度	教师评价
运动参与	能够积极地参与学、练、赛游戏活动，在练习中能主动与同伴交流、沟通体会	能够主动参与学、练、赛游戏活动，练习中能与同伴交流练习体会	能够参与学、练、赛游戏活动，参与小组的活动	同伴评价、自我评价
社会适应	能够愉快地与同伴合作完成游戏活动，及时给予同伴帮助和鼓励	能与同伴合作完成游戏活动，能够给予同伴一定的鼓励	愿意参与小组活动，与同伴友好相处	同伴评价、自我评价

本课的练习密度：40%~45%左右　　　　平均心率：135~140次/分

6.学习活动设计

教师活动	学生活动
教学环节一：开始部分2'~3'	
教师活动1： 课堂常规（1分钟左右） 　①提前到达场地，检查器材 　②队长整队、报告人数，师生问好；宣布本课的内容及要求；检查服装，安排见习生 教师活动2： 队列练习（1~2分钟左右） 　教师统一口令进行队列练习：①向后转走，立定。②向左、向右转走，立定	学生活动1： 组织：四列横队 　①体委整队，报告人数，见习生到达指定位置 　②学生问好，认真聆听教师讲解本课内容 学生活动2： 　学生在教师的口令下进行队列练习 　要求：①动作整齐一致 ②口号声音洪亮 ③精神振奋
设计意图： 　教师排除安全隐患以保证课的顺利进行 　培养学生良好的课堂常规，提高学生组织纪律性	

<table>
<tr><td colspan="2" align="center">教学环节二：准备部分5'~6'</td></tr>
</table>

一、徒手操 　①肩绕环 　②扩胸振臂 　③活动膝关节 　④活动腕踝关节 二、巧玩拉力球 　①常规开合练习 　②自主进行创编练习 　③教师进行镜面示范，喊口令带领学生齐做 　④教师介绍拉力球的练习方法，并请一名学生做示范 　⑤教师提出要求，组织学生进行创编练习	组织： 2人一组散点练习 　①跟随教师听口令齐做 　②学生分组进行创编练习 要求： 　①动作有力，合乎节拍 　②学生2人一组有节奏地进行练习 　③学生2人或多人一组进行创编练习

设计意图：
　打破以往枯燥乏味的准备活动，游戏使学生能够更好地投入到练习中，因此以游戏的形式来呈现
　本课以自主探究为主要学习方式，准备活动率先进入到探究、合作、创新的模式，为主教材的学习打下基础

<table>
<tr><td colspan="2" align="center">教学环节三：基本部分27'~28'</td></tr>
</table>

一、助跑投掷垒球 动作要点： 助跑有节奏，迈脚的同时向后引球、交叉上步、转体、挥臂等动作要连贯 动作重点： 　持球后引，交叉上步、蹬地、转体 动作难点： 　助跑与投掷不脱节，动作连贯、协调 　①教师组织复习原地持轻物掷远 　②教师讲解（出示展板）示范助跑投掷垒球动作方法 　③教师组织学生手持弹力球散点体会动作，同学之间相互分享体验中发现的问题 　④教师巡视，并与学生共同探究，发现问题、提出问题 　⑤与学生共同总结发现的问题，强调正确的动作方法	组织1：散点 组织2：体操队形散开 　①学生听口令，每人2球连续投掷练习 　②学生认真听、仔细观察教师示范动作 　③学生听哨音进行分解练习 　④学生听清要求，自主探究练习 　⑤学生积极分享自己在练习中发现的问题并提出问题，总结方法

⑥组织学生进行徒手分解练习 ⑦教师强调动作重难点，提示动作要点 ⑧组织学生再次分解练习 ⑨教师示范徒手连贯动作 ⑩组织学生练习徒手连贯动作 ⑪教师组织学生持球练习分解动作 ⑫教师组织学生持球练习连贯动作 ⑬教师组织学生放松，总结本节课的学习练习情况	⑥学生听哨音练习3次 ⑦学生记住动作要点，改进动作 ⑧学生听哨音进行一次持球分解动作练习 ⑨学生听哨音进行3次持球连贯动作练习 ⑩学生按教师要求改进自己的动作 ⑪学习优点，改进自己动作的不足 ⑫学生听口令踏步放松，专心听教师总结 要求： ①服从命令听指挥。②慢跑捡球，注意安全。③团结互助、谦虚友爱

设计意图：

主教材以自主、探究、合作为主要手段开展教学活动

学生通过自己的模仿练习，发现并提出相应的问题，与同学、老师进行交流，在交流中领悟正确的动作方法，带着问题去改进动作，并在练习以及与教师、同学的交流中尝试找到解决的方法。六年级的学生已经具备一定的发现问题、提出问题、分析问题的能力，因为是第一课次，在教师还没有教授正确的动作方法之前，学生能够通过探究式学习探索出相对比较正确的动作方法，从而对助跑投掷垒球的动作方法有更直观的理解

二、比赛： **垒球掷准** 　　比赛方法：学生分成四组，听哨音后跑向投掷线，每人向堡垒投掷一个垒球，全组完成后击中目标个数多的组获胜 　　①教师讲解比赛方法，提出要求 　　②组织学生进行第1次比赛 　　③教师总结，提出要求 　　④组织学生进行第2次比赛 　　⑤教师总结，宣布获胜小组 游戏规则： 　　①学生听清比赛方法 　　②积极练习，互相提高 　　③听哨音开始比赛	组织队形：梯形队   要求： ①遵守比赛规则 ②团结友爱，互相尊重 ③注意安全 ④互相尊重，向获胜小组表示祝贺

设计意图：

比赛的设计不仅与本节课所学内容有关，还能发展学生跑的能力，提高运动的密度。通过比赛激发学生的竞争精神，培养学生积极、乐观、向上的生活态度，以及团结、相互尊重的优良品质

教学环节四：结束部分2'~3'	
一、踏步放松 二、教师总结 三、收器材 　①教师组织学生一起踏步放松 　②教师进行总结 　③组织收器材	组织：四列横队 　①学生与教师相互配合做好放松 　②学生认真倾听 　③器材摆放整齐

设计意图：
　　踏步放松身心，平缓呼吸。培养学生一定的组织纪律性，遵守收还器材、爱护学校公共财产的规矩

安全措施：
　　①课前检查场地，安全合理地布置场地
　　②课上检查学生的服装、运动鞋，且安排见习生
　　③做好准备活动，充分活动身体各关节，避免伤害事故的发生
　　④关注学生上课的练习状态，及时进行巡视指导
　　⑤调控学生的使用场地（保持安全距离），同时调控练习密度与强度
　　⑥结束部分进行放松调整，帮助学生让身心逐渐恢复到正常水平

7.板书设计

8.特色学习资源分析、技术手段应用说明
教学资源分析： 　　垒球100个，拉力球20个，弹力球40个，装满水的矿泉水瓶40个 技术手段应用说明： ①游戏化教学：体会所学运动技术的同时激发学生的运动兴趣，提升课堂教学的时效性 ②直观教学：教师示范并结合展板进行讲解，帮助学生建立正确的动作概念 ③自主探究教学：通过自主学练，与同学、教师交流，提高学生提出问题、分析问题、解决问题的能力
9.本课的教学特色
本节课，我根据学生的特点进行分层次教学，由易到难，循序渐进。教学过程中还运用讲解示范法、启示引导法、鼓励表扬法等，尝试在体育课堂中加强师生间的沟通与交流，并在教学中发挥学生的主体作用，正确引导学生积极思考、大胆尝试，在体验中发现问题，在实践中解决问题，使学生能够深刻地理解助跑投掷垒球的动作方法。通过创新的准备活动，增加学生的新鲜感，激发学生的学习热情，培养学生的创新能力，发散学生的思维，提高教学效果，使学生体验到成功的快乐。进行探究性学习、创新演示，为学生提供一个展示的平台，激励学生获得成功

APDA体育与健康课例研究——六年级体育与健康
"助跑投掷垒球"课例研究报告

一、教学及研究主题

自主学习是学生通过自学、探索、发现来获得科学知识的新型教学方式。它强调学生是学习的主导者，学习是学生自己的事，学生以极大的热情投身到整个学习过程中，有明确的目的、方向，在自觉状态下主动学习，会收到事半功倍的效果。与此同时，要改变学生的学习方式，变被动为主动，必须充分发扬学生的自主学习精神，并通过勤于动手、乐于探究的多种形式的科学探究活动，培养学生获取知识的能力和创新精神。选取"助跑投掷垒球"为例开展课例研究是因为本课接近生活，有一定的拓展性，便于开展自主探究式教学。

二、教学方案的规划与设计

（一）学情分析

六年级学生处于敏感素质发展即将交换的阶段，柔韧、灵敏、速度等素质的最佳发展阶段即将过去，力量、耐力等素质发展的敏感期即将到来。

特别是大肌肉群的发展时期，也将向大小肌群同时发展的时期过渡。六年级学生处于少年心理向青年心理过渡的时期，有时有少年的天真，又会表现出青年人的成熟。六年级学生的集中注意能力有所发展，集中注意力、专心致志的时间可达30分钟左右。注意分配能力也有所提高，注意上下肢动作的同时，还会注意到重心的变换。集体意识有所发展，已不满足于无规则要求的游乐性游戏，特别喜爱有一定规则的竞赛，愿做体力和智力相结合的游戏。已开始把体育活动作为抒发感情的途径。

（二）方案的设计

本节课是"助跑投掷垒球"的第一课时，在教学过程中借助小道具"弹力球"让学生进行自主探究性学习，不仅能让学生在游戏中体验动作方法，还为主教材的学习奠定了基础。学生通过自主练习，与同伴交流出手角度、全身协调用力等经验，能够获得积极的情感体验和动作体验。

教学过程包括四个部分：

开始部分：在教师的组织下进行了向后转走、向左转走、向右转走的队列练习，展示了良好的课堂常规。

准备部分：通过游戏开展热身活动，增加了准备活动的趣味性，学生主动参与，做好了充分的热身，为主教材内容的学习打下了基础。

基本部分：通过由易到难、循序渐进的教学方法，带领学生初步学习助跑投掷垒球的动作方法，让学生在自主练习中发现问题，引导学生解决问题。游戏部分，设计垒球掷准的小游戏，发展学生上下肢协调配合的能力，培养学生团结互助的优良品质。

结束部分：在教师的口令下一起进行放松整理，调整呼吸，使身心充分放松。

三、教学方案的实施与改进

（一）实录片段和实景描述

这一课例的教学进行了两次，每次教学后均进行了研讨，并对教案进行了调整修改。经研讨后，调整修改如下。

①为了能提高六年级学生的学习兴趣，选择了学生比较感兴趣的游戏道具"挂指弹力球"，学生在体验投掷动作时，因为有弹力线连接，球也不会

被投的到处乱跑，不会出现满操场捡球的现象。

②根据自主探究学习的教学方式，由统一听哨音分组练习改为散点练习，教师进行巡视指导，同学之间也方便相互交流经验。

③原计划只是体验弹力球，但考虑到毕竟是投掷垒球的教学内容，所以还是要持球练习3～5次，这样——能够让学生真正地体会助跑投掷垒球的动作方法。

④重新设计了游戏环节——"保龄球掷准"。此游戏满足上下肢协调配合的教学原则，并且提高了学生参与游戏的积极性和挑战性，培养了学生团结合作的好品质。

（二）同伴的观察记录和描述

在自主探究环节，有的学生没有完成自己该完成的任务；部分学生没有认真体会动作，没有参与到与同伴的相互交流中来；部分学生对于助跑投掷垒球的动作方法还是不理解，动作很不连贯。

（三）群体研讨意见概述

①本课中自主探究学习时间不宜过长，还是要结合教师的完整动作示范，给予学生正确的引导。

②探究过程中，老师要驾驭好各个环节，多进行巡视，多与学生共同讨论，及时把握学生动态，提高课堂的时效性。

③学生在合作学习中大胆质疑解疑，讨论的形式可以多样化，可以两人互帮、多人小组研讨等，为学生搭建自我表现的舞台，使教师指导和学生自主探究相结合，传授知识和解决问题相结合，单一性思考和求异性思维相结合。

（四）教学反思及收获

通过自主探究学习来生成问题，把学习过程看成是探索求知的过程。问题意识是指问题成为学生感知和思维的对象，从而在学生心里形成一种悬而未决但又必须解决的求知状态。问题意识会激发学生强烈的学习愿望，从而使其注意力高度集中，积极主动地投入学习与练习中；问题意识还可以激发学生勇于探索、创造和追求真理的科学精神。

本节课，我根据学生的特点进行分层次教学，由易到难，循序渐进。教学过程中还运用讲解示范法、启示引导法、鼓励表扬法等，尝试在体育课堂上加强师生间的沟通与交流，并在教学中发挥学生的主体作用，正确引导学生积极思考、大胆尝试，在体验中发现问题，在实践中解决问题，使学生深刻地理解助跑投掷垒球的动作方法。通过创新的准备活动，增加学生的新鲜感，激发学生的学习热情，培养学生的创新能力，发散学生的思维，提高教学效果，使学生体验到成功的快乐。探究性学习、创新演示为学生提供了一个展示自我的平台，能够激励学生获得成功。

第三章　成就学生关键能力学习的每一天

一、生存技能的达成途径——水上运动

（一）关于游泳运动项目

游泳是一种独特的锻炼形式，是指人在水的浮力作用下产生向上漂浮，凭借浮力通过肢体有规律的运动，使身体在水中有规律运动的一项体育运动。[①]游泳是一项在国内外非常流行的运动，也是奥林匹克运动会中的第二大比赛项目。它可以为所有的肌肉群（肩带动手、腿、腹部和背部肌肉）的锻炼发展提供帮助。游泳按姿势分为蛙泳、仰泳、自由泳、蝶泳。它是男女老幼都喜欢的体育项目之一。

（二）西师附小开设游泳项目的初衷

西师附小从2009年开始，在学校"点滴积累、使每一天都有意义"的教育教学理念指引下，以"健康第一、基础扎实、学有所长、国际视野、全面发展"为培养目标，使每一名学生都能够参与、学会游泳，在游泳中认识自己、认识他人。我校认为这种技能应该从小学就开始进行教授，于是在二年级开设了这一门特色的游泳校本课程。学校充分利用社会资源，从二年级第二学期开始，开展为期12课时的游泳项目学习。在教学过程中根据学生实际情况发展和实施分层教学的教学训练方法，内容包括：基础游泳知识培训、游泳技能分层教授等。迄今已开展了13年的时间。

（三）游泳的价值与意义

游泳不仅是一项体育技能，更是一种生活技能。游泳是一项全身参与的运动，需要在水中全身协调运动，对青少年的身体发育有着积极的促进作

---

① 赵锦泽，余立.新时代高校游泳课教学改革分析［J］.当代体育科技，2021，11（29）：79–81，85.

用。在学校开设游泳课，学生一方面进行了常规体育锻炼，另一方面进行了水环境中的锻炼，具有独特性。同时，游泳这项运动受伤风险小，是一种比较温和的项目。游泳可以保持学生的心肺健康，增强力量感和柔韧性，增强耐力甚至改善平衡感。通过游泳练习，不仅可以愉悦身心，而且有研究表明通过一定时间中等强度的游泳运动，还可以有效提高认知能力。

同时游泳也是培养健全人格的有效手段之一，也是一种提高道德品质和坚强意志的训练方式。在提高游泳技术和加强学生训练的课程教学过程中，或是在比赛过程中，可以培养孩子们的纪律、组织能力等，在面对困难时，能够形成坚持实现目标的毅力、勇气和决心为一体的自我意识，提升坚持不懈的精神和坚强意志的素质，培养心理的稳定性和管理情绪的能力，同时提高团队的集体主义和友爱精神。[①]

1.增强身体健康

在游泳运动（见图2-3-1）中，身体各器官都参与其中，充分感受水的力量。游泳时水的作用使肢体血液易于回流心脏，使心率加快。经常游泳的人心脏功能极好。所以，游泳可以锻炼出一颗强而有力的心脏。

图2-3-1　游泳运动

___

① 王洋.北京市西城区小学游泳课开展现状调查研究［D］.重庆：西南大学，2021.

（1）提高身体素质

游泳促使人呼吸肌发达，胸围增大，肺活量增加，对健康有利，这项运动也是改善和提高肺活量的有效手段之一，同时还可以提高身体动作的灵活性、速度和耐力。

（2）增强抵抗力

游泳池的水温常为26℃到28℃，游泳可以消耗较大的热量，为尽快补充身体散发的热量，以供冷热平衡的需要，神经系统便快速做出反应，使人体新陈代谢加快，增强人体对外界的适应能力，抵御寒冷，在一定程度上起到了健身的作用。游泳运动不但可以帮助孩子增高，还可以提高体能，增强耐力，对预防身心疾病也有积极作用[①]，能抵御寒冷，提高对疾病的抵抗力和免疫力。

2.锻炼意志品质

游泳运动不仅可以锻炼身体素质，还可以锻炼人的意志品质。大部分学生都喜欢游泳。还有部分学生由于认知水平与身体素质相对较差，在学习游泳时极易出现畏惧、逃避、不敢挑战、消极等心理问题。在一般情况下，开展游泳训练以及掌握游泳技能能够使得青少年克服心理障碍。此外，要想掌握游泳技能并非易事，在学习过程中会遇到很多困难，但倘若学生能够经过长期的游泳训练，则有利于克服困难与挫折，进而逐渐克服心理障碍。图2-3-2所示是教练针对初学者进行泳池边辅助练习。

图2-3-2

---

① 黎诗韵.水中运动的功能特点［J］.体育风尚，2021（10）：133-134.

3.加强人际交流

为了使学生能够掌握游泳技能，在训练过程中，尤其是在游泳小组练习或比赛中，需要学生充分沟通与交流，具有一定的默契。由此可见，开展游泳训练能够在培养学生游泳技能的同时，提高其人际交往能力，为其以后的生活与学习奠定基础。

4.促进大脑发育

有研究表明：参加游泳课程的孩子与不游泳的孩子相比，能更快地取得一些人生的发展成就。研究者指出：取得人生中里程碑式的成就与运动技能息息相关，而游泳就是一项与身体高度相关的活动。结果显示，游泳的孩子在语言和数学层面上表现更佳，这体现在诸如算数、指出物件名称、识别单词及字母等活动中；游过泳的孩子似乎也有更好的方向感。此外，有部分孩子们在发展测试中取得的分数与上游泳课的时长是成正比的。与此同时，研究者也严谨地表示，这只能代表游泳的孩子会比其他孩子更早取得人生中一些里程碑式的成就，相较而言，他们能更快掌握技能与知识，并且更快形成个体性情。①

5.生命安全教育

在学习中通过给学生介绍安全教育的知识，让学生了解小学防溺水安全教育实践情况，促使小学生长鸣溺水警钟，筑牢校园安全防线；分析小学游泳课与防溺水安全教育相关情况，降低小学生溺亡事故发生的频率，并正确引导学生学会游泳、预防溺水以及懂得自救，做到防范化解溺水事故的发生。

6.健康知识学习

通过游泳练习，学生不仅掌握了运动技能，还学习了健康知识。

①空腹、饭后忌游泳。饭后饱腹时游泳，不仅影响胃肠道对食物的消化和吸收，而且极易引起胃痉挛、呕吐、腹痛等现象。因此，空腹不游泳，饭后要休息30min至1h后再下水游泳。

②剧烈运动后忌游泳。剧烈运动时体内产热多，体温升高，皮肤汗腺及皮下血管扩张，如果猛然跳进凉水中，身体受到冷的刺激后，皮下血管会急剧收

---

① 游泳或能激发青少年大脑发育［J］.健康与营养，2015（10）：17.

缩，汗孔闭塞，极易引发感冒、急性关节炎等疾病，严重者可导致瘫痪。

③患有某些疾病者忌游泳。严重冠心病、药物难于控制的高血压、风湿性心瓣膜病、先天性心脏病、较严重心律失常、癫痫、急性结膜炎、有开放性伤口及各种传染病等患者，请不要游泳。

图2-3-3　练习游泳的学生

二、生活迁移能力的达成途径——体育教育月

体育教育月是在学校"点滴积累，使每一天都有意义"的学校办学理念和"健康第一"指导思想的指引下举办的学校教育系列活动之一，时间定在每年四月份。所有教师积极参加，走向操场、走进大自然、走到阳光下。

在教育月活动中，体育学科积极实践，开展以"爱运动、会健体、懂自律"为主题的研究，不断丰富学生的课余生活，进一步推动校园体育文化的开展，培养学生不断创新、奋发进取的精神，发挥学科育人功能，提升学生体质和健康水平，家校协作、人人参与，让学生在锻炼中享受乐趣、增强体质、健全人格、锤炼意志。已经开展了"以简单的事情做深刻""大器源于小成""主动、自律""拥抱春天""合抱之木，生于毫末"等主题活动。图2-3-4所示为"拥抱春天"主题教育的活动内容。

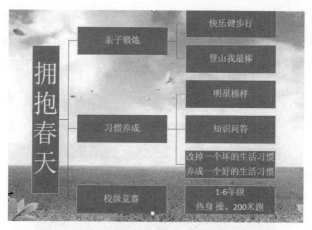

图2-3-4 "拥抱春天"主题教育月活动内容

（一）确定体育教育月方案

在体育教育月开始之前，所有体育教师依据体育传统项目、教育主题及实际情况，确定教育月的方案，由学校体育主管在全体会上进行教育月的方案解读。

（二）教育月活动内容

学校体育组充分利用学校和社会资源，本着人人参与的原则，通过体育活动充分展示学生"快乐、健康、和谐、团结、向上"的优秀品质。体育教育月由开、闭幕式和各项体育活动构成。学校积极开展丰富多彩的体育活动，开展年级体育嘉年华、传统体育项目及趣味项目比赛等活动。

1.体育竞赛

依据各年级学生特点，开展田径［30米、50米、50米折返跑、200米、往返接力、沙包比远等，在比赛中由明星队（学校田径队员）和春天队（学校非田径队员）两队进行比赛］、篮球嘉年华（拍球比多、投篮大赛、15米绕杆跑、班级联赛3V3）、足球（射门比赛、班级联赛）、棒垒球（投球比远、投准等）、跳绳等比赛项目。

（1）趣味运动

为了使学生和教师感觉新鲜，为视觉及听觉都带来更多愉悦的享受，让参加项目者更为投入，我校对器材进行的新颖的改进。教育月期间开展了"赶猪跑""小背篓""摸石过河""毛毛虫大比拼""同舟共济"等趣味活动项目。

（2）知识竞赛

通过举行体育知识竞赛（见图2-3-5），让学生掌握体育知识，让更多的学生积极参与到教育月的活动中。知识竞赛设班级小组赛、年级小组赛、年级决赛三个环节，以现场抢答等方式激发学生兴趣，同时邀请学生担任主持人（见图2-3-6），让更多学生参与其中。

图2-3-5　知识竞赛现场

图2-3-6　知识竞赛主持人

2.明星讲坛

利用本校和社会资源，邀请体育明星来学校参与教育月活动，通过他们亲身讲述自己的故事，让学生看到了明星风光背后付出的汗水与努力。学校分别邀请了曾荣获世界三大投手之一、北京市三八红旗手个人称号的国际健将吕伟老师，清华大学男篮主教练陈磊老师。

在交流过程中吕伟老师说："一个人的成功需要自律与自信，需要恒心与毅力，成功不是说说而已，自律永远都是不可缺少的一部分，需要付出努力，面对困难不退缩。坚持下去，你会发现成功其实很容易，成功只会离你越来越近。"通过体育明星的励志小故事，为学生树立榜样，在一定程度上激励学生。

3.亲子锻炼

家校协作才能共同促进学生健康成长。学校邀请家长参与学校体育教育月的活动，例如：到学校共同参与趣味项目，利用周末时间到奥森参加亲子健步行，到西山参加爬山活动等。

4.体育教育月活动方案

为提高学生的锻炼热情，促进学生科学、有计划地锻炼实践，让学生根据教育月的锻炼计划，自主选择每天的锻炼内容，并进行记录，进而养成天天锻炼的好习惯，以及良好的生活方式，塑造出一个更健康、更强壮、更美好的自己。图2-3-7所示为锻炼记录表。

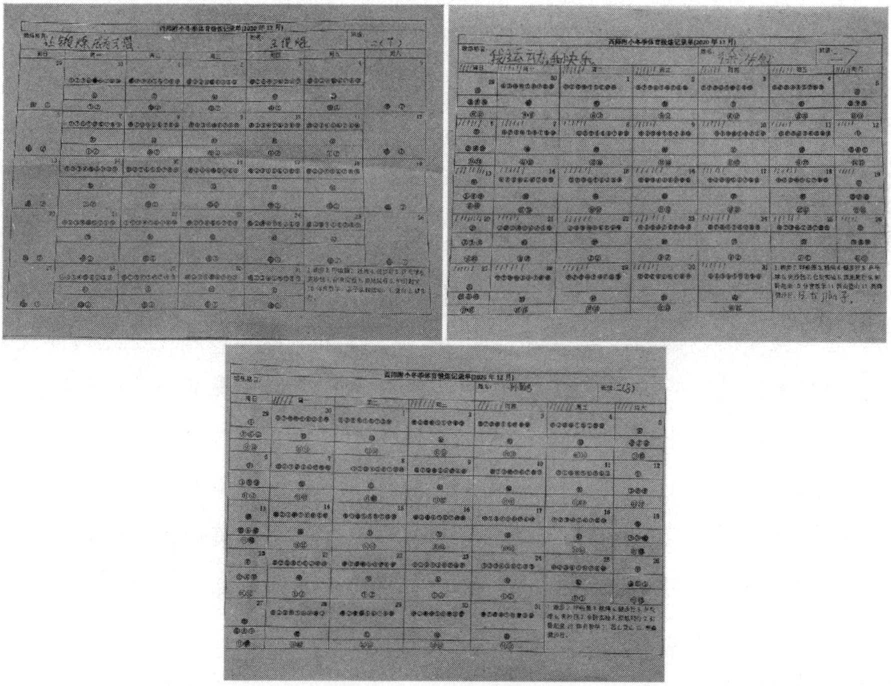

图2-3-7　锻炼记录表

5.交流展示

利用学校橱窗、早操或广播等方式进行交流展示。

6.教育月活动总结

在体育教育月结束之后，体育组进行总结，对在活动中表现优异的个人和集体进行表彰，分别设有自律之星、体育达人、春苗奖、一等奖、二等奖、三等奖等奖项。

通过体育教育月活动持续推进学校体育教育工作，建设健康向上的校园文化，培养学生团结协作、勇敢自信、公平竞争和团队意识等良好品质，让学生体验参与的乐趣，享受成功的喜悦，树立"健康第一"的指导思想以及终身体育锻炼的意识。

三、习惯养成的达成途径——奥森健步行

我校注重学生的全面发展，在每年的秋冬季都会组织运动会，不仅每个孩子都愿意参与其中，而且通过家校合作，家长也参与到孩子的锻炼当中，让孩子明白锻炼的重要性，同时更加深入地诠释了我校"让健身成为习惯，让文明成为习惯，让学习成为习惯"的理念。

（一）健步走的概念、特点和作用

1.健步走的概念、特点

健步走是一项以提高身心健康为目的，注重运动姿势、运动速度和运动时间的步行的体育项目。健步走的运动方法便于学习掌握，不易发生运动损伤；它不受年龄、性别、时间和场地的限制，不同人群可以自主地进行体育锻炼；健步走运动的装备简单便捷，是一项可以自己掌握监测的有氧运动项目。

2.健步走的作用

健步走运动可以提高心肺功能，改善血液质量；健步走运动可以调节血管机能和改善睡眠质量；健步走运动可以减缓骨质老化过程，增强人体的免疫力；健步走运动可以燃烧脂肪，有利于减肥；健步走运动可以提高大脑功能，延缓人体衰老，并可以改善心理，陶冶情操。[1]

---

[1] 翟兆峰，翟连林，韩露.健步走——全民健身的最佳运动［J］.体育科技文献通报，2020，28（12）：43，51.

（二）全员参与，促学生健康成长

"全员参与"一直是我校多年来运动会参与的方式之一，目的就是让我校的每一个孩子都能得到锻炼，在每一次参与中都能得到收获与成长，因此我校根据学校的实际情况开展不同项目的比赛。2019—2020学年秋季运动会，我校结合"主动、自律"的教育主题，采用校内外结合的方式，一、二年级在学校进行一分钟单摇、立定跳远、投掷沙包竞赛；三、四年级在奥林匹克森林公园南园进行5千米健步行；五、六年级在西山国家森林公园进行3.5千米登山。年级不同，项目不同，不一样的运动方式促进了学生参与的兴趣，同时比赛前期家长与孩子一起制订秋冬季的锻炼计划，并坚持每天参加运动，有效地提高了学生的健康水平与素质。图2-3-8为学校发布的各年级运动会通知。

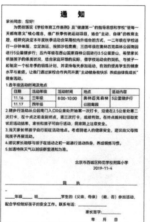
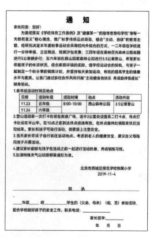

图2-3-8　各年级运动会通知

（三）精心策划，保证活动的安全有序

由于此次运动会采取校内外结合的形式，为了确保学生在参与过程中的安全，我校教师在比赛之前进行了几次实地勘测，规划好学生的比赛路线，制定翔实的比赛方案。比赛前学校给每一位学生下发了打卡卡片，通过绘制路线图让学生与家长提前熟悉场地，另外在指定的地点盖章打卡也提高了学生的参与兴趣。图2-3-9为奥森健步行打卡卡片。

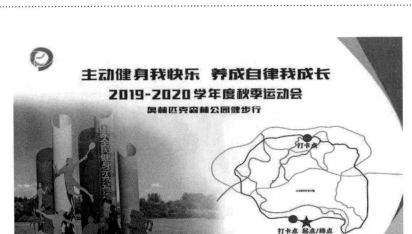

图2-3-9　奥森健步行打卡卡片

　　早晨不到7点钟，老师们就早早地来到奥林匹克森林公园进行各项准备工作，体育老师们分散到各个活动地点进行组织工作，校长及其他任课老师也参与到组织学生的活动当中，老师们的细心负责是活动顺利进行的有力保障。

图2-3-10　体育教师为学生盖章打卡

（四）亲子齐参与，主动、自律共筑建

1.亲子活动的意义

①"亲子活动"是孩子活动中必不可缺的部分，父母与孩子之间的亲子

活动，有利于增进父母与子女间的情感交流，增进父母与孩子的感情。

②亲子活动对于儿童的身心健康发展有着重要的意义，可以促进孩子快乐指数的提升。孩子在"亲子活动"中，通过不断的尝试、努力来发现和体验成功所带来的快乐。在参与过程中，愉悦而轻松的氛围使孩子远离焦躁的情绪，充分享受到活动的快乐。

健康是个体在生理、心理和社会适应能力三方面的良好状态，而亲子活动寓教于乐，让孩子在游戏中能够学到知识。与此同时还进一步开发了儿童的智力，提高了动手能力、反应能力、创造力，促使孩子在德、智、体、美、劳各方面得到全面的发展。

③亲子活动能激发孩子的内在潜能。当父母在场时，孩子们往往变得很棒。实际上，这样的心理是每个孩子都有的，希望有人看着他，希望自己的亲人都围着自己转，希望父母看到优秀的自己。父母鼓励的眼神是孩子进取的力量，往往能激发孩子内在的潜能。

2.亲子参与，温暖如行

2019年11月16日、17日，西师附小三、四年级的学生在奥林匹克森林公园进行5千米健步行。孩子们与家长们按照规定的时间来到奥林匹克森林公园，孩子们的守时体现着他们对此次活动的期盼以及喜爱，同时也是自律的体现。家长与孩子们按照体育教师的组织站队、准备热身活动，随着一声令响，孩子们与家长们迈着矫健的步伐出发，沿途的风景让孩子们在活动的参与中感受大自然，从而更加珍爱生命。家长眼神的肯定以及话语的鼓励，是孩子们前进的动力。每到达一个打卡点，孩子们离目标就又进一步，主动、自律的小小诺言是孩子前行的推动力，到达终点以后我们看到的是孩子喜悦以及兴奋的笑脸。

老师"教"授知识，家长养"育"孩子，家校配合，才是教育孩子的最佳方式。通过此次活动，家长与孩子共同参与，在活动中养成主动、自律的好习惯。

图2-3-11　奥森亲子健步行

四、拓展学习能力的达成途径——棒垒球初体验

棒垒球项目是既需要有强烈的集体意识又需要有很强的个人能力的球类项目。它在国际上开展广泛，影响极大，被誉为"智慧与竞技集合的运动"[①]。它的趣味性很强，不仅需要集体的力量进行防守防止对方得分，还要依靠个人能力，为队伍取得分数赢得胜利。它对提高学生的体能、智力及团队合作精神有极好的促进作用。

开展棒垒球课程，可以更好地丰富学生的课余生活，促进学生的全面发展。由于棒垒球课程具有丰富的趣味性，增强了学生对于体育的热爱，对运动的坚持，实现终身运动的目标。

---

① 郑冬.竞技与智慧的结合——棒球［J］.青春期健康，2014（19）：72-73.

（一）课程目标

1.总体目标

棒垒球趣味性很强，棒垒球课程的教学可以帮助学生爱上运动，减少静坐少动时间，从而提高学生的体育素养，为最终实现终身运动的目标奠定基础。棒垒球技术动作的练习，可以提高学生专项运动方面的精细技能水平，同时完成对灵敏、平衡、协调、速度、跳跃等粗大技能能力的锻炼，进而从多个方面完成对学生综合体育素质的培养。通过棒垒球的整体教学，培养学生的团队意识、团队配合和奉献精神；通过课堂的礼仪规范要求，使学生懂得尊重师长、尊重自己、尊重队友、尊重对手，会谦卑、有礼貌、包容他人。

2.具体目标

①配合《"十四五"体育发展规划》的建议（在规划中多次提到棒垒球项目，鼓励大力发展青少年集体球类运动），深挖项目文化，充分发挥教育价值，促进青少年体育健康发展。

②在社团活动中，以普及为目标，让更多学生了解、喜欢上棒垒球，教学内容难度设置相对较低，多以游戏的方式通过"玩中学"进行课堂教学。通过教学调动学生兴趣，使学生全身心投入到体育运动中，以达到对于学生运动强度及提高身体素质标准的要求，并在学习体验中发展合作及交往能力。

③根据项目本身的特点，开发学生更多的运动技能及竞技能力，在课上技术的教学环节中锻炼学生善于研究、耐心思考、敢于尝试、相信自己的能力；通过课上的比赛环节，锻炼学生勇于面对失败，总结经验越战越勇的抗挫能力。

（二）棒垒球课程开展方案

1.教学原则

在整体教学当中要围绕以下原则进行棒垒球课的教学，更好地对学生进行体育教育的培养，培养学生对运动项目的浓厚兴趣。在开展整个教学阶段中，要遵循健康第一的指导思想，以实施素质教育为基本任务。

原则：

趣味性；

建立合理的练习模式；

促进身心健康；

体育素养提升。

2.课程实施

在课程的实施中，在教学设计方面由浅入深地进行台阶式教学，在不断地树立目标、挑战目标、再树立目标的过程中，使学生对体育产生兴趣，调动学生的积极性；在教法和组织方面，要寓教于乐，让学生体会到"快乐体育"的根本意义，更要因材施教，让每一名参与的学生都明确自己的特点特长，增强自信，找到适合自己的发展方向。还要通过合作学习的方式为学生创造一个有归属感的环境、有凝聚力的集体。作为培养学生团结协作的能力，创新意识的养成起到良好的引导作用。

3.教学内容

棒垒球这个项目很适合进行各个级别的教学，通过整个阶段的教学可以达到提高学生灵敏性、反应能力、眼手配合能力、神经肌肉协调能力的目标。可以根据不同的水平选择不同的器材，根据教学的难度选择教学内容，根据教学的对象设置教学的难度。因材施教，根据学生的特点进行教学。在整个教学中发展学生的实践与创新能力，享受运动带来的乐趣与成功，发展合作与交往能力。

可以将整个教学内容分为以下几部分。

（1）软式垒球教学部分

在软式垒球教学过程中，首先进行棒垒球的项目介绍，让学生对于棒垒球项目有所了解。

接下来开展技术动作的教学。技术动作教学遵循的原则是先下肢再上肢。使用"数字代替动作名称"的教学法进行教学简单易懂、好掌握，能够避免过于专业的术语使学生不易理解造成反作用。用灵动的语言进行讲解，让整个教学过程丰富多彩，有利于记忆。比如"在接地滚球时，我们的动作是先右脚定位，再左脚找球，接着鲨鱼嘴张开、吃到球，再放到肚子里"。这里面的鲨鱼嘴张开、吃到球、放到肚子里形容的就是接地滚球的时候手的样子。球滚过来后手需要上下放置并且五指张开，吃到球形容的是手接触球后两手收拢护球，吃到肚子里讲的是两手包住球后收回到腹部位置的动作。

这样的表达不仅生动有意思，还有利于学生记忆。还可以通过顺口溜对于动作位置进行形容，加深学生对动作的理解，比如"传球时，上肢动作为侧身左脚左肩前，转身折肘甩小臂，甩完小臂手摸膝"。

（2）软硬球过渡部分

手套学习使用阶段——在进行过渡训练的时候，一部分一部分地过渡。因为打软式垒球在最初是不使用手套的，所以在过渡阶段可以在接球的时候先戴上手套，学会对手套的使用，体会戴手套接球的感觉。这种方法也就是利用器材的不断更新进行球的种类过渡。

金属棒学习使用阶段——软式垒球是用海绵球棒打击的，在过渡阶段先利用金属棒练习挥棒，感受重量的变化、手感上的变化及发力的感觉。这个阶段还使用金属棒打软式垒球进行练习。该阶段需要对学生的力量及耐力进行训练，训练的量及强度也要有所提高，以铺垫后面的硬球训练的身体要求。

技术方面，硬球跟软球最大的区别就在球的速度上、力量上、规则上。前两个方面需要在这个部分中完成过渡，规则通过小比赛的形式进行学习和更新。了解之后在后面一个部分深入学习。

（3）硬式棒垒球部分

这个部分完全进入了硬球教学，学习的难度也就随之增加了。因为球速、球的重量的变化，在这个部分安全问题也就更加重要起来。在教学前需要着重跟学生强调，在训练中需要集中注意力，眼睛不要离开球，要全身心投入，等等。对于学生这方面的要求提高了，其专注力自然也会提高，顾全大局的理念也会扎根。不难发现，随着训练难度的增加，对于学生各方面的锻炼都会变多，项目的优势也就大大凸显。

硬球的另外一个特点是增加了投手，接手戴上了护具，打击的方式也有所变化。教学上，还要保持多样化的方式。通过选材，选出适合担任投接手的人选，分组分层次进行教学。

（4）比赛部分

不管是硬球还是软球，都需要通过比赛来验证学习的成果，激励学生对于棒垒球的求知欲，使其体会到比赛带来的荣誉、喜乐、悲伤、挫败等各种心理上的历练。当学生遇到问题时要进行正面引导，引导学生面对失败时学会坚强，面对成功时学会总结。

比赛环节的设置可以是单一部分的、单项部分的、组合部分的，也可以是模拟实战部分的，最后可以安排实战比赛。组织学生进行难度由浅入深的其他比赛，让学生在比赛中体会运动带来的乐趣。

比赛还有一个重要的教育意义在于培养学生对于对手、队友、教练、裁判及其他所有相关人员的付出表示尊重与敬意，学会怀揣敬畏之心，体会荣誉感，培养自信心等优秀的品质，很好地做到了精神文明教育。

五、合作意识能力的达成途径——附小登山娃

坚持体育锻炼是重要的生活方式，拥有了健康的身体才能更好地去学习和生活。登山活动既可以让学生亲近自然、回归自然、敬畏自然，也可以让学生锻炼身体、娱乐身心、陶冶情操，打开视野，丰富阅历。

（一）活动背景及意义

社会实践是学校教育的重要内容之一，国家课程标准要求学校每学期要开展10%的社会实践课程。体育社会实践活动也是培养人的基本途径和方式，是促进人全面发展、实现素质教育目标的路径之一。[①]我校以"健康第一"为指导思想，坚持"使每一天都有意义"的教学理念，活动本着人人参与、家长参与、教师参与的原则，使学生亲近大自然、了解大自然的规律。这既是一次锻炼自己体魄，学习团队协作的养成教育，也是一次对学生综合能力的培养。

学校和家长不能整天把学生禁锢在书本上和屋子里，要让他们参加一些社会实践，打开他们的视野，增长他们的社会经验，让他们学会处理人与自然、自己与自己、自己与他人的关系。[②]学生只有拥有了健康的身体，才能更好地去学习和生活。而为了健康，我们应该积极地养成一个良好的健身习惯。[③]爬山是一项利用自然条件进行全身性和群体性锻炼的有氧运动。爬山

① 黄永莲.中小学社会实践存在的问题及对策思考［J］.思想理论教育，2013（14）：8–11.

② 王喜亭.体谅模式视阈下大学生思想政治教育创新研究［J］.理论观察，2021（11）：44–47.

③ 张金棒.试论学生良好健身习惯的养成［J］.安阳工学院学报，2014，13（02）：95–97.

作为一种户外运动，对身体的有利因素是多方面的。它既是有氧运动，又有力量练习的要素，而且运动量、运动强度可以根据自己的体力、身体素质进行调节，让健身成为习惯，使身心更加强健。①

（二）活动地点及对象

活动地点：西山国家森林公园。

活动对象：西师附小学生。

（三）活动目标

通过这次社会实践活动，使学生更加亲近自然、回归自然、敬畏自然；充分发挥学生的主体作用，使学生在思想上取得进步，锻炼学生的意志品质；使学生达到锻炼身体、娱乐身心、陶冶情操、丰富知识的目的；将体育与德育相结合，促进学生的全面发展。

（四）活动内容

先在西山国家森林公园中进行徒步，而后进行手抄报展示。

（五）活动计划和方案

1.选择的登山地点（实地考察）及其缘由

西山国家森林公园位于北京西郊小西山，地跨海淀、石景山、门头沟三区，是距北京市区最近的一座国家级森林公园。西山森林的四季佳景早已名扬京城，尤其是春季，桃杏满坡，山野吐翠。②

为了确保活动的安全性，学校在制订活动前，先由体育主管领导和中层干部按照规定路线登一次山，实地考察是否适合小学生进行社会实践活动，从而确定了实践活动的地点。

2.活动方案的精心设计及安排

为提高活动组织的科学性、操作性和安全性，学校制定了"附小登山娃、健身圆国梦"西山森林公园登山运动活动方案。

在活动前一天体育主管领导和学校的安保老师再次抵达西山国家森林公园进行安全考察，登山当天体育教师先行到达指定地点进行比赛场地的安排等工作。

---

① 王志成.运动健康新奥秘［J］.金秋，2022（8）：2.

② 山棠.西山国家森林公园景观独具特色［J］.国土绿化，2013（01）：45.

3.参与人员、行进路线及比赛方法

为了通过登山活动发挥社会实践活动的教育功能，学校在活动前两周开始布置相关工作，由班主任组织学生进行登山前的准备工作，并通过报告的形式将主题教育内容传授给学生，提高实践体验的目的性。活动中主要强化学生安全、师生交往和参与体验；通过登山活动开阔学生的视野，丰富学生的阅历。

（1）参与人员

本次活动原则上是全员参与，不同的年级出发时间不同，但都是统一在学校集合后由各班的班主任和配班老师带队出行。

（2）行进路线

按照指定路线进行登山：东门→英雄广场→梅园→花阳松→半山亭。然后统一调动下山，原路返回。

（3）比赛方法

比赛的方法是分年级分时段进行比赛。

为了让学生能够体验到登山的乐趣，在登山的过程中，各班教师组织了丰富的行进活动，有的班级采用拉歌的方式边走边唱，有的班级喊着口号前进，有的班级老师边走边讲关于登山的小故事以及关于登山的注意事项等。对于久居城市的小学生来说，登山是非常好的接触自然的方式，他们能够与小伙伴们一起沟通、交流、登高望远，欢声笑语地投入大自然的怀抱中，尽情享受美好的暮春景色，既享受了运动带来的乐趣，又增强了班级的凝聚力。学生在登山活动中能够亲近自然、回归自然、敬畏自然，学会与大自然和谐相处。

（六）活动的德育功能

在登山结束后，我们学校组织了学生的手抄报交流展示活动，有的学生写道："刚开始的时候，同学们一个个生怕会落后，你追我赶，争先恐后。当兴奋过后，大家都积极往上走，抬头看看前面的同学，迈着矫健的步伐，自己心想也要坚持下去，我们是不会放弃的。即使是最后一个到达也是光荣的，因为我们战胜了自己，我们一定会到达山顶的。"有的同学说："我走累了的时候，小飞在我身旁微笑着对我说'加油'，最后我们一起手牵手走到了终点。""大家满脸的汗水和兴奋的表情，相互之间亲密地谈笑，从西山的山下到山上，在整个爬山过程中时刻都充满了温馨、愉快，大家相互搀扶，相互帮助，相互鼓励，充分发扬了团结友爱、努力奋进的精神，共同完成了爬山活动。"有的同学说："登山不仅锻炼了身体，还给我带来了乐趣，愉悦了身心，又看到了大自然的美丽风景，心情真是特别舒畅。"看着同学们手抄报中的图片，每一张都洋溢着灿烂的笑容。由此可知，学生们在登山的过程中不仅欣赏美好的早春景色，还相互关心，增进了同伴之间的友情，进一步增强了班级的凝聚力。

（七）活动后的反思

1.社会实践活动需要严密的组织和计划

学校在组织学生参加社会实践活动时提前做好了周密且全面的计划，制定了切实可行的安全措施，尽量规避风险以及可能发生的危险，确保活动的安全性高，是推动本次活动的基础保障。坚持从实际出发、因地制宜的原则，并遵循不同年龄段学生的认知规律和身心特点，遵循教育教学规律，组织学生积极参加社会实践活动，并从中获得较好的锻炼效果与教育意义。[1]

2.教育形式需进一步丰富

社会实践活动的内容要贴近学生的学习和生活实际，把握时代脉搏，突出健康、人文、科技、国防、文明、环保等意识和能力的培养，注重学生创新精神和特长的培养。[2]小学低年级学生的实践活动可以校内外有计划的活动为主，以学校和家庭为主要实践场所，重在体验；小学中、高年级学生的社会实践活动包括户外运动、社会调查、公益劳动、国防教育、社区服务、科技文体活动等。[3]

西师附小组织的西山国家森林公园社会实践活动丰富了教育形式，让学生从校园活动走向大自然，与自然对话，与自己对话，与同行的家长、同学进行深入的交流。

① 樊伟.坚持深化教育改革创新［M］.北京：中国人民大学出版社，2021.
② 赵俭，张鹏，佟研，等.新时代院校教育转型实践研究［M］.南京：南京大学出版社，2019.
③ 钟飞燕.新时代学校劳动教育研究［D］.长春：吉林大学，2021.

3.社会实践成果意识需要进一步加强

学生是参加社会实践活动的主体，在社会实践活动中，应充分调动其积极性和主动性，激发学生主动探索、研究问题的动机和兴趣，培养学生自主发展、自主创新的意识和实践能力。[①]教师要更新教育观念，从培养创新型人才需要出发，以素质教育总目标为依据，安排学生进行社会实践活动。

这次西山国家森林公园社会实践活动是学校探索社会实践教育的基础。在实践的过程中，需要不断完善方案和计划的预设，以开放的思想和创新的理念来进行社会实践教育活动，在校训"点滴积累，使每一天都有意义"的办学理念下，坚持在实践中研究，在研究中实践的策略，形成西师附小的教育特色。

六、立德树人理念的达成途径——集团运动会

类型多样的学校大型学生活动具有一定的特质。[②]首先，主体多类别、多层次。全体师生、学校领导、学生家长乃至社区人员及相关部门领导都可能成为大型学生活动的构成主体。主体多元这一独特性使得大型学生活动极富教育性。教育活动也是一种交往活动，教育的形态起源于人与人之间的交往，大型学生活动中多元主体的参与，使得多维、多层的交往成为可能。在活动过程中，不同主体的交流与互动蕴含着巨大的教育价值。

学校层面开展的大型学生活动，运动会就包含在其中，具有丰富的教育意义。运动会作为大型学生活动的一种，活动过程包含各个年级、各种类型的学生之间、师生之间、学生与家长之间、家庭与学校之间、社区人员之间的诸多沟通、交流与彼此互动，蕴含着独特的价值及教育意义。

历届"西师附小集团运动会"的顺利圆满举办，体现着西师附小的教育初衷与理念。

（一）坚持教育性、目的性

学校的教育活动一般都带有很强的教育性和目的性。西师附小集团运动

---

① 乔虹.小学主题教学模式改进研究［D］.天津：天津师范大学，2021.

② 张佳，李家成.论学校大型学生活动的教育价值及其实现——以"新基础教育"学生工作研究中的学生运动会为例［J］.基础教育，2010，7（12）：48-55.

会作为集团校间大规模的体育活动的一种重要类型，是实现教育目的的重要途径之一。在开展学校运动会时，着重突出强调学校运动会的教育性与目的性。对于实施教育的教师及各部门领导而言，教育性主要体现在组织所有成员参与运动会的全过程中，处处体现了活动的教育意义，尽可能地对学生成长的各方面产生积极而有效的影响。目的性则是在组织参与的全过程中，要意识到这项活动可能实现哪些教育目的，这需要相关的学生工作负责人及教育工作者具有发现教育价值、成长意义的慧眼，并且善于发掘活动蕴藏的育人资源，使活动过程中的策划、组织、实施及总结评价等环节都能充满教育气息，并使之成为发展及实现学生德、智、体、美、劳全面发展的教育目的的重要手段。

（二）西师附小集团运动会的开展价值

小学开展学校运动会应坚持"健康第一"的理念，增强学生体质，努力使他们养成坚持锻炼的习惯，积极进取、乐观开朗的生活态度和健康的生活方式。西师附小集团运动会的特性是其育人价值源泉影响着活动的价值生成，其中包含的竞技性、群体参与性等特征，还决定了其独特的价值可能。首先，学生通过参加体育运动，能够提升学生个体的运动意识，增强运动兴趣，并提高其身体素质，促进全面发展；同时，以年级为单位进行比赛及开幕式的集体演出，有助于增强凝聚力，让全体学生体验到集体的力量及荣誉感。其次，运动会能衍生出相关附属性价值。比如，一方面，通过比赛能够培养学生遵守规则、公平竞争、团结协作、奋勇拼搏、战胜自我等精神；另一方面，运动会能够反映个人到班级再到学校的整体风貌，彰显班级文化，弘扬学校的体育文化，促进个人及班级、学校文化的发展。

（三）整合资源，开拓教育文化

西师附小集团运动会的举办，在时间方面更具延伸性和灵活性，在空间方面也更加开放、自由，能够打破其他教育活动的时空限制，有助于充实、丰富、激活学校教育。如运动会不仅消除了课堂的时间限制，还将空间从教室拓展到整个校园乃至校外的北京奥体中心。这种时空综合后所产生的特定情境，包括具体策划及过程中的生成与发展，还能够激发出丰富的价值空间。学生主动参与学校活动策划。各年级和班级活动的开展，从主题选择、方案设计、组织分工、准备活动到活动的正式举行，都要最大限度地涵盖学生的参与，使活动成为学生心中的重要事项，使整个过程都发挥教育的价值。例如，开幕式中，从口号、服装、道具、队形等多个方面入手进行策划，并进行汇报表演及交流。改进方案时再组织全体学生一起准备材料、进行排练等。这些举措实现了运动会从学校层面向学生个人层面的创造性、实施性转化，全体学生参与开幕式的策划、准备工作，有效地促成了彼此间的多维互动；这种转化又进一步汇聚为学生综合素养的整体提升，不仅能够增强学生相互合作、相互学习的意识，还能够帮助学生塑造主人翁意识，增强归属感与自豪感。与此同时，夯实了家校沟通的基础，让学生家长感受新学生的成长与快乐，从家长层面体会西师附小与时俱进的教育理念，并高度认可学校的丰富多元的体育活动及其蕴含的育人功能。

如三年级的《静待花开》为西师附小集团运动会开幕式的第一个汇报节目，本节目由本校体育教师独立创编，动静结合，节目内容将风靡世界的瑜伽引入主题，在三年级全体学生舒展优美的动作中，观众能感受到新颖的瑜伽舞韵的美感及艺术氛围。再由静到动、动感十足的花球啦啦操再一次充分展现了三年级小学生的灵动、活力四射，处处洋溢着学生的欢快与幸福。

在整个准备过程中，从零基础到学会，再到完美展示，学生都能以积极的学习态度投入其中，与学校一起大步向前，更好地体会美，增加美的阅历，与艺术亲密结合的经历，从而让自己能够在生活中更好地表现美、诠释美。

西师附小集团运动会是教育活动，主题本身就充满教育意义。学校教育实践所关注的始终是"学生"，关注学生的生命需要、学生的生命成长。学校教育实践的价值取向，就是直面生命的需要，通过学校教育促进人的成长。学校与家长共同感受到学生的热情投入、努力坚韧、团结向上，见证了在这次运动会中学生的自我提升与成长，发现西师附小集团运动会为学生带来的阳光、乐观，更好地传播良好文化与正能量，让学生的生活充满和谐之美。

七、隔网类运动技能的达成途径——乒乓球活动

学校于2010年在三年级首先开设了乒乓球校本课程，笔者作为乒乓球教师给三年级学生传授乒乓球的知识和技能，此课程在我校开展至今。在2015

年的时候，学校的条件有限，只有一个乒乓球台（图2-3-12）。

图2-3-12　当时唯一的乒乓球台

在上课时我先带学生做乒乓球动作徒手练习，然后再带学生进行上台击球练习，上课的学生有8个教学班左右；到了2021年，我校已是拥有5000多名学生的大校了，三年级也由原来的8个教学班，发展到现在的16个教学班，学生共计640人左右。现在有了专业的乒乓球馆，馆内共有8个球台（图2-3-13）。

图2-3-13　现在的乒乓球馆

这和李庆元校长对我们这个乒乓球项目的大力支持、学校对我们的关心是分不开的。在校本课程上，三年级每班每周上一节乒乓球校本课程，笔者会把学生带到乒乓球馆进行学习。

（一）学校为什么要开设乒乓球校本课程

1.有一定的开设基础

乒乓球具有很强的竞技性、趣味性、知识性和观赏性，是我国的"国球"，我校有很多学生非常喜爱乒乓球这项运动，在1961份随机调查问卷中，有17.34%的学生喜欢乒乓球这项运动。除此之外，还有很多学生在校外进行乒乓球的学习，所以说开设乒乓球课程对于学生的日后发展是很有意义的。同时，初中体育考试中也增加了乒乓球项目，这就更要求我们练习乒乓球要从小抓起、从小学做起，我们要在小学阶段就开展好乒乓球这个项目，让孩子们掌握相关的技能技巧，为初中的体育加试奠定基础。

2.打乒乓球有助于提高视神经的灵敏度和预防近视

对于在学校长时间学习的小学生来说，由于要长时间地看黑板、看书和写字，从而使眼球晶状体总是处于高度紧张的状态，同时，看近处物体时，两个眼球全向鼻根靠拢，使眼外肌肉压迫眼球，长时间这样的话，眼球会慢慢变长，形成近视。在往年的小学生体检中，学生的近视率居高不下，好多孩子都戴上了眼镜，我们学校的孩子也不例外。而打乒乓球可为近视眼的预防和治疗起到预防的作用，因为打乒乓球时，眼睛以乒乓球为目标，不停地远近、上下、左右调节和运动，不断地使睫状肌和眼球外肌交替收缩和舒张，大大促进了眼球组织的血液供应和代谢，因而能有效地改善睫状肌的功能，对保护视力和预防近视起到积极的作用。[①]

学校为了保护学生的视力，降低学生的近视率，从而开设了这门校本课程。

3.打乒乓球可以培养机智果断、坚韧不拔的良好品质

打乒乓球和其他的竞技体育项目一样，都要通过长期不懈地努力、刻苦地练习，最终才能取得一定的运动成绩。在这个练习当中，离不开老师对学生的辅导和学生的刻苦训练。通过上百次、上千次的练习，能够培养学生敢于挑战自己、坚韧不拔的精神，这样长期下来，对学生良好意志品质的形成

---

① 李玉田.给大脑一点运动的空间［J］.当代体育科技，2012，2（05）：12-13.

会起到至关重要的作用。

（二）带领身边的朋友和家长一起打乒乓球

在三年级的校本课程中，有的孩子有一定的基础，但是大部分孩子是零基础的。学生通过在课上的学习，掌握了一定的动作方法后，有的孩子放学后还进行了加练，图2-3-14是学生放学后进行熟悉球性——托球练习的图片。

图2-3-14　学生在放学后进行练习

有一定基础的学生回家还不忘去复习课上老师教过的动作，图2-3-15是学生在家进行正手攻球徒手练习的图片。

除此之外，还有的学生把学习到的技能跟家长一起分享，图2-3-16是学生与家长进行练习的图片。

图2-3-15　学生在家进行正手攻球徒手练习　　图2-3-16　学生与家长一起打乒乓球

在练习中，有的学生把自己学习到的动作教给家长，家长和学生一起打乒乓球，共同学习，共同锻炼。有的学生在学校学习完以后，对乒乓球产生了浓厚的兴趣，课上的学习不能满足他们的需求，在课下，还让家长为其在校外报名参加乒乓球学习，一周下来要练习乒乓球5～6次，家长也特别支持，不管刮风下雨都坚持接送孩子。总之，通过在学校的学习，90%以上的学生都能够掌握熟悉球性的练习，如熟练地进行托、颠球等；大部分学生能够基本掌握正手和反手攻球的动作，并且能够上台对打。对于本身有一定基础的学生来说，除了掌握以上内容外，还可以发一些旋转球，并且能够很好地接旋转球等。总之，每名学生在不同的基础上，都能掌握乒乓球的相关技能，提高了学生对乒乓球的兴趣，促进了学生的身体健康。每一次学习都有所收获，每一天都有收获，从而很好地诠释了我校"使每一天都有意义"的办学理念。

八、自我管理意识的达成途径——体育课堂常规管理

随着教学改革的不断深入，对教师自身课堂教学管理能力的要求也越来越高，有效的课堂管理是开展课堂教学的保障，不仅关系到课堂教学质量的提高，还直接影响着学生的身心健康。

（一）建立良好课堂常规的意义

良好的课常规是课堂教学顺利进行的基础和保障，尤其是对于在室外进行教学活动的体育课，因为体育课主要是以身体练习为主要手段进行身体实践的课程，学生要在操场上进行跑、跳、投等各种身体练习。体育课上需要使用各种器材时，对学生体育课堂常规的要求将会更高。当学生能够做到自觉遵守课堂要求，形成良好的课堂常规习惯时，就可以提升自己在课堂上的学习效率，减少和避免伤害事故的发生。课堂常规的好坏，在很大程度上决定着体育教学效果。可以说，良好的课堂常规可以使课堂教学达到事半功倍的效果，为课堂教学保驾护航。

（二）建立良好课堂常规的策略

课堂常规是课堂教学的重要内容，体育教师的言行是学生的榜样，在体育课上要求学生做到的教师要首先做到，教师是学生养成良好课堂常规的管理者和学习的榜样。俗话说万事开头难，所以教师要上好开学的第一节体育课，根据学生年级的不同，带领学生熟悉、明确体育课堂常规要求。

1.明确体育与健康课的任务和要求

在每学期的第一节课上，教师根据学生年级的不同，可以让学生说一说自己对如何上好体育课的认识和理解，让学生在交流与讨论中懂得良好课堂常规的重要性。教师结合本学期的教学目标，引导学生讨论如何才能达成目标，有所收获。如如何保障练习的安全性，在服装上的要求，考勤制度，遇到特殊天气时如何上好体育课等，以此加深学生对课堂常规要求的理解和认识。

2.课前教学常规培养阶段

教师方面：

①备教案。教师要对教案内容进行再次复备，明确教学内容、目标、任务、要求、教学重难点、教学过程，备足安全措施。

②备学生。教师要了解学生差异，关注学生的身体状况，合理安排运动负荷。

③备场地。教师在课前要检查场地、器材，合理码放，充分使用，减少调队时间。

学生方面：

①服装适合运动。学生在体育课上必须穿不影响跑、跳、投等运动的运动鞋和运动服，身上不带任何与本节体育课无关的物品。

②考勤。学生不能参加体育活动要有医生开的证明，突发情况要有家长或是班主任写的假条。

③饮水卫生。学生下课后可以适量喝少许温开水。

④学具。学生按要求准备所用器材。

（三）课中教学常规培养阶段

在教学中要遵循学生的成长规律，制定符合学生身心特点的教学内容。在教学过程中要关注不同学生的身体状况，很多学生都喜欢参加体育活动，但是，有的学生在练习时集体意识、安全意识比较淡薄，做事情总是以自我为中心；还有的学生累的时候就容易放弃，尤其是在遇到困难和失败时，他们的心理承受能力不强。教师在教学过程中要关注学生身心的全面发展，在课堂教学中关注学生的生理、心理需求。依据学生实际，制定适合学生的教学内容和方法，帮助学生建立课堂常规意识，养成良好的课堂常规习惯。

1.学会倾听，提高学生的注意力

著名教育家第斯多惠说过："教育的奥秘不在传授，而在激励、唤醒和鼓舞。"首先，要培养孩子们学会倾听他人讲话，学会倾听教师、同伴的发言，当自己想发表建议或是回答问题时要学会举手。学生学会倾听他人讲话，是一种尊重他人的表现，同时有助于学生形成良好的课堂常规，提高听讲时的注意力。

2.了解规则，遵守规则，培养规则意识

让学生懂得良好的课堂常规是上好一节课的基础，只有在知道规则、遵守规则的基础上才能开展各种各样的体育活动，丰富教学内容。如游戏规则、比赛规则、练习规则、课堂常规要求等。在课堂教学中，教师要在活动中渗透规则意识。教师依据学生的人数、教学环境、教学内容等创设情境，合理安排学生练习密度和运动负荷，分组练习时合理设计轮换路线和方法，让学生感受到良好课堂常规带来的益处，让学生懂得遵守规则的重要性。

3.合理组织，及时评价，培养学生的良好习惯

良好行为指能够参与到课堂主题中去，并且遵守课堂的规则，不扰乱课堂正常进行的行为。教师要合理设置教学过程，在课堂教学中运用有效的教学策略，吸引学生上课的注意力，当有学生不能全神贯注地听讲和练习时，教师要及时给予善意的提醒。学生在练习中难免会出现小摩擦或是不愉快的事情，教师要及时发现问题、解决问题，让学生知道问题出现的原因，使学生懂得遇到问题时如何用恰当的方法来解决，减少教师组织纪律的时间。当教师发现学生解决问题的方法得当时，要给予及时的表扬和肯定，教师和学生都彼此了解后，教师可以用一个手势、一个动作给予学生肯定。如教师给予学生一个表示肯定的点头等。

4.重在平时，常抓不懈，巩固良好的常规习惯

小学生正处于生长发育时期，大多数学生的模仿能力很强，接受新知识、掌握新动作很快，但是在学会以后练习的积极性就没有那么高了，所以学生在遵守课堂常规方面也是一样，时好时坏，出现反复。良好课堂常规的形成是一个逐渐养成的过程，不是一蹴而就一劳永逸的，教师要有常抓不懈的心理准备，在课堂教学中多鼓励学生的点滴进步并能及时给予肯定与表

扬，有利于学生良好课堂常规习惯的养成。

5.为人师表，树立榜样，养成良好的常规习惯

在体育教学中，教师既是组织者也是参与者，教师的言行举止直接影响着学生的学习效果。教师作为课堂教学的组织实施者，要时刻以身作则，为学生起表率作用，这样能为学生遵守课堂常规起到很好的促进作用。同时还能在学生的心目中树立体育教师的威信。可以说，良好的课堂常规是保障体育高效课堂的基础。

6.合理布置场地，树立安全意识，形成良好的常规习惯

体育课前，教师要按照备课内容合理布置体育场地，安全摆放体育器材，为上好本节课做好充分的课前准备。合理的器材摆放有利于激发学生的练习兴趣。合理的场地设计可以有效提升练习效果，减少或避免安全事故的发生。古人云："工欲善其事，必先利其器。"体育教师在课前一定要认真地布置场地，检查器材的摆放位置是否合理、是否存在安全隐患等，为上好本节课做好准备。

7.尊重学生差异，培养学生逐渐形成自我管理能力

在课堂教学中，课堂常规的培养要站在学生的角度来考虑，每个学生都是独立的个体，课堂常规要求是统一的，但是学生在执行时差异很大，教师要关注那些没有按要求做到的学生背后的原因，而不是简单粗暴地去要求学生。在这个过程中，要关注学生的心理感受，使学生从心里愿意接受这个要求，愿意为集体而对自我行为进行约束，为集体做贡献，这样才有利于班级良好常规习惯的养成。

在常规习惯培养的过程中，教师切不可为了方便管理而凭权威要求学生，或是随意改变要求，或是不能做到公平、公正，这些都不利于良好常规习惯的养成，还容易使学生产生逆反心理，使得课堂教学不能顺利进行。

8.建立信任，增强信心，形成自觉

培养学生的自我管理和约束能力，是课堂良好常规建立的目标，当学生能自觉遵守课堂常规习惯时，教师将有更多的时间和精力投入到教学中，减少不必要的组织纪律的时间，提高教学质量。

作为一名教师，首先应该尊重学生，理解学生，信任学生，教师能与学

生进行平等的交流，使学生愿意与教师说心里话。在生活中、教学过程中，教师都要用欣赏的眼光看待学生、肯定学生，因为老师的表扬和鼓励可以更好地激发学生学习的动力，尤其是那些成绩不是很理想，身体素质比较差或是缺乏自信的学生，他们更需要教师的关心和肯定，从而激发他们的进取精神。教师要相信每个学生都会进步、都会成长，他们还只是个孩子，给他们时间，用心去陪伴他们，他们一定会做得更好。

9.制定应急方案，有效处理突发问题

（1）课前学生身体不适

课前，教师有时要处理少数学生出现的轻微的不舒服的症状。对于上课之前就出现身体不适的学生，他们会按照体育课堂常规要求出示假条或是医生证明，教师可以根据学生情况让他们在上课地点周边进行见习，在见习的过程中，见习生不只是休息，他们要时刻关注本班的练习内容，课下能够说出本班的练习内容、练习方法等，以便自己可以上体育课时，能够与本班学生共同练习。

（2）突发伤害事故处理

在体育课上难免会出现突发的意外情况，如出现意外伤害事故，体育教师应该第一时间询问受伤同学的状况并及时采取相应的措施。如果学生受伤较轻，让卫生委员带领学生去学校卫生室；如学生受伤较重，要让卫生委员去请卫生教师到达上课地点，并及时告知班主任老师，与家长进行联系，并转送医院。此时，要注意组织好班级其他学生，避免出现不必要的恐慌，这时最能体现班级课堂常规的情况。在教师处理的过程中，不应脱岗，不应让学生在失去教师监管的情况下活动。

（四）课后课堂常规培养

①建立学生健康档案。加强落实运动安全意识的培养，根据学生年龄、班级情况建立学生电子健康档案，档案中要详细记录每名学生的个人信息，如姓名、性别、年龄、国家体质健康测试成绩等，重点突出。并按照类别进行保存，及时更新，对不能参加体育运动的学生要注明原因，减少运动安全事故的发生。

②体育教师要掌握必要的应急知识。体育教师要加强对应急救护知识的

学习，并制定应急救护手册，掌握健康急救知识，知道应急救护流程，提高应急安全救护技能，减少或避免学校体育安全事故的发生。

③善于总结，积累材料。体育教师课后要及时进行总结和反思，做到每次课后都能及时反思课堂教学中存在的问题、优点，并能围绕出现的问题制定改进措施，发扬优点，为上好下次课做好准备。

④布置下次课的教学任务。为学生布置切实可行的练习内容，为下次课练习做好准备。

⑤有序返回教室，不追跑打闹。

⑥注意饮水卫生，不大量饮水。

第三篇
懂自律

引言——自律成就更好的自己

一、自律是什么

自律，最早出自《左传》，简单来说，就是人根据自己内心世界中建立起来的道德法则和行为规范，来约束和管理自己的实际行为。它不受外界因素影响，是以自己主观意识为主导的行为准则。

西师附小在对自律的理解上提出了懂自律的育人目标。懂自律，即在有爱的基础上，能够主动地约束自己，实现对生命状态的最优化。对于小学阶段的学生，自律不仅可以帮助其养成良好的学习习惯和行为习惯，同时可以帮助其在生活中克服一些困难和挑战，更好地融入这个社会，规范自身的行为，从而实现自身的理想和价值。懂自律就是学生可以约束自己的行为，主要体现在学生能够自觉遵守规则，包括遵守课堂规则，遵守比赛规则，遵守校纪校规以及遵守法律规则和社会公德等。

二、为什么提出懂自律

（一）培养全面发展的社会主义接班人

学校体育教学工作以习近平新时代中国特色社会主义思想为指导，全面贯彻党的教育方针，遵循教育教学规律，落实立德树人根本任务，发展素质教育。坚持德育为先，提升智育水平，加强体育美育，落实劳动教育。随着义务教育全面普及，教育需求从"有学上"转向"上好学"，进一步明确"培养什么人、怎样培养人、为谁培养人"，优化学校育人蓝图。聚焦中国学生发展核心素养，培养学生适应未来发展的正确价值观、必备品格和关键能力，引导学生明确人生发展方向，成长为德智体美劳全面发展的社会主义建设者和接班人。①

习近平总书记强调："要坚持健康第一的教育理念，加强学校体育工作，推动青少年文化学习和体育锻炼协调发展，帮助学生在体育锻炼中享受乐趣、增强体质、健全人格、锻炼意志。"②体育是教育的重要组成部分，其功能既包括锻炼身体、增强体质，也包括塑造品格、养成精神。③在教育教学实践中，我们不仅要重视体育强健体魄的作用，更要重视体育的育人功能。我们注重学生团结协作精神的培养，注重学生顽强意志品质的形成，养成规则意识。在体育运动中，学生努力约束自己的不良表现，努力展现良好的道德风貌，形成良好的道德品质和行为习惯。使学生在学习中真正热爱运动，把运动作为一种生活方式，从而培养出能担当民族复兴大任的社会主义建设者和接班人。

（二）秉承学校的教育文化理念

李校长在"十二五"期间开展了学校文化建设研究，提出了"知识对接心灵"的课堂教学理念，确定了"健康第一、基础扎实、学有所长、国际视野、全面发展"的培养目标，形成了"使每一天都有意义"的教育理念，力求让教育中的每个个体的生活和生命的每一天都充满意义。学校本着"促进师生全面和谐发展"的理念，在提升教师素质，促进教师发展的同时，注重学生自主能力的培养，在全校学生中开展三个习惯的养成。即让学习成为习惯，让文明成为习惯，让健康成为习惯。使学生的潜能在学习、活动、锻炼中得以挖掘，学生的个性在参与中得以完善。④为了使育人目标落实在每一个学科教学中，学校在2017年开展了基于学科特色表达的研究，力图在课程标准和课堂教学之间架起一座桥梁。在全面推进学校文化建设的过程中，

① 马芸青.核心素养视域下初中物理"探究—互动"教学模式的实践策略［J］.中小学课堂教学研究，2022（08）：55-57，66.

② 习近平.在教育文化卫生体育领域专家代表座谈会上的讲话［M］.北京：人民出版社，2020：12.

③ 李孟璐.新时代高校体育文化育人内涵的探索与实践——以盐城工学院为例［J］.文体用品与科技，2022（07）：133-135.

④ 夏春亭，陈竞博.青年马克思主义者培养过程中的激励教育功能发挥研究［J］.品位·经典，2022（04）：107-110.

学校着眼于立德树人这一根本任务①，不断深化对体育教育、教学对人全面发展中的意义和任务的认识，并在体育与健康实践研究中逐步形成了"爱运动、会健体、懂自律"的体育与健康学科的育人目标，有效地推进了体育教学改革，促进了教学质量的提升。

（三）规则意识是每个公民的必备意识

所谓规则是指规定出来让大家共同遵守的制度或章程，如交通规则、职业准则等。什么是意识，现代心理学对意识的理解分为广义和狭义两种。广义意识概念是指赋予现实的心理现象的总体，是个人直接经验的主观现象，表现为知、情、意三者的统一。狭义意识概念是指人们对外界和自身的觉察与关注程度。意识，代表个体的独立性，它是主观存在的独特坐标。意识，代表了人可以认识自己的存在，可以知道发生的事情，可以与不同于自己的存在进行对比。以上是规则和意识的解读，可以理解为规则是客观存在，意识是人后天所形成的经验。所以规则意识是指发自内心的、以规则为自己行动准绳的意识。

无规矩不成方圆，生活中到处都有规则意识的体现，如课堂上要遵守课堂规则，学校里要遵守校规校纪，社会上要遵守法律法规，生活处处有规则需要我们去遵守。小学生因为年纪小，需要通过所接触的感官体验总结经验形成规则意识，有规则意识能让学生在有限范围内无限自由。课堂中有规则意识能让自己和他人不受阻碍地学习、不受影响地思考，还能有专注的思维碰撞。在校园中有规则意识能提升自己的人际交往能力，能适应环境，尊敬师长。在社会中有规则意识能保护自己的生命和财产安全，能减少事故的发生，带来更大的效益，实现共赢的效果，能维护社会的公平以及法律的尊严，构建更美好和谐的社会。

拥有规则意识是一个人具有高尚的道德品质的体现，教师应引导学生严格要求自己，以《小学生守则》和《小学生日常行为规范》为准则，每天坚持，时刻提醒自己。培养学生的规则意识，让学生成为品德高尚，对家庭、对社会有用的人。

---

① 王刚，岳奎，刘经伟，等.思政课的本质（笔谈）［J］.文化软实力，2022，7（02）：50–72.

（四）懂自律具有生理学和心理学的意义

1.运动产生多巴胺和内啡肽

多巴胺和内啡肽是人体内的两种激素，能够使人产生快乐情绪。两种激素所产生的机理是不同的。多巴胺是一种能够带来能量和动力的神经传导物质，不仅能够左右人们的行为，还会影响学习能力、奖励系统、注意力和运动的神经递质。当经历新鲜、刺激或具有挑战性的事情时，大脑中就会分泌多巴胺。内啡肽是一种由身体和大脑所产生的激素，当身体和大脑负荷过重时，就会释放出内啡肽阻止疼痛信号。

当运动时，体内会产生多巴胺和内啡肽两种物质，运动过后人会产生愉悦情绪。这两种物质与人的情绪和感觉都有一定的关系，这主要是因为运动能使体内产生大量的多巴胺和内啡肽，多巴胺使人心情愉悦，而内啡肽能够减少痛苦。简单来说，多巴胺是指人满足自己需要时产生的一种物质，是即时的，这种"即时的自我满足"会使人逐渐迷失方向，对于情绪的影响比较大。而内啡肽属于"先苦后甜"型的物质，是延迟的，一般在身体经历过疼痛后产生，类似于一种补偿作用。说明多巴胺是即时满足，内啡肽是事后的补充机制。比如长跑的过程很痛苦，但跑过之后分泌的内啡肽会使自己感到快乐，也就是心理学的延迟满足。

2.延迟满足对人的重要性

延迟满足是自律和自控的原动力，能让学生在一项需要长期投入精力的任务中更容易坚持下来。这意味着，如果学生能有效抵制短期奖励的诱惑，会比大部分人更可能完成工作、学习或个人计划。而在社交中，提高延迟满足能够促进更正向的社会行为，比如乐于分享和积极与同伴互动。同时，对于个人成长来说，延迟满足感更强的人会更少地采取冒险行为。

在长跑过程中有一个奇妙的"极点"，在到达"极点"之前，人会感到非常疲惫。一旦过了"极点"，身体又会充满活力，感到振奋。就是因为运动量超过某一水平时，体内便会分泌内啡肽。长时间的运动会心情舒畅，坚持跑马拉松的人都很自律，因为长时间的剧烈运动会分泌内啡肽，有助于学习记忆，长年累月下来，这群人能在不断的磨炼中形成坚毅的性格和积极的心态。内啡肽是比多巴胺更加高级的欲望，真正的自律不是没有欲望，而是因为有了更高级的欲望，进而实现了自律。

（五）懂自律是学生发展的自我需求

在全面推进素质教育的今天，我校的体育教学是以培养学生的创新精神和实践能力为重点，造就"爱运动、会健体、懂自律"的德智体美劳全面发展的人才。但是在"以生为本"的今天，满足学生的层次需求并进行针对性的努力，是值得提倡的一种快捷有效的方法。

马斯洛需求层次理论强调人的需求由低层次不断过渡至高层次。当某一层次的需求被满足时，则会表现出相应的积极性和创造性，热情高涨，富于创造力的冲劲，从而向更高的需求层次迈进，达到更高的层次要求。体育教学以身体练习为基本手段，故其突出的特点就是实践性强。学生对运动知识的掌握和对运动技能的形成与提高，都只有通过自身活动，才能将知识和技能转化为自己的认识和行为方式。[①]在体育教学中我们以引导为主，发掘学生的需求，充分体现出学生的主体性人格，促使学生能积极、主动、活泼地参与体育活动，并学会在活动中能提炼和加工众多信息，探索多种答案，以达到掌握体育与健康知识并提高实践能力的目的。

1.生理需求

人们在生活中的食物、睡眠、水、空气等是人类生存最基本的需求，体育运动也是在人类不断演化的过程中形成的。体育最初被赋予着生存需要，是满足最低需求层次的体育运动，即能够具备健康体魄参与活动。

2.安全需求

在体育教学中，应根据不同年级学生的心理发展特点、个性差异，制定出不同年级、不同层次的教学内容，明确具体要求，提高教学的实效性。使学生在参与运动中克服困难，安全完成练习。

3.社交需求

在体育教学中营造宽松愉快的学习氛围，使不同学生能够相互交流，需求得到满足。社会学研究表明，每一个社会人都处在一定的社会关系中，因此，相互交往的需要是每一个个体存在的重要基础。通过体育教学活动，引

---

① 林炜鹏. 基于"马斯洛需求层次理论"的体育创新教学初探［J］. 教学与管理, 2009（12）:
150-151.

导学生形成良好的行为品德，帮助学生学会处理与他人之间的关系，可以有效帮助学生进行社交活动。

4.尊重需求

在体育运动中，我们尊重他人也能赢得别人的尊重。尊重需要在体育运动中是比较直接的，在运动中要懂得尊重对手、裁判和观众等等，尊重是相互的，在运动中只要你能遵守规则、全力以赴、赛出体育精神，就能获得队友和对手的尊重。

5.自我实现

在教学中要激发学生潜能，引导学生逐渐养成规则意识，帮助学生学会控制和约束自己的不良行为，应体现出良好的道德风貌，从而为逐渐形成良好的道德品质和习惯打下扎实基础。使学生在学习中真正热爱运动，把运动作为一种生活方式。这些自律行为也将在未来为学生充分发挥潜能，实现理想抱负起到至关重要的作用。

三、懂自律的培养目标

（一）树立规则意识

树立起规则意识对于人来说是至关重要的，也是受益终身的。然而，培养规则意识不是一蹴而就的，小学生对未知充满好奇，他们的思想和行为都充满了不确定性。教师要根据学生的身心发育情况采取相应的方式和方法来帮助学生树立规则意识，让他们养成良好的行为规范，更好地适应学校生活。

1.遵守校纪校规和班级常规

《小学生日常行为规范》是国家对小学生日常行为最基本的要求。其目的在于从学生入校开始就对他们进行文明礼貌教育和行为训练，以促使他们从小养成良好的行为习惯，为形成规则意识打下坚实的基础。

日常教学中，学生遵守《小学生日常行为规范》是维持正常教学秩序的基础，是学生在德、智、体、美、劳各方面的健康行为准则，也是人际交往的基本要求，它不仅约束着学生的言行，还引导着学生的思想向正确的方向发展。班级常规是对《小学生日常行为规范》的丰富和具体化，它是班级管理中的重要一环。班级常规可以由学生和教师一起制订，让学生感受到教师对学生的尊重，让学生发挥自己的作用，调动学生们的积极性，各负其责，各尽其能，加强班级建设和凝聚力，顺利开展班级工作。班级常规要积极向上，充满正能量，因为规则是孩子们获得安全感的基础，是孩子进行社交的基础，规则能使孩子避免伤害他人，获得更全面的发展。

2.遵守体育课堂常规

体育课堂常规，是保证正常体育教学工作的基础，是学校体育教学管理的一项重要工作。它既是对学生的基本要求，同时也是教师教学的行为准则。我们要求学生必须做到，教师也必须遵从。在体育教学中培养学生的规则意识，不仅有助于建立正常的教学秩序，严密课堂教学的组织，对提高课堂教学效率也有十分重要的作用。

3.遵守体育竞赛规则

规则意识的养成不仅体现在平时的生活、学习中，还体现在体育比赛之中。在课堂教学中，学生通过游戏、比赛等活动建立规则意识。体育比赛规则的核心是确保竞技体育的公平公正，一套经得起考究的规则，才能保证体育比赛的公平竞争。体育比赛规则是为体育比赛服务的，它让比赛更有目的性、竞技性，是必不可少的指导性文件。教师给学生更多时间参与比赛，让学生在体育比赛中了解规则，树立规则意识，让学生具有在遵守规则的前提下展现公平竞争的意识。

4.遵守法律规则和社会公德

学生规则意识的养成，可以为其遵守法律法规奠定基础。学生遵纪守法行为不会自然产生，而是在一定法制观念、法律意识的指导下实现的。具备了法律意识，不仅能够做到不犯法，而且能积极维护法律的尊严。[①]

法律意识是公民理解、尊重、执行和维护社会主义法律规范的重要保证，道德对法律有很强的引导、支撑、涵养作用。应大力培育和弘扬社会主义核心价值观，拓展社会主义法治的道德内涵，让正义得到伸张、善良得到弘扬，让人们的生活在法律的保障下更加幸福安康，促使法治权威真正成为人民内心的真诚信仰，从而形成社会公德。社会公德，是指存在于社会群体

① 马丽丽.社会主义法治理念教育研究［D］.保定：河北大学，2021.

中间的道德,是生活于社会中的人们为了我们群体的利益而约定俗成的,我们应该做什么和不应该做什么的行为规范。[①]在日常生活中要诚实待人,言必信,行必果,以真诚的言行对待他人,关心他人,有责任,有担当。

(二)养成锻炼习惯

钟南山院士常说:"锻炼就像吃饭一样,是生活的一部分,我们要建立一种观念,就是要一辈子运动,这样才能享有良好的生活质量,人最大的成功就是健康地活着。"

早在1952年6月10日,毛泽东主席为新中国体育事业题词时就说道:"发展体育运动,增强人民体质。"确定了我国体育事业发展的根本方向。在2007年第七届全国大学生运动会开幕式上,时任教育部部长周济代表教育部向全国广大青少年学生提出"每天锻炼一小时,健康工作50年,幸福生活一辈子"的口号,该口号一经提出,便得到了广泛响应。而随着《义务教育体育与健康课程标准(2022版)》的发布,我们更加深刻地认识到养成锻炼习惯的重要性。每天锻炼一小时从生理上可以有效地增加肺活量,可以改善心脏的收缩功能;可以有效地增加肌肉力量,改善柔韧性;可以增强骨骼的健康,防止骨质疏松;可有效地改善血液循环,促进体内毒素的排出,还能提高免疫力。每天锻炼一小时从心理上可以改善情绪、缓解压力,可以提高自我效能感,提升自信心。

我校严格落实相关文件精神,开足、开齐体育课,配备专职体育教师,开展丰富多彩的体育锻炼活动,确保学生在校锻炼时间至少在1小时以上。在水平一阶段,帮助学生掌握简单的基础技能。学生刚入学不久,年龄小,接触东西少,活泼好动。我们从基本活动能力开始教授,如走、跑、跳、滚翻、攀爬。学生通过在课堂上观察模仿教师的动作来学习动作技能,重点培养学生身体的正确姿态,发展身体的活动能力,学习正确的走、跑、跳、投姿势。在水平二阶段,帮助学生掌握多个简单技能的组合动作。此阶段学生组织纪律性较强,运动能力有一定发展,运动系统发育不成熟。在之前水平一阶段学生掌握简单的基础技能的前提下,学生有一定能力可以将简单技能组合起来,进行练习。如变速跑,学生可以通过控制自己的速度进行走与跑

---

① 陈成玉.习近平关于道德建设重要论述研究[D].贵阳:贵州师范大学,2021.

交替的练习，锻炼学生加、减速度的能力，发展下肢力量；如助跑投掷，把跑与投相结合，锻炼学生上下肢协调配合、提高身体素质的能力。在水平三阶段，帮助学生掌握一项运动的所有基础技能并能进行比赛。此阶段的学生活泼好动，思维很活跃，但组织纪律有待加强，合作意识须继续培养。在水平二阶段掌握组合技能的基础上，给学生讲解比赛内容、规则，提高学生对比赛的积极性与向往。先进行简单游戏让学生理解比赛规则，再到组织比赛教师进行判罚，最后过渡到学生之间可以自行组织小规模的班级比赛。学生是组织者、参与者也是裁判。通过这些活动来培养学生集体主义思想和独立思考能力，满足学生表现欲，以达到愉悦身心和磨炼意志的目的。

"让健身成为习惯、让学习成为习惯、让文明成为习惯"是学校提出的习惯养成目标，"让健身成为习惯"居于首位。学校常抓不懈，积极引导学生充分认识体育锻炼的重要性。我校体育锻炼面向全体学生，既有强度又能激发学生兴趣，让学生充分认识到健康对身体的重要。我校围绕校级运动会、冬季长跑、亲子登山活动、集团运动会等活动，本着人人参与、每人至少参加一项体育比赛的原则，让学生感受体育锻炼的魅力，培养学生体育锻炼习惯。[①]学校根据学生差异和需求制订比赛内容，采用班级赛、年级赛、校运会等多彩的体育竞赛活动，为每名学生搭建体育锻炼和比赛平台，培养学生掌握至少一项运动特长。

（三）形成体育品德

"人无德不立，育人的根本在于立德。"习近平总书记强调，"立德树人"是教育的根本任务。而体育课相比其他学科在育人功能上有其自身独特的优势和特点。体育是一门在户外进行教学的学科，学生在操场上、在阳光下、在空旷的视域内进行体育锻炼，这十分有利于学生身心的健康成长，在师生互动的氛围中参与到运动中来。

义务教育阶段体育与健康课程以身体练习为主要手段，以体育与健康知识、技能和方法为主要学习内容，是实现儿童全面发展的重要途径，对于促

---

① 万生更，陕西学前师范学院省哲学社会科学重点研究基地核心价值观培育与红色文化基因传承协同创新研究中心.构建以社会主义核心价值观为引领的大中小幼一体化德育体系研究［M］.西安：陕西人民出版社，2020.

进学生健全人格具有重要作用。[①]体育与健康课程注重学生的练习和体验，教师把握教育契机，利用评价手段培养学生体育品格，在体育课堂上充分挖掘体育学科育人元素，搭建育人载体，发挥育人功能。

《义务教育体育与健康课程标准（2022版）》中指出，体育与健康课程要培养的核心素养，主要是指学生通过体育与健康课程学习逐步形成的正确价值观、必备品格和关键能力，包括运动能力、健康行为和体育品德等方面。体育品德包括"体育精神、体育道德、体育品格"三个维度。体育精神包括自尊自信、勇敢顽强、积极进取、突破自我、追求卓越等；体育道德包括遵守规则、尊重裁判、尊重对手、诚信自律、公平竞争等；体育品格包括文明礼貌、团队精神、社会责任感、正确的胜负观等。[②]

小学阶段正是学生性格形成、习惯培养的重要阶段，在体育课堂教学中培养学生公平公正的观念，可以有效地帮助学生奠定良好体育品德的基础。在教学过程中，教师要认识到培养学生坚韧不拔意志的重要性，要基于学生的实际情况，制订有针对性的教学策略，引导学生勇于战胜自己。[③]尤其是目前很多学生生活和学习环境较为优越，所以在体育课堂教学中，要注重培养学生不怕困难的精神，帮助学生克服体育锻炼中的困难。[④]在课堂教学中，教师结合运动特点，培养学生运动品德。如田径中的中长跑项目，很多学生在面对长距离跑步练习时往往产生畏难情绪，成绩不理想的主要原因和意志品质不坚强有很大关系，很多学生往往一感到疲劳，就容易出现放弃的念头，结果导致练习效果不理想。教师应通过渗透意志品质教育，培养学生坚持不懈、不断超越的体育品格。

人在社会环境中，在生活和学习过程中，都要与他人产生紧密的联系。体育课堂教学对培养学生的集体主义精神，具有重要的现实意义，能帮助学生更好地养成团结互助的良好品质，建立良好的社会关系，更好地适应社会生活。在体育活动中，有很多需要集体参与，合作完成的体育项目。因

① 季浏. 我国《义务教育体育与健康课程标准（2022年版）》解读［J］. 体育科学，2022，42（05）：3-17，67.

② 王自清. 学科融合视域下的中小学体育育德研究［D］. 上海：上海师范大学，2018.

③ 周亦丹. 小学生体育品德的培养策略［J］. 新智慧，2021（29）：58-60.

④ 陆宇榕，王印，陈永浩. 体育文化与健康教育探究［M］. 北京：新华出版社，2018.

此，要充分挖掘体育活动的内涵，合理设计教学内容，培养学生的集体荣誉感。[①]在篮球、足球、排球、接力比赛等团体项目中，教会学生团结协作、集体意识的体育品格。让学生明白在一场比赛中个人的运动能力和技术水平再优秀，要想取得好成绩，也需要团队的配合与协作。在跆拳道、武术等项目中，明确要求学生在练习和比赛前后都要向裁判、对手、教练、场地、观众等致礼，倡导"以礼始，以礼终"的比赛精神。在棒垒球练习和比赛中，要求学生对自己负责、对同伴负责、对运动器材负责，学会尊重对手、尊重队友、尊重裁判、尊重观众等。这就培养了学生文明礼貌的体育品格。

在体育教学中，教师要根据小学生的心理与认知规律，合理选择体育活动，精心设计体育活动环节，促进学生体育品德的形成，最大程度地发挥体育的育人功能。[②]

四、实现懂自律的方法

"理解、引导、陪伴"作为西师附小的教育教学理念，在帮助学生实现懂自律的过程中发挥着重要作用。"理解、引导、陪伴"三者之间的关系相辅相成，缺一不可。

（一）理解是实现懂自律的基础

当我们的学生走进校园，我们做的第一件事不是去教育他、去改变他，而是去理解他。我们面对的是六到十二岁的儿童，他们的思想是不成熟的，他们对世界的认知是不全面的，但同时他们又对这个世界充满了好奇心和求知欲。真正地去了解学生的内心世界，体会他们内心的真实感受，才能帮助我们有效地去教育和引导学生成长。理解作为教育的基石和起点，在整个教育环节中起到了至关重要的作用。只有真正理解学生的心理和生理的发展规律，掌握学生的认知发展规律，努力体会学生的内心世界，才能有针对性地对学生进行教育和引导，从而到达事半功倍的效果。

① 夏小红.教育学［M］.南京：南京大学出版社，2020.

② 胡滨，耿培新.新时代中小学体育与健康教材建设的新使命与编写要求——对《义务教育体育与健康课程标准（2022年版）》教材编写建议的解读［J］.首都体育学院学报，2022，34（03）：263–274.

（二）引导是实现懂自律的桥梁

所谓引导，就是要依据学生的成长规律、学生的认识规律以及学生的具体情况，引导学生学习，引导学生遵守规则，引导学生养成良好的行为习惯，引导学生认识自己、认识他人、学会沟通、了解社会、认识自然，最终形成完整的人格。在这个世界上，每一个人都是一个独立的个体，都是独一无二的存在。孩子同样也是，每一个孩子都各具特点，都各有所长，都有着不同的情况。由于基因、环境、家庭等各种因素，每个孩子的发育和发展水平是不一样的，甚至有时会出现一些特别情况。作为学生的教育者，我们要在理解学生的基础上，有针对性地去引导学生，去帮助每个学生成为更好的自己，这就是我们的目标。作为小学阶段的学生，他们对这个世界的认识不够全面，我们要帮助学生去认识世界，我们要引导学生建立正确的人生观、价值观和世界观，为学生的健康成长指明方向，为学生的未来照亮前行的路。

（三）陪伴是学生成长中的太阳

如果说引导是为学生指明前进的方向，那么陪伴就是学生成长道路上的太阳，在遇到困难和感到畏惧时给予学生温暖和力量，陪伴他们一起学习，一起运动，一起去认识社会，一起去探索自然。学生在成长的道路中不可能是一帆风顺的，一定是充满了困难与挑战的。有些学生在成长过程中可能乘风破浪、越挫越勇、不断成长。而有些意志薄弱、内心脆弱的学生，在经历失败后可能会心灰意冷、自暴自弃，从此一蹶不振。我们作为学生的教育者和守护者，应当在学生成长的过程中陪伴在他们身边。当学生面临困难和挑战时给予他们力量，激励他们克服困难、勇于挑战；当学生取得进步和成就时，我们要及时给予他们赞美与鼓励，帮助他们树立强大的自信心，从而不断实现自我突破，最终抵达人生的理想彼岸。

结　语

学生的成长，是在点滴积累当中实现的，西师附小的办学理念"使每一天都有意义"就有这样的含义。作为教师，我们要充分理解学生，做学生的引路人，陪伴学生共同成长。我们要有信心和耐心，守望着孩子们的成长。我们要拥有相信生命会绽放的智慧，只要我们与学生心贴心，只要我们为孩子创造良好的环境，我们的孩子就一定能走向更好的自己。

第一章　理解是实现懂自律的基础

一、理解学生的认知发展规律

儿童的认知发展规律遵循这样的过程：动作感知—前运算—具体运算—形式运算，这是一个不可逆的过程，前后顺序是不变的。

第一阶段是感知运动阶段。从出生到2岁，相当于婴儿期。此阶段儿童还没有语言和思维，主要靠感觉和动作探索周围世界，逐渐形成物体永存性观念。

第二阶段，2～7岁，相当于学前期。此阶段儿童各种感觉运动行为模式开始内化而成为表象或形象思维，特别是由于语言的出现和发展，促使儿童日益频繁地用表象符号来代替或重现外界事物，出现了表象思维。此阶段的主要特点：①相对具体性，儿童开始依赖表象进行思维，但还不能进行运算思维；②不可逆性；③自我中心性。

儿童只能站在其经验的中心，参照自己才能理解别的事物，而认识不到还有他人或外界事物的存在，也认识不到自己的思维过程。故又称为自我中心思维阶段。

这一阶段分为两个小阶段。2～4岁为前概念或象征思维阶段，即儿童开始出现凭借语言符号、象征游戏、延迟模仿等示意手段表征外在客体的能力，但此时思维具有前概念性，徘徊于概念的一般性与组成部分的个别性之间。4～7岁为直觉思维阶段，即儿童此时已开始从前概念思维向运算思维阶段过渡，但他们的判断仍受直觉自动调节的限制。此阶段的思维既没有运算的可逆性，也没有守恒的基本形式，尚停留在半象征性的思维状态之中。

第三阶段是具体运算阶段，7～11岁，相当于小学一至四年级阶段。儿童开始具有逻辑思维和真正运算的能力，先后获得各种守恒概念，但运算的形式和内容仍以具体事物为依据。7岁左右的儿童能够在心理上对珠子进行运算，并认为把珠子散开和挨紧是两个相反而又互补的运动，重新排列珠子可使它恢复到起始状态。这说明此时儿童的思想开始有较大的易变性，出现可逆性，能解决守恒问题，可凭借具体事物或形象进行逻辑分类和认识逻辑关系。但是，这种运算仍有其局限性。其一是这一水平的运算还不具有足够的形式化，尚脱离不了具体事物或形象的支持。其二是运算还是零散的、孤立的，不能组成完整的系统。

第四阶段是形式运算阶段，始于青春前期，约11、12岁属于小学五、六年级阶段，接近于成人的思维。这一阶段儿童不再靠具体事物来运算，而能对抽象的和表征的材料进行逻辑运算。与具体运算阶段相比，此阶段的儿童思维发生了四种变化。

（1）能够进行假设—演绎推理：首先对事物提出一些假设，然后从假设推演出某些逻辑结论。

（2）能够进行命题逻辑思维：能够在摆脱实际内容的情况下，对一系列推理的正确性进行评价，在不受命题性质束缚的情况下建立前提与结论间的逻辑联系。

（3）能够在头脑中把形式和内容完全分开：他们的认识能超越现实本身，无须具体事物作为中介，把握抽象概念，进行形式推理。

（4）能够形成两种形式运算的认知结构：一是组合系统；二是四群运算。儿童到了这个阶段，已经能够用这些结构形式来解决各种逻辑问题，表明他们的思维已经接近或基本达到成人的成熟水平。

二、理解学生的心理发展规律

（一）多巴胺和内啡肽的关系

多巴胺是脑内分泌的一种物质，可以影响一个人的情绪，阿尔维德·卡尔森（Arvid Carlsson）因发现多巴胺为脑内信息传递者的角色，而赢得了2000年的诺贝尔生理或医学奖。多巴胺是一种神经传导的物质，用来帮助细胞传送脉冲的化学物质，主要与人的情欲、感觉有关，能够传递兴奋及开心的信息[①]，多巴胺是奖励机制：做成一件事，奖励一下，让你产生快感，希望下次还能再做。当你有特别强烈的欲望去完成某件事情、做出某种行为时，你的大脑就会分泌大量多巴胺，驱使你继续追求欲望，并在这个过程中获得快乐和满足。这本是好事，但人们很多成瘾行为都和多巴胺的分泌有关，比如吸烟、喝酒、打游戏、刷视频。但这些多巴胺很廉价，随手就能获得，却会带来很多负面影响。所以我们要学会控制它，多追求优质多巴胺，摒弃廉价多巴胺。

内啡肽，也称为安多芬或脑内啡，它的作用简单地说就是，人体脑下垂体生成的一种纯天然的镇痛剂，可以让人产生愉悦感。内啡肽的产生采用的是一种补偿机制，它可以帮你隐藏身体的痛苦，让你坚持完成某个任务。如果你经常锻炼或跑步，它能推动你不断超越自我极限，咬牙坚持再多做10个动作、多跑100米后得到的快感就是内啡肽带来的。奋斗之后的快乐，自律后的愉悦，很多都是内啡肽的作用。而且，内啡肽对人的其他生理功能也有调节作用，比如呼吸、体温、血压等。保持定期的、有规律的运动，可以促进内啡肽的分泌。如果没有养成运动习惯，只是偶尔动一下，对促进内啡肽分泌的作用不大，只有不断重复运动行为，让它内化成为自愿的一种习惯时，内啡肽才会分泌。而那些自律的人，因为持之以恒地运动或做某件事，就会产生持续激荡的快乐，所以，越自律、越快乐、越幸福。

综上所述，不管是多巴胺还是内啡肽，都是能够影响一个人情绪的物质，人类可以通过自我调节和对两种物质的控制，达到愉悦自己，甚至激励自己实现目标的目的。

如果人类没有多巴胺，会失去令自己愉悦的能力，如果人不能令自己快乐，就会出现类似抑郁症的症状，抑郁症患者常表现为持续的悲观绝望，心情沉重，高兴不起来，觉得生活没有意义，度日如年，情绪低落，很难通过自我调节或者他人安慰改善。而多巴胺正是一种能够令人的大脑产生开心和兴奋感觉的物质，对抑郁症有抑制甚至治疗的作用。内啡肽也同样有这样的作用，可以帮助人们改善心情，抵抗抑郁，大脑产生的内啡肽可以帮助人们

① 廖素雯，李柏，廖必才.多动症儿童血清去甲肾上腺素、多巴胺水平与病情严重程度的相关性研究［J］.实用临床医药杂志，2022，26（9）：4.

提高工作效率，但这并不等于内啡肽就是帮助人们不断进步提高的物质，只是人们在运动之后产生的内啡肽，能够起到镇痛作用，调节呼吸血压，通过看书学习产生的内啡肽能够令自己释放压力，进而增加快乐的感觉。

多巴胺和内啡肽都对人类有很重要的作用，我们需要多巴胺也需要内啡肽。

（二）小学生的心理发展规律

小学生的心理发展，从一年级到六级，大致有三个明显不同的阶段，即我们常说的小学低年级段（一二年级）、小学中年级段（三四年级）、小学高年级段（五六年级）。

1.小学一二年级学生的心理特点

小学低年级学生的脑功能发育处于"飞跃"发展的阶段，他们的大脑神经活动的兴奋性水平提高，表现为既爱说又爱动。他们的注意力不持久，一般只有20～30分钟。他们的形象思维仍占主导，逻辑思维很不发达，很难理解抽象的概念。他们的独立性和自觉性较差，在生活、学习、活动等各个方面都需要成人的监护和具体指导。他们最显著的特点是，对老师有特殊的依恋心理，几乎无条件地信任老师，他们对老师的信任超过了对家长的信任，常挂在他们嘴边的话是："老师说了……"他们开始评价自己和别人，但评价自己时，只看优点，评价别人时容易受成人的意见左右。他们很少能顾及客观外界与自我的关系，只会以自我为中心，按自己的目的去行动。一二年级的老师应充分利用学生对自己的信赖感，培养深厚的师生感情。同时，要在各个方面为学生做出榜样，使学生的这种信赖感能够更加持久。

2.小学三四年级学生的心理特点

三四年级学生的大脑处于迅速发展时期。9岁儿童的脑重量1350克，与7岁儿童的脑重量1280克相比，有大幅度的增长，大脑神经的机能得到进一步加强，特别是大脑内抑制机能蓬勃发展，使心理活动更趋稳定，明显的表现是，他们比一二年级的学生更容易集中注意力听课。他们的语言能力有一定的提高，但却正处在由第一系统向第二系统转换的过渡阶段，常常出现"有话说不清"的情况。同时，他们的逻辑思维开始迅速发展，他们在接触"好与坏""正确与错误""主要与次要"等概念时，尽管还有些模糊，但已有了初步的认识。处在这一阶段的小学生，最明显的心理特点是自我意识突然萌发并逐渐增强，其主要表现是，对外界事物有了自己的认识态度，开始尝试自己做出判断。他们不再无条件地信任老师，而且特别关注老师是否"公平"。由于这一阶段的小学生在心理上处于"动荡"的过渡时期，不听老师话的现象开始出现，班级工作的难度明显加大。

3.小学五六年级学生的心理特点

五六年级的学生在智力方面有很大的发展，逻辑思维开始在思维中占优势，创造思维也有很大的发展；他们对新奇的事物表现出极大的兴趣，如搜集物品、制作玩具、学习某种特长等，但往往见异思迁，朝秦暮楚；他们常常把某些脱离实际的幻想当作将来的人生目标，盲目崇拜某些明星；他们独立意识进一步发展，常常认为自己已经长大成人，甚至比大人们还高明，因此爱自作主张，顶撞老师和家长。此时，教师要在理解学生的基础上，利用学生要求独立的心理特点，给他们做事的机会，帮他们成功，以此调动他们关心班级、为班级做贡献的主动性和积极性。

三、理解学生的身体发展规律

（一）学生不同阶段的身体发展特点

小学生的身体发展，从一年级到六级，大致有三个明显不同的阶段，即我们常说的小学低年级段（一二年级）、小学中年级段（三四年级）、小学高年级段（五六年级）。

1.小学一二年级学生身体发展规律（7～8岁）

儿童从学龄前到学龄初期形态、机能发生着很大的变化，身高每年增长3～5厘米，体重每年增长2～2.5千克。这一阶段男女学生的生长发育指标没有很大的差别，男女学生身体各部分的比例几乎相同。[①]

学生的骨化过程尚未完成，骨骼比较柔软，且容易变形；肌肉的发育尚不完全，含水分较多，蛋白质、脂肪、糖、无机物较少，肌纤维较细，富

---

① 刘苏贤.论体育游戏在小学体育教学中的选择［J］.搏击：体育论坛，2015，7（03）：21-23.

于弹性，但肌力弱，耐力差。[①]动作的协调性方面，骨骼肌肉有了一定的发展，因而运动能力也有了一定程度的发展，对简单的动作有所控制，动作的精确性、灵巧性逐渐增强，但小肌肉发育差，腕骨和掌指骨的骨化没有完成，神经系统指挥小肌肉活动的机能尚不成熟，因而手部小动作的精确性较差。

这一阶段学生的心脏体积较小，仅占成年人的1/3，且发育不完全，但供血却要满足相当于成人1/2体积的身体，心率次数达到80～90次/分钟；胸廓狭小，呼吸肌不发达，肺活量较小，但新陈代谢旺盛，对氧的需求量相应较大，因而呼吸频率较快。此外，一二年级学生的力量发展较差，臂和肩部的力量特别差，反应也比较差。

2.小学三四年级学生身体发展规律（9～10岁）

小学三四年级的学生身高每年增长约4～5厘米，体重年增长约2～3千克。这一阶段的男女学生的生长发育指标、身体各部分的比例差别很小。

学生骨化过程尚未完成，骨骼比较柔软，且容易变形；肌肉的发育尚不完全，含水分较多，蛋白质、脂肪、糖、无机物较少，肌纤维较细，富于弹性，但肌力弱，耐力差。动作的协调性方面，骨骼肌肉有了一定的发展，因而运动觉也有了一定程度的发展，对简单的动作有所控制，动作的精确性、灵巧性逐渐增强。

三四年级的学生心脏体积有所增大，但发育仍然不完全，为了满足身体新陈代谢供血的需要，每分钟心率达到80次以上；胸廓狭小，呼吸肌不发达，肺活量较小，但新陈代谢旺盛，对氧的需求量相应较大，因而呼吸频率较快，每分钟的呼吸频率达20次以上。

3.小学五六年级学生身体发展规律（11～12岁）

小学高年级女生10～12岁，男生11～13岁左右开始步入青春发育期，生殖系统开始发育，并带来一系列形态、功能以及心理的剧烈变化。女性性器官在10岁左右开始发育，第二性征也逐渐发育起来，男生比女生发育晚1～2年。进入青春发育期，是儿童成长发育的一个转折点，对儿童心理及行为发

[①] 蒋爱辉，高棣.小学生身心发展特点和体育课程安排的几点思考［J］.文体用品与科技，2012（14）：113-114.

展有很大的影响。五六年级男女学生的生长发育指标出现了很大的差别，由于大部分女生都进入生长发育高峰期，女生身高急剧增长，每年增长3～5厘米，女生体重也开始明显增加，体重每年增长2～2.5千克。男女学生身体各部分的比例也开始发生显著的变化。

学生的骨化过程正在进行之中，肌肉也逐渐增长，肌肉力量有所增强，但肌肉力量还较差。动作的协调性方面，骨骼肌肉和小肌肉有了较大的发展，运动觉也有了相当程度的发展，对简单的动作有所控制，动作的精确性、灵巧性逐渐增强。五六年级学生的心脏体积也迅速增大，但这一阶段的学生正处在生长发育高峰期，新陈代谢旺盛，心率次数达80次/分钟以上，并可能出现青春期高血压。随着身体的发育，学生的胸廓开始增大，呼吸肌也逐渐发达，肺活量加大，但新陈代谢旺盛，对氧的需求量相应较大，呼吸频率还是比成人快。

（二）儿童少年各种运动素质的敏感期

敏感期（sensitive period）是指特定能力和行为发展的最佳时期。各种身体素质都有自己发展的敏感期，在这段时期所对应的身体素质能力发展相对迅速。身体素质发展的敏感期大多集中在儿童少年时期，如果错过了相应的敏感期，则所对应的身体素质发展将很难达到理想水平。[①]对普通儿童少年而言，在其敏感期发展相应的身体素质对日后的身体技能学习都将打下坚实的基础。[②]中小学时期学生身心发展最快，各项素质（力量、速度、耐力、协调柔韧、灵敏等）的发展随各项身体素质的"敏感期"也有各自的特点。针对这一"敏感期"进行合理体育课教学更有助于这些素质的发展。[③]在不同的年龄阶段，发展不同的身体素质。运动素质总共包括力量、速度、耐力、协调、柔韧、灵敏等。[④]

---

① 陈旭，吴芸芸.浅析少年儿童游泳运动员的全面身体素质训练［J］.当代体育科技，2012，2（10）：31+33.

② 王丽君.浅谈如何有效提高学生专项身体素质——针对不同教学单元设计课课练［J］.体育博览，2011（19）：347.

③ 张昌林.体育课教学应遵循学生身体素质发展"敏感期"规律［J］.中国学校体育，2008（05）：37.

④ 易妍.吉林省青少年学生身体素质发展敏感期的研究［D］.长春：东北师范大学，2012.

1.力量

少儿力量素质发展的敏感期是女子11～15岁，男子12～16岁。[①]因此，发展力量素质敏感期应该有计划、有针对性地安排一些上下肢、躯干的力量练习活动。青少年时期力量素质较差，在力量练习中应采用负荷较小、动作较快的练习，或中等负荷的练习，适宜做速度性力量练习，以提高神经系统对肌肉运动单位的动员能力，改善肌肉协调工作的能力，避免过重的负荷练习和过长时间的静力紧张练习，防止关节损伤，抑制骨骼生长。[②]

2.速度

小学阶段和初中阶段是发展速度的重要时期。小学低年级学生，体育课身体素质教学重点应放在动作速度和动作频率上。可以通过游戏、接力、追逐跑等多种形式，进行加速跑，来发展位移速度和动作的灵活性。到四年级至六年级，教学中可以穿插些有趣味性的长距离的重复跑、变速跑、自然地形越野跑等方法进行耐久跑的练习，这样可以增强儿童、少年的无氧耐力和有氧耐力素质。[③]

3.耐力

耐力的发展较迟，是由于儿童、少年肌肉组织发展较迟，肌肉产生的乳酸糖酵解能力较差，肌肉的神经组织、耐乳酸能力、血液中碱储备都较差；虽然心血管系统、呼吸系统发育未成熟，只要合理安排课的负荷（量与强度），这年龄阶段的学生就会出现肌肉、心脏、血管、血液、呼吸以及免疫系统的适应现象。[④]

4.协调

协调性发展的敏感期在10～13岁，宜与专项技术动作相结合进行练习。6岁起发展一般协调能力，9～12岁是发展专门协调能力的有利时期，着重发展专门协调能力，13～16岁处于青春期，由于心理、生理的变化，致使灵敏

① 朱梓清.足球运动员专项体能训练的探讨［J］.文体用品与科技，2012（05）：57-58.
② 鲁芡.小学体育教学初探［J］.科学大众·科学教育，2013（09）：154.
③ 易妍.吉林省青少年学生身体素质发展敏感期的研究［D］.长春：东北师范大学，2012.
④ 张昌林.体育课教学应遵循学生身体素质发展"敏感期"规律［J］.中国学校体育，2008（05）：37.

和协调能力下降，为保持和稳定已有的灵敏和协调能力，应注意提高动作的准确和熟练程度。[①]

5.柔韧

柔韧素质的最佳发展阶段是5～12岁。在此期间少儿关节灵活性好，应加强整个身体的柔韧练习。柔韧性愈好，动作愈协调、优美、舒展，柔韧素质的早期练习尤为重要，对于将来运动水平的提高具有不可估量的作用。

6.灵敏

7～14岁是发展灵敏协调能力最有利的时期。7～9岁是发展一般灵敏协调性最有利的时期，9～14岁是发展专项灵敏协调性的阶段。但也有个别15岁才达到协调性高峰，此时大脑皮层和延脑的中枢神经系统已发育成熟。灵敏素质的特征是迅速响应外界刺激，迅速改变方向。灵敏素质在7～10岁增长速度最快，在这个时期的体育锻炼中，适当偏重发展灵敏素质，可以取得较好的效果。[②]

① 杨旭.浅析青少年敏感期的训练［J］.科学技术创新，2012（10）：182.
② 周治中.青少年身体素质发展的敏感期与体育教学［J］.文体用品与科技，2016（12）：97–98.

第二章 引导是实现懂自律的桥梁

一、引导学生树立规则意识

规则意识是人们在社会生存和发展中所必须具备的一种发自内心的行为准则和自我约束。具备良好的规则意识可以帮助学生在生活和学习中得到更好的发展，同时能够帮助学生建立起良好的人际关系，这对于处在成长阶段的儿童和少年来说具有重大的意义和作用。体育不仅可以帮助学生强健体魄，同时体育还具有重要的育人功能。通过体育课程的学习，可以有效地帮助学生建立起规则意识，这对于学生的全面发展具有重要作用。体育游戏比赛作为体育学科育人的重要手段之一，可以有效地帮助学生在体育游戏和比赛中建立起强大的规则意识。通过体育游戏比赛的方式，帮助学生潜移默化地形成规则意识，对于正处于学习社会规则阶段的学生来说，起到了至关重要的作用。

学生作为祖国未来建设和发展的接班人，要具备强大的规则意识和社会责任感。如果缺乏规则意识，必然会导致学生在发展过程中出现各种各样的问题。如在课堂学习过程中，如果学生缺乏规则意识，会导致学生学习效率低下，学习效果不理想，影响学生的学业发展。在体育游戏比赛中，如果学生缺乏规则意识，会导致由于犯规次数较多而被罚出场，学生不能够顺利完成比赛，甚至可能输掉比赛。在社会生活中，学生缺乏规则意识，会容易使人与人之间产生矛盾，甚至可能出现违法犯罪的情况。所以规则意识的培养，对每一名学生的生活和学习都起到了关键的作用，决定了其未来的发展。不论是对于学生个人发展而言还是对于国家发展而言，培养学生的规则意识是小学教育阶段的重要内容。

（一）引导学生遵守体育课堂常规，树立规则意识

体育课堂常规是学校体育教学工作有序进行的重要保障，是提高体育教学效率和质量的必要手段。小学阶段的学生活泼好动，对新鲜事物充满好奇心，自我约束能力差。[①]这使得体育教学中容易出现安全隐患，会导致体育教学质量下降，教学工作无法顺利开展。教师通过正确的引导，帮助学生形成良好的课堂常规，有助于教师开展高效的教学活动，避免了学生在教学过程中出现的各种安全隐患。通过体育课堂常规的养成，帮助学生树立良好的规则意识，为学生未来的学习和社会发展打下了坚实的基础。

1.体育课堂常规的内容

体育课堂常规是约束教师和学生的课堂行为准则，是为了保障体育教学有序开展所制订的行为要求，是每一位教师和学生应共同遵守的行为规范。体育课堂常规的制订应满足学生身心发展的特点，体育教学的特殊性，以及体育课堂教学的需求。

根据体育课堂的不同环节，可将体育课堂常规分为课前、课中和课后三个部分。①课前常规包括教师的课前准备和学生的课前准备。教师要备学生、备教材、备场地。学生要着运动服和运动鞋，按时到达上课场地，自觉排好队伍，有病要向教师请假。②课中常规是体育教学过程中最重要的环节之一，主要包括认真听讲、遵守课堂纪律、积极参与练习活动、与同伴团结互助。例如在队伍集合时，学生要做到快静齐；在慢跑过程中，学生要保持队伍整齐，不能推操打闹；在教师讲解时，学生要认真听讲，仔细观察动作示范；在练习过程中，学生要按照教师要求进行练习，做到不偷懒，不擅自离开场地，有问题第一时间向教师反映。③课后常规包括整理和收放体育器材，同时，学生要有序离开操场，避免发生追跑打闹的现象，防止意外伤害事故发生。

2.体育课堂常规的重要性

体育课堂常规是体育教学过程中对于教师和学生的基本要求，是学生进行体育学习过程中所必须遵守的准则。良好的体育课堂常规是体育教学有序开展的基础，是学生有效学习的保障。

---

① 蒋新宇.小学体育篮球游戏模式教学分析［J］.新课程教学：电子版，2021（19）：79-80.

（1）良好的体育课堂常规可以保护学生的运动安全

小学阶段的学生活泼好动，自我控制能力较弱，在运动过程中容易出现身体碰撞等安全问题。例如在练习接力跑的过程中，学生如果没有按照要求站好队，队伍未能保持在一条直线上，往返的同学可能因为速度太快，而撞到其他同学，造成不必要的受伤。所以良好的体育课堂常规对于避免学生出现安全问题具有重要的意义。

（2）良好的体育课堂常规可以提高体育教学的效率和质量

高效有序的体育课堂教学需要良好的体育课堂常规作为支撑，通过培养学生良好的体育课堂常规，可以保障体育课堂的良好秩序。学生对于体育课参与体育活动充满了热情和兴趣，良好的课堂常规可以维持体育活动的有序进行。在体育教学活动中，学生认真听讲，积极练习，相互配合，在一个和谐有序的课堂氛围中能够快乐地参与体育活动，有效地提高运动能力。相反，如果学生不能遵守体育课堂常规，则会造成教学秩序的混乱，教师无法顺利开展教学，学生无法全身心投入到学习和练习中，这大大降低了教师的教学质量和学生的学习质量。所以，良好的体育课堂常规是保障教学质量的基础。

3.引导学生遵守体育课堂常规

（1）让学生理解体育课堂常规的重要性

想让学生自觉遵守体育课堂常规，就必须要让学生知道为什么要遵守体育课堂常规。只有让学生从心里认识到体育课堂常规的重要性，学生才能发自内心地想要去遵守规则。教师要通过正确的引导，让学生知道良好的体育课堂常规是对他们运动的安全保护，可以有效避免伤害事故的发生。同时，良好的体育课堂常规可以保障体育游戏和体育比赛有序和顺利地开展，这些正是学生所期待的。所以当学生明白了体育课堂常规的重要作用和意义，他会自觉养成良好的行为习惯，自觉地遵守体育课堂常规。

（2）坚持不懈，有耐心地帮助学生形成习惯

学生良好习惯的养成，需要一个漫长的过程。教师要有耐心、有恒心，不断地去督促学生遵守体育课堂规则。教师在这个习惯养成的过程中，不能因为一时心软或一时松懈，而降低了对学生的标准。例如在体育教学的过程

中，教师不能因为天气炎热或者天气寒冷就降低了对学生站姿的要求，不能因为某一位学生体育成绩优异就降低对他的要求，这种松懈和区别对待表现，不利于学生良好行为习惯的养成。所以教师应该对学生不断提出新的要求，不怕麻烦，坚持不懈，时刻提醒和督促他们去遵守体育课堂常规。只有这样，才能帮助学生养成良好的行为习惯。

（3）教师要以身作则，为学生树立榜样

小学阶段的学生具有较强的模仿能力，他们会以教师的行为作为榜样和标准来模仿，教师的言行举止都会对学生产生巨大的影响。例如在体育教学过程中，教师要时刻保持良好的站姿，通过自身的行为来提醒和督促学生像老师一样保持良好的姿态并集中注意力。同时，教师要注意说话时的语气和语态，要保持一定的严肃，不要以玩笑随意的口吻去下达口令和指示。这样不仅不会引起学生的重视，反而会让学生产生老师在开玩笑和娱乐的错觉，不利于学生体育课堂常规的养成。因此，作为体育教师，在课堂上要注意自己的一言一行，以严格的标准要求自己，真正做到为学生树立良好的行为榜样。

（4）表扬和鼓励是最有效的教育方式

在体育教学的过程中，教师要时刻观察表现优秀的学生，并及时给予表扬与鼓励。小学阶段的学生非常在乎老师的评价与表扬，教师通过表扬可以有效地激励学生不断地去做得更好。同时，其他同学也会积极地表现，去努力争取老师的肯定。例如在体育教学过程中，当教师下达一个口令或指示时，教师要立刻发现最先做好或最先做到的几个同学，并及时提出表扬。这样不仅鼓励了表现好的同学，同时能够有效地提醒其他同学向表现好的同学看齐，使所有同学都能迅速达到老师的要求。所以，教师在教学过程中要善用表扬和激励的语言，引导学生养成良好的行为习惯。

（5）人人参与，人人监督，人人负责

一个班集体要想保持良好的体育课堂常规，需要全体学生的共同参与、共同监督和共同负责。教师应让每一名学生都具有主人翁的意识，培养学生的责任感。在体育教学的过程中，教师要充分发挥每一名学生的作用，让学生作为教师的小助手，帮助教师管理和督促学生要遵守课堂常规。例如将体育课堂常规的内容进行具体化分工，每一项内容责任到人，有负责整队的，有负责检查衣服的，有负责监督纪律的，有负责考勤的，让每个学生都参与到课堂常规的监督和管理中，培养学生的责任感。这样，每一个学生都能严格要求自己，同时督促他人，真正做到遵守体育课堂常规。

（6）及时纠错，适当"惩罚"，正面引导

在体育教学过程中，当学生出现违反体育课堂常规的行为时，教师应及时地进行纠正，不能放任不良行为不管，并适当进行"惩罚"，引导学生改变不良行为，建立正确的行为习惯。例如当学生出现违反纪律的情况时，教师应立刻制止学生的不良行为，在不伤害学生身心健康的前提下，指出学生出现的问题，并采取适当的惩罚措施予以告诫，如背古诗等，帮助学生建立良好的体育课堂常规意识，强化良好的行为习惯。

4.通过体育课堂常规的培养，树立学生的规则意识。对于小学阶段的学生来说，体育课堂常规的养成是一个漫长的过程，是通过教师长期引导和帮助，督促学生不断遵守而逐渐养成的行为习惯，是学生通过长期的习惯养成而在内心所建立起的行为规范。学生在养成良好的行为习惯的同时，在潜移默化中已经形成了强大的规则意识。在未来的学校生活中，遵守课堂规则和校纪校规，同时在社会中遵守法律规则和社会公德，成为一个遵纪守法，对社会有用的人。

（二）在体育比赛中引导学生树立规则意识

1.体育游戏比赛对于培养学生规则意识的作用

体育游戏比赛作为体育课程中重要的教学环节和方式，在培养学生的规则意识上，具有独一无二的作用。体育游戏比赛具有其特有的趣味性，对于活泼好动、好奇心强的小学生来说具有强大的吸引力，能够较大程度地激发学生参与的兴趣和积极性。都说兴趣是最好的老师，有了兴趣，学生自然就有了学习的动力。同时，体育比赛具有很强的竞技性，能够有效地激发学生的胜负欲。学生为了能够在体育比赛中取得胜利，就必须认真地学习比赛规则，并能够在体育比赛中自觉遵守，这就在潜移默化中帮助学生形成了规则意识。体育游戏比赛为学生提供了一种模拟情景，帮助学生在情景中去学习规则并自觉遵守，从而在内心中形成较强的规则意识，来约束自己的行为。

2.通过体育游戏比赛引导学生建立规则意识

（1）师生共同设计，共同参与

学生规则意识的建立不能靠教师的强行灌输，这样会造成学生只知其表，而不知其本。如果学生无法深入地理解规则、认同规则，就无法帮助学生发自内心地去遵守规则，甚至可能出现有意违反规则和破坏规则的行为，从而失去比赛的兴趣，这不利于学生规则意识的养成。教师在设计体育比赛的内容时，要积极创新，要充分考虑学生的兴趣需求、心理特点、身体能力以及动作技术的掌握情况，尽可能地满足学生的身体需求和心理需求。同时引导学生能够用参与比赛内容的设计和规则的设计，充分发挥学生的自主能力，调动学生的积极性。教师通过引导和陪伴，帮助学生共同设计完成比赛内容。只有亲身参与，亲自设计，学生才能更加深入地认识规则、理解规则，从而自觉地遵守规则，提高学习效率。

（2）构建科学合理的比赛规则和制度，保证比赛公平竞争

教师在学生设计比赛内容和规则时要严格把关，及时纠正不合理的内容和规则。科学合理的比赛规则，是比赛成功进行的重要保障。教师在设计游戏和比赛时要充分考虑到内容的合理性，保证比赛的公平性和竞争性。良好的比赛内容和公平的竞赛规则可以帮助学生更顺利地建立起规则意识，相反，一旦比赛缺失了公平正义，就会使比赛丧失趣味性和竞争性，造成学生的抵触心理，不利于学生的规则养成。良好的体育比赛为学生提供了良好的学习和竞争环境，帮助学生在学习和比赛中感受快乐，享受竞争，有效地形成规则意识。

（3）分享比赛经验，引导学生理解规则的意义

学生对规则的认识和理解不能靠教师单方向灌输，而应该引导学生主动参与到游戏和比赛当中，去感受比赛规则的意义。通过参与比赛，在活动中理解和认识规则。教师可以主动参与到比赛当中，与学生分享自己的感受和经验，同时鼓励学生相互分享胜利的经验，这样可以更好地帮助学生理解和认识规则。

（4）赏罚分明，增强学生对规则的敬畏之心

规则的存在具有其合理性和权威性，规则对于整个比赛的顺利进行和社

会的正常运转起到了重要作用。只有对规则产生了敬畏之心，人们才能够自觉地遵守规则。在体育比赛中，教师作为组织者应严格地监督和执行规则，确保比赛公平公正地进行。对于违反规则的学生要予以及时处罚，保证比赛公正地裁决，增强学生对于规则的敬畏之心。例如在足球比赛中，较轻的犯规可以判罚更换球权，较为严重的犯规予以黄牌警告，极其严重的犯规可直接将队员罚出场外。通过惩罚，让学生认识到自己的问题，从而在心里树起一道规则警戒线，自觉地遵守规则，并逐渐地在心中形成规则意识。

综上所述，规则意识对于学生的成长和发展至关重要，培养学生的规则意识是未来教学的重要内容。通过体育游戏比赛的形式，可以有效地引导学生建立规则意识。在体育比赛中引导学生认识规则、理解规则，从而达到自觉遵守的目的。在学生心里建立起一把规则的尺子，时刻约束自己的行为和道德，帮助学生在未来的生活和学习中不断成长，逐步发展为具有社会责任感的社会主义接班人。

二、引导学生参与体育活动养成锻炼习惯

（一）通过体育课堂教学，引导学生参与体育活动养成锻炼习惯

课堂一直都是教学的主阵地，也是学生获得知识和技能的主渠道，所以说，课堂是学生的，教师是引导者，在教师的潜移默化下，学生逐渐成为有理想、有担当、有本领的时代新人。小学生处在快速生长发育时期，开始学习科学文化知识后，对世界的了解越来越多，主观认知也会越来越丰富，进而思维方式会从形象思维向抽象思维过渡。小学生的这种生理心理特点会造成他们的主观想法和客观事实之间产生矛盾，矛盾的解决过程就是辨别是否，区分对与错的过程，无数次解决矛盾的历程在学生的认知领域发挥作用，促进他们全面地发展，形成完善的人格和正确的价值观。教师立德树人的过程就是引导学生正确地看待和处理所遇到的矛盾，"金无足赤，人无完人"，所以处理矛盾的过程不怕犯错误，教师要教会学生吸取错误背后的教训，吃一堑长一智，最后形成良好的行为习惯，引导学生养成自律意识，人生不走错路，争取不犯错误或者少犯错误。由于小学生大部分时间都是在校园，所以课堂是学生自律意识养成的主阵地。而体育课堂的特点是场地开

阔，体育活动和运动项目多，人与人接触和交往更加直接和频繁。所以体育课堂上的困难会更多。如果在解决困难的过程中，教师能加以引导鼓励，帮助孩子战胜困难，辨别是非，学着分析和解决遇到的问题，逐渐地实现自律，孩子们体验成功的机会增加，成功的喜悦对他们品格的塑造具有很重要的作用，会鼓励他们坚定信念，持续不断地努力，从而在一次又一次战胜困难获得成功的过程中，培养他们勇往直前的行为习惯，周而复始的正向奖励会帮助他们形成自信勇敢、敢于挑战的性格。这对孩子一生都会有好的影响，让孩子的人生更加光彩明亮。

我身为一名体育教师，对学生说的最多的话就是"你真的很棒"。每当我鼓励学生时，他们在课堂上表现得就更加积极，听讲特别认真，之前不敢做的动作也会勇敢地去尝试，并总是积极展示自己，好像在说，"老师，叫我，我能行"，"老师，我能比他做得更好"。孩子的自信心不会局限于此，小明在班级男孩中个子最矮，但他在运动会上却主动报了好几个项目，如五十米跑、立定跳、4×100米接力。看见老师对他怀疑的眼光时，他认真地给老师分析出自己的优势，还想要与同学比试比试，最后还安慰老师说："老师您放心吧，我肯定能行！"确定项目以后，小明每天都刻苦地练习，最后在运动会上取得了非常好的成绩。每一个人都具有无限的可能和潜力，相信学生，尊重学生的决定，将对学生人格的培养和智力的提升具有很大的帮助。孩子充满自信，做事主动积极，处世乐观进取，勇于尝试，乐于面对挑战；相反，如果孩子缺乏自信心，所表现出来的行为态度往往是被动、害怕、胆怯、观望，不善于和人交际，不能勇敢尝试新鲜事物，做事犹豫不决。但是如果仔细观察你就会发现，在小学阶段，每个孩子对自己都充满信心，对什么事情都充满好奇，机会允许就会勇敢尝试。

一节50米快速跑的教学课中，学生们正斗志昂扬地准备比赛，上了跑道，我组织好队伍以后，比赛开始。在助威声中，学生们个个争先，技术动作也比以前好很多，一轮比赛结束，有的学生取得了胜利，手舞足蹈，有的学生输了则垂头丧气。我抓住时机，让学生思考，如何才能跑得更快。学生们开始讨论，有的认为摆臂姿势很重要，有的认为步子要大一点，有的认为分配好体能才能取得胜利，气氛非常活跃。"老师，我能不能横着跑？"一个声音在我耳边响起，随之而来的就是同学们的大笑，我很疑惑地看着他。原来是第一轮小组赛跑最后一名的同学。"为什么要横着跑？"我疑惑地问他，"有次我抓螃蟹，螃蟹就是横着跑的，很快呀！""还有这种道理？"我也在暗自发笑，觉得无可奈何，不知怎么办才好，灵机一动，说道："同学们都觉得他的想法很好笑，但是老师觉得他很聪明！平时很注意观察，我们确实能够横着跑！那么下面先让他给大家展示一下吧！"大家鼓起掌来。他走出队伍，侧着身子面对跑道，像小螃蟹一样开始示范，虽然跑起来有些滑稽，但确实挺快的，其实他的动作就是篮球训练中的滑步。大家也不由自主地模仿起来。

第二轮比赛开始了，比赛气氛比第一轮还要激烈，想不到学生们对这种怪异的跑法还很有兴趣，但是动作的不协调真的是令人发笑，有的还跑成了交叉步。而那个男生成了小组冠军。"同学们，老师请大家思考一个问题，到底哪种跑法更快？"比赛结束后，学生们开始积极思考，于是安排了两组比赛，一组侧身跑一组直线跑。观察那个男生所在的组，两次都是最后一名。结论也就可想而知了。这时他躲在后面，低着头，也觉得横着跑不是最快的方法。同学们开始嘲笑他，这时候我微笑着说："今天我们学习了快速跑，也知道了跑得更快的方法，我们还要感谢那位同学，让我们有机会学习横着跑的动作，在以后的篮球和排球比赛中都可以用得到！如果没有他的创新跑法，我们还学不到呢，老师希望咱们班同学在日后的课中也能敢于创新，发表自己的想法。"此时，那个男生的脸上流露出得意的表情，大家都投去羡慕的目光。从此，那个孩子的快速跑提高得很快，每次课堂练习也很主动积极。

关爱和尊重学生的需要是教育取得成功的必要条件。作为一名体育老师，应善于观察孩子学习的情况，正确恰当地处理稀奇古怪的现象。并加以引导，尊重孩子，给予孩子自信与认同，多鼓励孩子，给予孩子更多关怀，帮助孩子实现他美好的人生愿景。引导学生参与体育活动，养成锻炼习惯，给他们撑起一片爱的天空。

（二）通过体育活动课，引导学生参与体育活动养成锻炼习惯

毛泽东同志为新中国体育事业的题词："发展体育运动，增强人民体质"，确定了我国体育事业发展的根本方向。中共中央、国务院发布的《关于加强青少年体育，增强青少年体质的意见》，明确指出要"确保学生每天锻炼1小时"，让他们养成锻炼身体的好习惯。我校重视体育的独特育人价值，坚持在落实"确保学生每天锻炼1小时"的要求上不松懈。除了正常的体育课堂教学，一年两季的运动会比赛外，还安排了上午和下午的集体体育活动，总共1小时。学生当天有体育课时，会参加上午或者下午一次的集体体育活动，没有体育课时，需要同时参加上午和下午的两次集体体育活动，每次体育活动的时间和一节课的时间相同，都是40分钟，这样就很好地保障了学生在校1小时的体育锻炼。集体体育活动主要由一名体育老师在台上带领，其余体育教师在学生中间巡视指导，确保学生运动方法正确和运动安全。集体体育活动课的特点是参与人员多，场地开阔。所以，为了使学生拥有更好的锻炼效果，我校体育老师们集思广益，组织学生们开展了丰富多彩的体育活动，如创编操比赛、接力跑比赛、十人"8"字跳绳比赛、转呼啦圈比赛、托乒乓球接力比赛等。每次活动老师们都精心设计，合理安排，把学—练—赛—评这四个过程融入活动中，使学生学得懂，学得会，练习得主动积极，比赛有秩序，守规则，评价客观公正。集体体育活动课参与的人数比较多，对学生的自律意识养成有很大的挑战性，所以，老师们对学生的要求会更加严格，从走、跑、站立这些最基础的抓起，端正学生的基本姿态，以趣味性强的体育活动唤醒学生"守规矩，勤锻炼，努力学"的精神动力，通过男女生、小组、班级、方阵比赛，激发学生的集体荣誉感，引导学生严格要求自己，提高自律意识，团结合作，争取获得比赛的胜利，为小组争光，为班级赢得荣誉。下面以创编操比赛、接力跑比赛、十人"8"字跳绳比赛为例，对体育活动课进行详细叙述。

1.创编操比赛

在体育教育月，进行体育运动会，其中一项是创编操比赛，各年级指定音乐，由本班学生教师自主创编动作、队形等。学生们参与积极性特别高，分工明确，有特长的学生创编动作，并教本班学生，学生们认真学习，教师排队形，提意见，为创编优质的体操，师生一起努力。在体育活动课上，教师分别放年级音乐，放到的班级做操，进行展示，其余学生观看学习，每个年级学生各做一遍。学生们自主创新，学习兴趣高，在展示环节，学生们有很好的集体荣誉感，想把本班创编操展示好。学生们乐于参与其中，对自己有很高的要求，不断练习，把本班操做得更好，在这过程中达到运动效果。

2.接力跑比赛

由于体育活动课班级比较多，要合理地开展活动项目接力跑，以增加学生们的运动强度。学生入场后，先随着教师口令做好准备活动，把身体充分活动开，然后进行有序的跑步练习。排好队形后，让学生进行往返跑接力，听到教师口令"预备——跑！"后，站在第一名的同学统一起跑，冲到前方标志桶处，摸桶返回，和下一名同学击掌接力后，下一名同学线后出发，直到最后一名同学跑完，比赛结束，看本班哪组更快。在这个过程中，巡视老师检查学生们摸桶情况，线后起跑情况，确保比赛公平公正，也培养学生自主遵守游戏规则。学生们参与热情高，每次全力以赴，为本组更好的成绩出一份力，学生在跑的过程中本组同学加油助威。在比赛结束后教师查看比赛情况，对获胜的组表示恭喜，为输的组鼓劲，通过自己的练习付出争取下次获胜。学生们在比赛过程中，能够通过比赛相互提高。

3.十人"8"字跳绳比赛

在体育活动课中练习"8"字大摇绳，每天教师先给学生们充分的时间去进行练习，练习一段时间后进行3分钟"8"字大摇绳比赛。教师计时宣布比赛开始，同学们努力比赛，在3分钟时间内全力比赛，取得好成绩。每次结束后教师会要求100以上的组举手，200以上的组举手并依次向上叠加，直到第一名的组。第一名的组宣布班级，这样有助力提高学生们的练习兴趣，有很好的成果。另外，教师会要求有进步的组举手，进步了多少，提示学生跟自己比，有进步就非常棒。同学们通过自己努力练习时的努力，最终使成绩得到了提高。

在体育活动课上，教师通过语言、课堂的合理安排、内容的丰富性、器材的多样性等激发学生的学习兴趣，让学生在趣味中学习。当学习过程中遇到困难、挫折时，教师应及时鼓励和帮助，让学生养成勇于挑战自己的习惯，追求更高、更快、更强的体育精神，体会通过努力突破自我，使身体更强壮，意志更坚定，自律意识更强，在自律意识下自觉认真地参加每一次体育活动课，体会每一天都过得很充实、有意义的感觉。自律陪伴学生的生活，良好的习惯将自然养成，终身受益！

（三）通过体育社团，引导学生参与体育活动养成锻炼习惯

小学的生活是丰富多彩的，体育就是其中很重要的一部分。小学常规性的体育教育主要依靠体育课、课间操、运动会等，体育社团是补充，能更好地满足面向全体的教育理念背后的学生个性化的体育需求，对进一步提高有需求的学生的体育技能具有重要的作用。所以，体育社团最大的好处是，学生可以根据自己的喜好，去选择自己爱好的体育项目、锻炼场所。随着时代的发展，运动项目也在与时俱进和优胜劣汰，学校里的体育社团有球类、田径、民族传统项目、游泳、跆拳道等。体育社团训练和体育课上的练习有所不同，需要有专业的老师带领，学生学习的技能也将更加详细。体育社团相对于常规的体育课难度更高，对学生的要求也更加严格，体育社团的目的和任务是在培养学生兴趣爱好的基础上，经过专业化的训练，更加了解和熟悉某一运动项目，提升运动技能，在比赛中检验学生自己掌握技能的情况，直至熟练掌握学习到的运动技能。由此可见，兴趣是学生参加社团训练的基础，在社团中，掌握运动项目的特点和本质，磨炼自己的意志，养成坚持锻炼的自律意识和好习惯是学生在专业教师的指导和引领下需要学习的东西，越自律，学习到的本领将越强。体育社团的训练和学习对学生终身体育锻炼意识的养成起到催化剂的作用，由个人带动整个家庭养成勤锻炼的好习惯，引领全民健身，对健康中国、体育强国的实现具有重要的作用。

以田径社团为例。田径被称为"运动之母"，是竞技体育的主要项目，可以培养学生吃苦耐劳、不怕困难、勇往直前及艰苦奋斗的优良品格。田径是比赛项目，既有个人项目也有团体项目，有比赛就会有输赢，田径训练和比赛可以培养学生竞争与合作的意识，提高学生人际交往的能力。学校的田径社团可以丰富学生的课外校园生活，发展学生的运动能力，提高学生的身体素质。我校的田径社团从二年级到六年级，每个年级的队伍都是一个独立的分支，四五六年级的社团成员为主力军，二三年级小运动员为后备力量，另外选拔社团中成绩突出，优势明显的成员组成校田径队，代表学校参加市区及各种田径比赛，为校争光。学校田径社团的训练，以年级组为单位，由

本年级组的体育老师负责训练，根据学生不同年龄阶段的身体成长发育规律和生理心理特点设计适合的训练计划和内容，社团训练科学合理、计划清晰，比如三年级的训练主要以心肺耐力、快速移动、灵敏协调、肌肉力量和爆发力训练为主。根据田径项目的特点，以大单元教学为主，制订水平一至水平三纵向贯通的训练计划，结合学练赛一体化展开教学，注重学生兴趣导向下的训练态度和成效，以选拔和淘汰模式引导学生刻苦练习，提高自律意识，从而养成坚持锻炼的好习惯。

　　根据观察，社团中的小队员对训练都有着深厚的兴趣，他们敢拼敢打、戒骄戒躁，永远对老师说不累，还可以坚持继续锻炼。为何在田径社团训练很艰苦的情况下，田径社团的小队员们不管严寒酷暑，满头大汗还能如此的坚持锻炼，永不放弃呢？原因就在于小队员们已经养成了每天锻炼的好习惯，从开始的跑五六圈就气喘吁吁，到后来的跑十几圈都能面不改色，他们看到了自己每天一点一滴的进步，更高、更快、更强的目标得以初步实现，有种努力就会有回报的正向反馈，他们训练时将更加努力。生理上来说，运动后产生的内啡肽给人带来愉悦感，经常性的愉悦感帮助学生战胜身体上的酸痛，促进学生意志品质的培养，自律意识的加强。内啡肽的产生可以理解为一种补偿机制，帮助隐藏身体的痛苦，促使人们坚持完成某个任务。经常锻炼的人，在不断超越自我极限，咬牙坚持做完训练动作，结束后自己感觉身体更加强健了，内心充满了自信，也有很多的成就感，这样的感觉就是内啡肽带来的。奋斗之后的快乐，自律后的愉悦，很多都是源自内啡肽的作用。所以说，用"痛并快乐着"来形容田径社团的训练是比较贴切的。保持定期、有规律的运动，可以促进内啡肽的分泌，如果没有养成运动的习惯，只是偶尔动一下，内啡肽分泌将会很少，对身体和心理没有很强的刺激，愉悦感也就不存在，反而可能很痛苦，因为这一阶段的运动行为不是自愿自觉的。而那些自律的人，因为持之以恒地运动或做某件事，就会产生持续激荡的快乐，所以，越自律越快乐越幸福是有道理的。但学生很多成瘾行为都和多巴胺的分泌有关，比如看电视、打游戏、刷视频。多巴胺的分泌是一时的刺激和新奇产生的，并不持久，内啡肽的分泌多是人们通过努力后获得成功时产生的愉悦，这种愉悦的产生是延迟性满足的结果。而延迟性满足需要人们更加自律，放弃当下的一些享受和舒服，艰苦奋斗，持之以恒，以求实现最终的目标，获得成功。所以，社团训练要通过培养学生不要太在乎一时的得失，目光长远一些，向着长远的目标持续地努力，直至最后实现目标的勇气和毅力，抛弃眼前的享乐，提高对自己的约束力，培养自律的意识，换取未来人生中更大的成功和胜利。社团的训练，老师要帮助学生把多巴胺的分泌转化为内啡肽的分泌，让学生养成坚持锻炼的好习惯，追求技能的路上，永不止步。

那么何为懂自律呢？莎士比亚说："不良的习惯会随时阻碍你走向成名、获利和享乐的路上去。"巴金说："孩子成功教育从好习惯培养开始。"马克思认为："道德的基础是人类精神的自律。"由此可见，一个好的行为习惯对孩子的茁壮成长有着巨大的影响。要想养成良好的行为习惯，首先就要从自身的自律开始，每一个人都有惰性，所以平时做事就不要养成拖沓的不良习惯，今日事今日毕。定了看电视半个小时去写作业，到半个小时就立刻去学习，定下计划每天跳绳20分钟就每天坚持，从最开始的自己逼着自己锻炼，到后来养成自己积极愿意想去锻炼的好习惯。在平日的日常训练中，学生不是故意不遵守规则，他们可能是因为自己没有养成良好的习惯，在潜意识里没有遵守规则的习惯，比如在老师讲话时聊天，比如跑步时偷懒，比如锻炼时走神，面对这种情况，要从日常小事做起，帮助学生养成规则意识，多提醒和强调纪律安全等要求，多督促学生认真完全训练要求。老师要为学生制订一个又一个小目标，最后完成一项大的目标，学生达到了就要给予鼓励和奖励，学生没达到那就要适当批评，赏罚分明，让学生知道什么是对什么是错，要多做对的事情，哪怕不情愿也要咬牙坚持完成，养成良好的行为习惯，懂得自律，不需要借助教师和家长的督促就能自觉完成训练。

综上所述，我们不难看出，一个人要想自律与他一点一滴的日常生活是分不开的，一个成年人都不一定能够按时按量完成自己坚持的计划，更何况一个个十来岁，不成熟的小学生呢，所以这就更需要教师们细心、耐心地去提醒学生、引导学生点滴积累，养成良好的行为习惯，使每一天都有意义。

三、引导学生形成良好的体育品德

体育品德是指学生在体育运动中应当遵循的行为规范和体育伦理，以及形成的价值追求和精神风貌。2022年4月，教育部发布《义务教育体育与健康课程标准（2022年版）》，体育与健康课程要培养的核心素养，主要是指学生通过体育与健康课程学习而逐步形成的正确价值观、必备品格和关键能力，包括运动能力、健康行为和体育品德等方面。体育品德包括体育精神、体育道德和体育品格三个维度。[①]

（一）引导学生在体育运动中磨炼体育精神

1.体育精神

习近平总书记强调："要坚持健康第一的教育理念，加强学校体育工作，推动青少年文化学习和体育锻炼协调发展，帮助学生在体育锻炼中享受乐趣、增强体质、健全人格、锻炼意志。"体育是教育的重要组成部分，其功能既包括锻炼身体、增强体质，也包括塑造品格、养成精神。长期以来，很多人只是将体育作为锻炼身体的一种手段。实际上，体育的育人功能才是其本质，是不容忽视的。正如教育家蔡元培所说："夫完全人格，首在体育。"[②]因此，我们不仅要重视体育强身健体的作用，更要发掘和弘扬体育的育人功能，培养学生的体育精神。体育精神主要体现在积极进取、勇敢顽强、不怕困难、坚持到底、团队精神等。

2.培养体育精神

体育精神是人们不断进步的基础，对于小学生来说，需要在课堂中打好这一基础，提高自身的竞争意识，合作意识，勇敢顽强、坚持到底的精神，通过体育课程帮助学生形成体育精神，助力学生成长。

（1）培养学生的团队精神

在体育活动中，团体体育项目要求每个成员齐心协力、团结协作充分发挥每个人的优势、特长和潜能，才能凝聚成强大的团队合力和主动合作意识。当今时代，唯有团结协作、坚持到底方可取得胜利。课上有部分学生不爱跑步，甚至非常排斥以及抗拒跑步，存在途中偷懒甚至逃跑的情况。根据

---

① 尹志华，刘皓晖，侯士瑞，等.核心素养时代体育教师专业发展的挑战与应对——基于《义务教育体育与健康课程标准（2022年版）》的分析［J］.体育教育学刊，2022，38（04）：1-9，95.

② 季浏.与时俱进，改革创新——写在《义务教育体育与健康课程标准（2022年版）》正式颁布之后［J］.体育教学，2022，42（07）：1.

此情况，教师可以采取班级接力的形式，让学生自由组队，把个人荣誉和团队荣誉捆绑在一起，让学生为了团队而不轻言放弃，坚持到底，教师可以参与进去，与学生一起交流、合作，以此来培养体育精神。

（2）培养学生的进取精神

学生在体育运动中不仅面临体力上的考验，更要经受意志力的磨炼。体育没有捷径，唯有奋发向上、积极进取、艰苦训练、坚持不懈，才能取得进步，获得成功的喜悦。每个学生的身体条件不同，体育基础不同，所以在某些运动中，许多学生都会产生畏惧心理，想赢怕输成了主旋律，所以可以在课堂中为学生创设挑战自我的机会，可以让学生选择一个他认为比自己强的人进行挑战，刚开始只有寥寥几人，通过鼓励，有更多的学生踊跃参加挑战组，尽管失败的还是居多，但是他们敢于挑战强者、敢于面对失败，这种进取的精神就是体育精神的体现。

如：我的班上有个男同学，是个胖胖的男孩儿，体育成绩一直不是很好，身高体重指数是肥胖，之前的体测成绩一直都是及格。记得那是四年级下学期的一天，这个男生敲开了我办公室的门，却不说话，只是呆呆地看着我，我觉得他有什么事情要对我说，于是我把他带出了办公室，问他具体的情况。男孩儿很腼腆地跟我说，他觉得自己太胖了，体育课上虽然练习时很努力，但是成绩提高效果不明显，他很想让自己的体育成绩有所提高，希望老师可以帮助他。当听到了男孩儿的困扰后，我首先称赞了他的努力和认真，并表示愿意帮助他，针对这名学生的实际情况，为他制订了一个课后锻炼计划。并对他提出殷切的期望："老师希望你能持之以恒，敢于吃苦，可以吗？""可以！"男孩坚定地回答。

下面是我为他拟定的锻炼计划。

锻炼计划表

时 间	训练项目	组 数
周一	慢跑：5分钟/组	1~2组
	原地蹲跳起：20次/组	3组
周二	跳绳：160~180次/组	4组
	平板支撑：50秒/组	5组
周三	仰卧起坐：40个/组	男生3组；女生2组 间隔2分钟
	蛙跳：8米/组	男生2组；女生1组
周四	跳绳：180次/组	3组
	立定跳远：5次/组	2组；间歇1分钟
周五	原地高抬腿：30个/组	3组
	仰卧起坐：40个/组	3组
周六	开合跳：30次/组	3组
	30米全速跑	男生3组
周日	休整，看一个体育赛事	
备注		

　　坚持是最难得的，男孩经常跟我反馈说坚持不住，我根据他的情况给他改善了一些项目，并以一周一次的锻炼情况跟他交流。随着时间的推移，我发现他慢慢瘦了，课上更加自信了，也敢于发表自己的见解了。五年级的体质健康测试，他有了很大的进步。

四年级体测成绩

姓名	唐某某	综合成绩：	61	综合评定：		及格	测试成绩	61	测试成绩评定：		及格	附加分数	0
身高：	141.80	体重：			50.30		肺活量：			1832.00（1100.00及格）			
身高体重指数（BMI）：						25（23~37中度肥胖）							
50米跑：	11.85 （11.10不 及格）	坐位 体前屈：	5.1 （-2.2~ 8.6及格）			跳绳：	107 （45~ 108及格）		仰卧 起坐：	20 （17~ 35及格）			
导入时间：2020-12-03 15:20:12				操作人：H220101									
家长签字：＿＿＿＿＿＿＿＿				签收日期：									

五年级体测成绩

唐某某	综合成绩：	91	综合评定：	优秀	测试成绩	79	测试成绩评定：	及格	附加分数：	12
身高：	149.30		体重：	52.70		肺活量：		1741.00（1300.00及格）		
身高体重指数（BMI）：					23.6（23～27中度肥胖超重）					
50米跑：	9.50（10.80及格）	坐位体前屈：	8.5（-2.6～8.2及格）	跳绳：	172（135～144优秀）	50米×8往返跑：	1'55（1'51"～2'18"及格）	仰卧起坐：	41（45.00良好）	
导入时间：2021-12-03 13:36:11					操作人：H220101					
家长签字：＿＿＿＿＿＿＿＿＿＿					签收日期：					

通过对比，可以看出，他的成绩由及格变为优秀了。一年的时间，通过坚持不懈的努力，该生取得了很大的进步。并逐步养成了勤锻炼、努力学的好习惯。通过这个案例，我们看出坚持的重要性，也可以看出磨炼体育精神的重要性，学校提出的"理解、引导、陪伴"的教育理念，在教学实践中得到了很好的诠释。

（三）引导学生在体育运动中形成体育道德

1.体育道德

体育道德主要体现在遵守规则、尊重裁判、尊重对手、诚信自律、公平竞争等。体育不仅教会孩子们按照规则如何去赢，更教会孩子们体面有尊严地去输。体育课程的终极目标是培养一个健康的人，因此，体育道德的价值至关重要。良好的体育道德，是在长期体育实践过程中逐渐养成的。这与教师的培养、学生的努力是分不开的。在体育活动中，教师帮助学生确立努力目标和方向，培养学生健康的生活方式和树立正确的价值观，引导学生在体育运动中形成体育道德。

2.培养体育道德

（1）培养学生规则意识

小学生活泼可爱，尤其是低年级的学生，对待事物都是充满着好奇，所以有时缺乏规则意识和遵守纪律的意识，这个年龄段的学生集中注意力的时间只有10～20分钟，导致很多时候体育课堂的效率降低，教学目标达成困难。比如在课堂上教师提出一些问题时，学生们就畅所欲言，无法停止，这或多或少会耽误上课的进度，还有在体育课教师组织学生游戏时，简单的游戏学生可以按照规则进行，但是游戏稍复杂时学生往往容易忽略游戏规则，任由发展，导致游戏无法正常地进行下去。针对低年级的现状，如果教师一味地去指责反而打击了学生的自信与"童心"。对教师而言，如何组织学生有效参与，认真听讲，在培养学生良好体育道德的同时，不忘保护学生们的"童心"，在遵守规则的前提下凸显自身特点。

在新课标理念下，教师要做学生学习与成长的引路人，在低年级的教学中，教师首先做到遇事不急，把学生当作自己的孩子一样对待，当出现问题时教师要心平气和俯下身和学生交流，告诉学生要相互尊重，上课的时候要遵守课堂的常规，就像过马路时要遵守交通规则那样，要和教师一起遵守课堂规则，这样才能一起进步。同时，在课上我们要多听学生们的意见，多沟通交流，拉近教师与学生的距离。在课上营造出轻松愉快的学习气氛。其次，针对低年级学生活泼、好动、充满好奇心的心理，借助游戏，培养学生的规则意识。比如在"我说你动"的游戏中，大家要按照教师所说的口令做出相应的动作，培养学生在游戏中遵守规则的意识。另外，教师要及时通过语言对学生进行评价，让学生在遵守比赛规则的前提下获取胜利，正确对待比赛的输赢，"胜不骄，败不馁"。

（2）比赛过程中的道德培养

临床心理学家达雷尔·伯内特（Darrel Burnett）提出了以下针对青少年的准则范例："我遵守比赛规则。我要尽力避免争执。我要分担全队责任。我要让所有人都有按规则比赛的机会。我要一直公平比赛。我要遵从教练的指导。我要尊重对手的付出。我要鼓励自己的队友。"对于小学生在新课标"学""练""赛""评"的模式中比赛阶段培养体育品德至关重要，比如在中高年级段篮球比赛时，教师就要先提出比赛要求和规则，引导他们正确地对待失败与成功，同时重点提出在比赛中要尊重他人、尊重自己、有团队精神、有责任心、公平比赛、"友谊第一，比赛第二"。但是真到了比赛开始那一刻，之前提出的要求大部分同学都抛到了脑后，一心就想着怎么赢，赢多少，有的学生为了能赢球不让对方投篮可能还会出现推人的现象。还有的队员因为其队友的失误，导致比赛失利，他们还会责备，会愤怒。失误的人则会内疚、紧张，而那些获得胜利的人，则会欣喜若狂。在比赛过程中输的一方会不自主的暴露出急躁、埋怨同伴、侮辱对手、违反规则等等现象的发生。当出现类似的情况时教师应该及时关注学生动态，在必要时进行换人和暂停比赛，或者走到出现心理波动的学生旁边进行适当的交流和安抚，等到比赛结束或者中间休息时根据刚才出现的情况进行及时的疏导处理。尝试着先让学生自己处理出现的问题，让他们意识到问题的所在和对团队的影响，但同时必要的批评也是不可或缺的。我们要让学生知道伤害他人或是不尊重对手的人，要对此行为负相应的责任，这样学生才能在比赛中吸取教训，知道自己不恰当的行为会给团队带来不可挽回的后果，只有这样安排比赛才有价值和意义，我们在比赛中激发学生潜能的同时，让学生知道竞争、合作、公平、责任感是多么的重要，只有坚持不懈的努力，才能获得成功。

在进行比赛时，使学生懂得要尊重队友、对手、裁判和教练，不能使用暴力或嘲弄对手以及过分庆功的现象，避免使用不尊重他人或伤害他人的语言，诚信比赛，抵制作弊的诱惑，虽然每一名学生都来自不同的家庭，身体条件受先天因素的影响有着与生俱来的差异，教师要做的就是通过教学手段让这些学生充分发挥优势并且补齐短板。我们所采取的一切管理、教育手段都必须依据学生身心发展规律的需要。

（三）引导学生在体育运动中塑造体育品格

1.体育品格

品格的含义，它主要是指品性与性格。品性，指品质的性格和特征，因而，品格的含义多以性格为其主要特征。什么是性格？《辞海》中的解释较为详细："①对现实和自己的态度的特征，如诚实或虚伪、谦逊或骄傲等。②意志特征，如勇敢或怯懦、果断或优柔寡断等。③情绪特征，如热情或冷漠、开朗或抑郁等。④情绪的理智特征，如思维敏捷、深刻、逻辑性强或思维迟缓、浅薄、没有逻辑性等。"小学阶段正是学生性格形成、习惯培养的重要阶段，在体育课堂教学中培养学生公平公正的观念，可以有效地帮助学生奠定良好体育品德的形成。[①]

---

① 邵伟德，陈永倩，齐静.何为体育品格及其教学建议［J］.体育教学，2019，39（12）：8-9.

　　体育对人的品格会产生一定的影响，且有助于形成一定的人格特征，其形成原理在于：体育是一种人为设置与营造的"特殊"社会活动，其中包含了各式各样具有较高难度的环境，其目标在于通过竞争手段激发人体的最大运动潜能，实现人类突破自身的运动极限。在各类体育环境中，其设置的"困难"具有多样性，如时间困难（限时）、空间困难（高度、远度要求）、技术困难（高超技巧）、负荷困难（马拉松）、心理困难（极限运动）等，这些外部困难给人类的身体与心理带来了较大的压力，带来了更多的挑战，人们在长期的体育环境中，形成了与众不同的体育品格。这与习近平总书记提出的"享受乐趣、增强体质、健全人格、锤炼意志"四维目标中的"健全人格、锤炼意志"目标是相吻合的。

　　2.塑造体育品格

　　学生体育品格不是在短时间内可以形成的，这是一个长期塑造培养的过程，在每一节体育课中都要有所体现，经过一段时间或很长时间逐渐形成体育品格。体育品格的培养要贯穿学生的小学阶段，在每个学年的第一学期开学时，我们都会制订符合学生年龄、年级身心发展特点的全年教学计划、单元计划、教学目标，教学内容与教学环节都是紧密衔接的。

　　（1）树立责任意识

　　在学校体育教学和各项体育活动中，教师可以借助于班级的板报，学校的宣传栏以及丰富的多媒体技术和教学资源，对学生进行体育品格的宣传教育。在教学过程或是体育活动中，教师通过带领学生进行反复练习和比赛，让学生在亲自参与活动的体验中磨炼意志品质，促进学生良好体育品格的形成。例如，在进行4×50米接力跑练习时，教师可以将提前准备好的视频资料，通过大屏幕为学生播放 4×100米接力项目在国际比赛中的精彩视频，让学生更直观地感受到接力比赛的魅力。如，借助多媒体技术，为学生展示我国优秀运动员的赛场风采，学生在观看苏炳添率领中国4×100米接力队夺得奖牌的相关视频时，能够很好地激发学生的练习兴趣和参与热情。以此可以激发学生的民族自豪感和进取精神，树立拼搏进取、为国争光的信念，有助于学生在体育练习过程中良好体育品格的塑造和形成。

（2）正确的胜负观

结合教材性质，设计相应教学比赛，培养学生正确的胜负观，确保体育品格目标的实现。在体育活动中，学生非常喜欢参加各项体育比赛，体育比赛既可以达到增强体质、锻炼身体的效果，还可以磨炼学生的意志品质。任何一项比赛都会出现胜利一方和失败一方，有获胜就会有失败，那么，如何让学生在胜利与失败中调整心理状态，既能接受胜利的喜悦，也能面对失败就显得尤为重要。因此，在教学比赛中，让学生接受和正确看待胜利与失败，是培养学生"体育品格"的关键和途径。学生在比赛中，无论胜负，都会有不同程度的心理感受，教师要做好学生的引导者，帮助学生建立正确的胜负观，不要只关注比赛的结果，更要关注比赛的过程，关注同伴的感受，关注体育比赛所带给我们的比胜负更重要的内涵。在体育比赛中，教师通过学生分组的变化、队形的变化、学生小组战术的讨论与实施等方法，让每位学生在比赛中都能感受到胜利与失败带来的心理感受。教师要引导学生在比赛中能够做到敢于拼搏、与同伴团结协作，能积极参与小组的交流与讨论，关注比赛的过程。同时，还能够做到尊重对手、尊重裁判、尊重观众，培养学生的比赛礼仪，做到文明参赛，遵守规则，服从裁判等。在比赛中培养学生的责任感、使命感和进取精神的同时，还能够做到胜不骄，败不馁，胜利了可以欢呼雀跃但不嘲笑他人，失败了可以伤心难过但不指责同伴，不气馁。为了加深学生对比赛的理解和认识，赛后要有总结，帮助学生认识到自己存在的问题、优势和努力的方向，让学生在总结中做最好的自己。长此以往，学生的运动技能和心理承受压力与挫折的能力一定会有所提升，从而发挥体育竞赛的价值与意义。

例如，在课堂教学中进行十人"8"字长绳练习时，教师就可以组织学生进行多种形式的比赛。方法是将班级里的学生平均分成人数相等的四个小组，第一次比赛时，比一比哪个小组连续跳绳的次数多，多者为获胜。第二次比赛时，比一比哪个小组在相同的比赛时间内跳绳的次数多，多者为获胜。在比赛的过程中，每一个小组的成员都要遵守比赛规则，成绩方为有效。比赛形式虽然不同，但是学生为了小组的获胜，可以激发自身自觉参与练习的积极性，自觉遵守练习要求，服从小组分配，遵守比赛规则，让学生在愉悦的比赛氛围中提升自身的规则意识，处理好比赛的胜负观，塑造学生的体育品格。

（3）教师有效评价

教师在进行课堂教学过程中依据学生身心理特点，创设宽松活跃的学习氛围，让学生在教师的引导、鼓励和认可下能自觉约束和规范自己的言行。让学生在教师潜移默化地引导中，逐渐形成积极向上的学习态度，从而塑造学生体育品格的形成。

教师要关注学生的练习过程，并对学生的练习过程进行及时评价，发现问题和优点时及时给予帮助和鼓励，这样，有利于帮助学生了解自己在体育练习中的优点和存在的问题，便于学生在接下来的体育练习过程中对存在的问题进行及时的发现和改进。教师在指出问题的同时，还要肯定学生取得的进步和成绩，让学生知道自己的进步幅度和自己优势的地方，帮助学生了解自己、树立自信。教师关注学生练习过程并进行及时反馈和评价，有利于学生在体育练习中形成积极向上的价值观念。例如，教师对课堂练习情况进行点评时，既表扬那些突出的学生和小组，又鼓励那些积极克服困难，敢于挑战自我，积极进取的学生。对学生在课堂学习中的积极因素给予鼓励和肯定。如，有的学生集体意识强，乐于帮助同伴，在练习过程中教师为学生创设小组合作练习的机会，鼓励学生结合自己所长积极帮助他人，学生可以将自己练习的心得体会与同伴进行交流，也可以用学到的方法对同伴进行保护与帮助，让学生在学习与互助中促进体能与心理健康的发展，增强集体意识，养成科学锻炼的意识和遵守课堂规则的习惯，教师要及时表扬突出的小组和个人，让他们能够保持这种良好的学习状态，从而带动那一小部分不能遵守课堂纪律和练习要求的学生。通过教师的引导，同伴的互助，使他们知道如何上好课，如何与人相处，如何在体育锻炼中有所收获。帮助他们逐渐形成正确的价值观念，形成良好的体育品格。在课堂评价中，教师的评价将直接影响学生练习的效果，教师评价方法是否得当也将直接作用于学生的心理，对学生的健康发展起到重要的作用。

在教学过程和体育活动中，教师要抓住学科本质，结合学生身心发展规律和特点充分发挥学科育人功能，引导学生在体育练习中能够形成积极向上的心态，能够敢于面对练习中的挫折和困难，使学生身心得到全面发展。培养学生的体育品德是学生成长的重要目标，也是学校德育教育的重要任务。在体育教学和各项体育活动中，教师要注重品德教育，引导学生逐渐形成良好的体育品德。从小培养学生的集体荣誉感、责任感和使命感，让学生懂得身体健康的重要，从而形成终身体育的习惯，为学生德、智、体、美、劳全面发展起到引领作用。

第三章 陪伴是实现懂自律的途径

一、师生陪伴共助成长

（一）主动自律促成长——课堂教学

教师的陪伴教育对学生的心灵护佑、个性培养至关重要。体育教师的一言一行都潜移默化地感染着每一位学生，对激发学生的学习兴趣、塑造学生的体育精神、提高体育课堂的教学效率有着积极的作用。在实施陪伴教育的过程中，教师要拥有共情能力，主动走近学生，助力学生成长。以学生为本，是素质教育的基本内涵。素质教育最根本的目的就是要唤醒学生心灵深处的"主人翁意识"，以达到健康成长的目的。课堂教学通过学生与教师的双边活动而形成良好的教学效果，学生在教师指导下学习如何获得知识与技能，是课堂教学发展的主渠道。[①]学生在学习知识与技能时，与教师巧妙的引导、时时刻刻的陪伴是紧密相连的。

我校提出了"理解，引导，陪伴"的育人理念，在日常教育教学中，教师加强对学生内心世界的理解，尊重学生的身心发展规律，引导学生养成良好的学习习惯，引导学生认识自己，认识他人，学会沟通，了解社会，认识自然，形成完整的人格。在点滴积累中时刻陪伴学生的成长，耐心地守望着孩子的成长，相信生命会绽放智慧。只要与学生心贴心，孩子们就一定能走向更好的自己。

拿破仑说过："不想当将军的士兵不是好士兵。"教师要积极鼓励学生表现自己，对于每个练习的机会都要好好珍惜。这样经常训练，学生就会从不敢到敢，从不规范到正确。对于胆小、自卑不敢表现的学生，要多陪伴、多

---

① 吴霞光. 低年级学生体育课堂良好行为习惯培养的实践研究［J］. 小学时代：教育研究，2012（06）：9.

鼓励，帮助他们树立自信心，形成敢于表现自己的良好习惯。但是有些学生本身就非常活泼，对于这种学生，老师则要正确引导，耐心教导，适时加个"紧箍咒"，否则，活泼就成了表现过度的不良习惯了。

案例 "你是我的小老师"

俗话说："近朱者赤，近墨者黑。"低年级学生正是模仿力最强的时期，他们的学习从模仿开始，他们的认识能力、分辨能力有限，而作为教师的我们是学生的密切接触者，要以身作则，做出榜样，起到正面引导的重要作用。

塑造好一个孩子是一场持久战。当各科教师都觉得我班小夏同学进步很明显，同学们对他的认同也越来越高的时候，他总有新的问题不断出现。别看小夏胖乎乎的，可他却不是很坚实，有时候他的动作显得不是很协调，在做操的时候尤其明显。

对于低年级学生，我们不光要教授新操，在每节体育课上也会纠正一些学生的不规范动作，其实做操的时候，动作到不到位是其次，关键是看孩子们的态度，是不是很投入地做操，能不能尽力放平胳膊弯下腰。小夏就属于态度不端正的这一类型。虽然每次都苦口婆心地和他沟通做操这件事情，但是做的时候他一点改善都没有。和班主任老师沟通完他的做操的情况后，我决定双管齐下，让小夏当我的带操"小老师"。他站在我们班队伍的最后一排，我站在他的后面，我和他说："你现在可是我的带操小老师，你要是教得好，教得标准，我就可以学得好，而且学得标准，到时候和别的老师比赛，我才能赢啊！"眼镜后的那一双小眼睛又开始转来转去，似乎在想老师还会比赛课间操啊。

第一天跟着小夏学习做操，他不时地回头看我，不知道是监督我有没有认真做操呢，还是在观察我的动作规不规范。我故意学着他，甩着胳膊，摇晃着身子。做完操后，我故意找他问一下动作应该怎样做。"是这样吗？"我的胳膊耷拉着，他上前把我的胳膊扶直了，"可是你刚才是这样教我的呀！""不是这样的！"他坚持扶直我的胳膊，纠正我的不规范动作，难不成是他不知道自己做操时的样子？我要留下证据。第二天上课又到了做操的环节，我刻意带了照相机，让别的老师给我们两个录像。看了录像后，我首先提出对这个小夏老师的质疑："你看，你做得太不标准了，看来，我要重新寻找老师了。"我故意激他，这下，他着急了："老师，我明天一定好好做，当好您的老师。"

从此以后做操的时候，我还是会站在小夏的后面，尽管他的动作还不是很到位，可是我看到了他的进步，看到了他为了当好"小老师"而付出的努力。同学们也时常推荐小夏同学作为我们班的带操员。

我曾经读过霍懋征老师的《没有教不好的学生》一书，深深地感受到能够遇到霍老师是学生们一辈子的幸运。在我成为老师后，我就以霍老师作为自己的榜样，用全身心的爱为孩子们的成长护航。当孩子们完全信任你，认为你为他营造的是一个安全的氛围，他才会全身心地接纳你，认同你，你才有可能成为他成长的导师。在小夏的身上，我看到了自己努力付出的回报，孩子的进步，孩子的成长，就是我前行的动力。

（二）主动自律促成长——社团活动

花式跳绳是新型体育项目，深受学生喜爱，在学生学习、练习的基础上养成了运动习惯。花式跳绳社团在练习中通过让学生学习花式跳绳的方法、规则，掌握10种以上跳绳方法，建立规则意识。

在竞速的练习中，学生了解了计时、裁判口令和数数方法，学生自定跳绳动作，自发地进行1分钟跳绳比赛，他们采用统一的口令开始跳绳，时间到，停止计数，然后进行排名，学生在自定规则、认同规则、遵守规则的前提下自发地开展比赛切磋跳绳技术。

在学生出现错误动作时，通过教师的纠正提醒，意识到错误动作的存在，通过徒手和降低难度的方法纠正错误动作。小张同学在跳单摇时容易出现一侧手臂外展幅度过大的情况，导致跳绳的轨迹发生偏移，容易失误，通过单侧手摇绳和慢速跳绳的方法，让学生随时关注自己摇绳手臂的用力大小、方法，在社团活动后及时总结、反思。学生在关注动作的练习中逐步养成了关注自身情况，课后的反思中进行总结、改进，为下一次练习做好准备。学生在这个练习—纠正（约束）—反思的过程中，加强了对动作的反思意识和对自身练习的约束意识。

学生在跳绳的练习中通过练习中的动作关注、练习后的反思以及自发比赛中对规则的制定和遵守可以有效地培养规则意识，提高自我反省、自我约束的能力。

（三）主动自律促成长——学校运动会

学校运动会是学校体育中的重要组成部分，是促进学生身心健康发展，培养良好的意志品质的重要手段。我校落实"健康第一"的指导思想和"使每一天都有意义"的办学理念。学校每学期举办一次运动会，通过教、练、赛以及家校协作的方式引导学生全员参与，全面落实每天锻炼1小时的理念。以学校运动会这一平台让更多的学生参与其中，在参与体育锻炼中享受乐趣、增强体质、健全人格、锤炼意志，促进学生全面发展。

小学阶段是身体发育的重要时期，正确的跑、跳、走等动作，对他们的骨骼、肌肉等生理功能的发育有着积极的作用。学生参与运动能促进身体各器官系统的良好发育，使人体形态和生理机能水平能保持相对稳定。学校体育运动会是体育课堂教育的补充和延伸，学生在体育课堂中掌握科学的锻炼方法，将所学知识与技能拓展到学校运动会当中，全程参与，亲身经历。学生通过参与学校运动会增强体质，体验到运动的乐趣，在比赛中发扬体育道德主义精神和勇敢顽强拼搏的精神。通过激烈的竞技比赛更好地激发学生的运动潜能，让学生在运动中成长。

我国著名教育家叶圣陶先生说过："什么是教育？简单一句话，就是要养成良好习惯。"学校体育中的养成教育目标就是要使学生养成主动、自觉参加体育锻炼的好习惯，形成科学、合理、稳定的"体育生活方式"，也就是形成所谓的自律的体育。[①]我校以"主动健身我快乐，养成自律我成长""让我们一起动起来"等主题运动会深入诠释学校的育人理念。在家校共育的方式下，学生人人参与，校内与校外锻炼相结合，学生在锻炼中形成自我管理意识，积极主动参与体育运动。运动会中比赛项目的多样性、趣味性、竞争性让学生爱上运动，更愿意参与到体育锻炼当中。学生在平时点滴积累之中注重健身习惯的养成，从而迁移到日常生活之中，做到主动、自律，让运动成为一种生活方式。

---

① 覃立. 他律与自律视角下的学校体育——兼议体育养成教育［J］. 体育学刊，2014，21（05）：70-73.

主动健身我快乐，自律运动伴成长

四月的校园已是春意盎然，四月的校园里依旧充满了琅琅读书声与欢声笑语，每年的四月份我们如期迎接我校的体育与健康教育月，孩子们翘首期盼，希望在运动场上一展风采。学校坚持"健康第一"的指导思想，把春季运动会与学校卫生工作紧密结合，引导学生参加体育锻炼，培养学生健全的心智和健康的心态，让学生在运动中收获健康、快乐与自信。

我校六铺炕校区、展览路校区、低年级部三校区同时开展活动。为保证活动的顺利进行，全校师生共同参与到春季运动会当中。在运动会的前期准备阶段，学校各部门给予了高度的重视，检查并落实了场地卫生与安全，通过999急救中心，聘请急救人员进行医护保障。学校成立了组委会、医务组、安全保卫保障组、摄像音响设备组和裁判组，有效落实各项工作，为运动会的如期举行做好了充分的准备。

体育课上，体育老师细致地讲解了本次运动会的运动项目以及动作和方法，在课上带领孩子们一同进行练习。阳光下、操场上是孩子们努力锻炼的身影，脸颊上流下的是汗水，收获的是快乐。体育组全体教师制订了各年级的家庭自主练习实施方案，给学生布置了体育作业，在孩子的带动下，家长与孩子一同进行锻炼，家校共育促进孩子的健康成长。课堂教学、课间操、奥运专题知识讲座、课后体育知识竞赛等多种方式，让运动时时刻刻发生在学生的每一天。全校的师生专时专用，认真完成爱眼体操，做到课间开窗通风、勤洗手，让促进健康与增强体质同行。

学校分年级进行了奥运知识竞赛、创编操、200米跑、50米往返跑、一分钟跳绳单摇的比赛项目。全体努力，全员参与，教师引导学生，家长陪伴孩子，在运动会中孩子们努力拼搏。拼搏是运动场的主旋律，每一次蓄势待发，每一次全力冲刺，每一次咬牙坚持，每一次加油呐喊……都是拼搏的见证，都是凝聚力的赞歌。不管是一二年级的小同学，还是已经进入高年级的大哥哥、大姐姐，在运动场上，孩子们脸上都洋溢着兴奋与喜悦的笑容，场上同学们英姿飒爽，场下的观众们有序地观看着精彩的比赛，为本班的运动健儿呐喊。阳光洒在他们忘我投入的脸上，真美！

通过"学、练、赛"的方式引导学生全面参与到运动会当中。孩子们用最好的成绩来回报所有的付出，丰富多彩的运动项目，让孩子感受到了运动的乐趣，也感受到了比赛的拼搏精神。多彩的体育活动促进了学生健身习惯的养成，激发了学生的运动兴趣，提升了班级的凝聚力和集体荣誉感，让孩子们爱上运动，锤炼品格，养成自律的行为习惯。虽然运动会已经落下帷幕，但是孩子们前行的脚步却不曾停歇，一起努力锻炼，享受运动的乐趣，养成主动、自律的好习惯。点滴积累，使每一天都有意义。

（四）主动自律促成长——体育大课间

校园课间操是学校集体进行体育活动的一种形式，其内容更加丰富，形式更加的多样，活动的积极性和自主性更大，时间更长，锻炼效果更好。课间操不仅能缓解学校紧张的氛围，而且能给学生带来良好的教学环境，利用课余时间促进学生的身体健康和心理健康，同时对校园文化文明的建设起到了积极的作用。在校园生活中，学生应在轻松自在的环境中，在有音乐、有快乐的地方自主锻炼，陶冶情操，缓解压力，丰富精神生活，使机体高度紧张的状态能够通过课间体育活动得到放松。课间体育活动也是体能锻炼的有效补充。学校陆续开展了除规定广播操外的校园创编操，保证学生每天体育锻炼的时间，促进学生身心健康，保证学校素质教育的有效实施。[1]

每个运动项目都有其独特的魅力与运动之美。其中，有氧操和集体舞运动是身体实践与音乐的结合，是身体与心灵有机的组成。从事有氧操练习不仅能增强体质，感受自我身体认知，还能够提升自信，感受运动美，展现新时代青年一代的风采。

案例：《梦想军礼》集体舞是我校上学期参加北京市中小学大众健美操比赛的作品，是根据学生对军人职业的憧憬而创编的集体舞。每个学生的心中都有一个梦想。梦想既是一种目标，也是一种理想。有了理想便有了方向。

当我询问学生们梦想成为军人的原因时，有人说："军人是绿色的长城，他们捍卫祖国的安宁，保卫中国的热土。"还有人说："军人就是不怕死，誓死保卫祖国。"带着这些爱国之情，孩子们在《梦想军礼》这套集体舞中尽情抒发对军旅生活的向往，感受着军人的英姿，释放对祖国的爱。

---

① 杨慧卉，黎志芳. 课间操到大课间体育活动的发展思考［C］// 第三十届全国高校田径科研论文报告会论文专辑. 2020：319-321.

　　能够表演《梦想军礼》这个作品，学生们是幸福的——看，他们的敬礼多帅气。集体舞中快节奏的音乐和孩子们整齐划一的动作，把他们梦想成为军人的荣耀和保家卫国的骄傲展现得淋漓尽致。像这样有氧舞蹈式的综合实践，是科学的身体训练方法，能够提升身体素养，展现运动之美。

　　《梦想军礼》这套集体舞曾代表我校参加西城区艺术节集体舞比赛，获得最佳表演奖；2021年我校组队参加北京市中小学大众健美操比赛，《梦想军礼》参加了"集体舞"项目的角逐，获得该项目一等奖，为我校最终团体冠军的殊荣贡献了自己的力量。

　　有氧操集体舞运动可以调节人的情感，尤其是当作自己擅长的动作时，如果恰与音乐所表达的情绪相契合，通过运动便可以获得微妙的快感，这是大脑分泌"快乐素"内啡肽的结果。在舞蹈中，不同情绪的音乐能够帮助舞者抒发情感，并体验现实生活中的成就感，使学习、工作、生活带来的紧张、焦虑和疲劳得到有益的调节和释放。

二、家校陪伴共育未来

（一）家校共同陪伴学生参加校外体育赛事

1.家校共育——乒乓球比赛

　　在每年一度的西城区中小学乒乓球比赛中，除了参赛的学生以外，还少不了学校老师和家长们的身影。在每次比赛前，作为学校乒乓社团的老师，我会提前召集比赛的学生给他们开领队会，在会上我会告诉学生比赛的注意事项以及每名学生比赛的时间、台号以及集合地点等。在比赛的当天，我会早早到达比赛场馆，在馆外等待我的学生们。有时比赛的学生年龄小，我会从家长手中接到孩子后将其亲自送到比赛球台处，让其在那里等待比赛前的检录。有时参赛的学生多时，我会跟其他老师一起将学生分别带到各自的比赛球台处，然后再出场馆去带其他参加比赛的孩子们。在比赛开始后，根据学生的水平，我会跟其他教师做好分工，分别对学生进行场外指导。有时两个队员在同一时间但是不同台比赛时，我便会给这个学生指导完，又跑到另一张球台给其他队员进行指导，总之，比赛中除了有比赛学生和裁判员的身影外，还会有学校教师奔波于各球台挡板外的身影，教师时刻陪伴在学生的左右，让学生在校外比赛时始终有安全感，使学生们不孤单，做孩子们坚强的后盾，这样便于学生更好地发挥应有的水平。当学生没有发挥好，输掉比赛时，我们几位教师也没有去责怪学生，而是告诉学生比赛输在了哪里，帮他们分析失败的原因，自己在哪些方面还需要加强练习等。教师言语上的鼓励，会激励学生在课下的练习更加努力、更加刻苦，不但技、战术水平有了更大提高，还培养了学生积极进取的良好品质，磨炼了意志。

　　除此之外，家长的陪伴对于学生来说也是必不可少的。家长的主要责任是负责学生从家到比赛场馆的路上安全。学生参加区、市乒乓球比赛时，有时天气很好，气温适宜；有时气候炎热，酷暑难耐。记得有一次带学生去广安体育馆参加西城区中小学生乒乓球比赛，那天是家长带着孩子到比赛场馆，家长和老师在场馆门口外完成手递手的交接，然后老师再把孩子带进场馆内。比赛当天场馆外是艳阳高照，骄阳似火，阳光晒在脸上火辣辣地疼。虽然天气很热，但是家长们经过一路奔波，不辞辛苦地带孩子来参赛，有的家长到达场馆外时，已是满头大汗了，当家长们把孩子交到老师手中时，他们的心才算踏实下来。由于疫情的缘故，家长是不能够进入场馆内进行观看比赛的，所以家长们在孩子比赛时都要在场馆外进行等待，有时一等就是几小时，当遇到比赛激烈时或有些孩子还要继续第二阶段的比赛时，有的家长一等就是一上午，没有一个家长有怨言。但是当每个孩子比完赛，老师将孩子送到他们手中的时候，家长的第一句话就是："比赛打得怎么样？赢了几场了？"当听到孩子获胜的结果时，家长会露出了满意的笑容；当家长得到孩子战绩不理想的结果时，家长也会说："没关系，咱们下次再努力！"正是由于孩子们得到了家长们的鼓励，心理压力减轻了许多，才会促进孩子们更加努力地去进行练习，获得更好的成绩。

　　总之，学生在比赛中，有老师陪伴左右；赛场外，有家长的陪伴。正是由于老师和家长的共同协作，才能让学生在宽松的、安全的氛围内完成比赛，通过比赛促进了学生的身体健康，磨炼了学生的意志品质，为学生形成健全的人格奠定了基础。

　　2.家校共育——田径比赛

　　西师附小是一所具有六十多年历史的知名小学，西师附小以立德树人为根本任务，坚持五育并举，全面贯彻落实党的教育方针，围绕学校"使每一天都有意义"的核心办学理念，力求让教育中每个个体的生活和生命的每一天都充满意义。在体育工作开展中，着力培养学生小学阶段应具备的运动能力、健康行为和体育品德，将我校传统项目"田径"视为重点体育项目，大力开展田径运动的同时，不断优化与创新田径项目实施过程与方式，让其发挥自身功能以实现开展此项运动的目的与意义。

（1）西师附小注重田径运动的意义

田径是古老的运动，有"运动之母"之称，它由走、跑、跳跃、投掷等全部运动项目或者部分项目组成的全能运动项目的总称。田径运动是体育活动的主要项目之一，是人类从走、跑、跳、投这些自然运动发展而来的身体练习和竞技项目，可以分为竞走、跑、跳跃、投掷以及由跑、跳跃、投掷的部分项目组成的全能运动。它是各项体育运动的基础、是竞技体育的比赛项目、是学校体育的主要内容，是《国家体育锻炼标准》考试项目，是初高中升学体育考试的主要项目。

西师附小是北京市田径传统校之一，我校历来注重田径运动在我校的综合开展情况，不论是体育课程还是相关活动，能够最大化地挖掘发挥其自身的功能性与重大意义。西师附小通过体育课程与其相关活动的科学有效的实施开展，使学生关键能力得到培养，体育品德得到塑造，并引导帮助学生养成"让健身成为习惯"的健康生活方式。

（2）西师附小注重学生的精神培养和体质提高

小学生正处于生长发育的关键时期，田径是增强身素体质的重要手段，小学阶段经常从事田径运动，可以有效地促进新陈代谢，使内脏器官的机能得到提升，促进学生速度、力量、耐力以及灵敏等基本素质的发展，协调素质。增强体质，获得运动技能，提高运动成绩，培养意志品质，促进小学生全面发展。田径运动是各项运动的基础，其他各项体育运动都把田径运动作为提高身体素质的训练手段，它能全面地、有效地发展小学生的身体素质和运动技能，对学生从事其他各项运动技术的学习发展和成绩的提高都有积极良好的作用。如，田径中项目跳跃是人体在短时间、高强度神经肌肉用力克服障碍的运动，克服地心引力、身体重量，以及克服运动环境、器械、心理、情绪等阻力，因此，跳跃练习能提高控制身体和集中用力的能力，能有效地发展弹跳力、力量、速度、灵敏、协调性；田径中长跑项目属于有氧运动，全身的肌肉都参与运动过程，增强心血管、呼吸系统和其他系统的活动能力，并加速身体的新陈代谢，协调学生身体各器官的系统机能，有效地发展耐力和培养坚持不懈的意志。其中，速跑、快速跑项目可以增强学生身体各系统器官的适应能力，呼吸系统与其他系统活动也随着跑速的加快而更加强烈，物质代谢速度也更快，有效地发展速度、耐力、力量等身体素质，与此同时，顽强拼搏精神也随之跨越到了一个更高的阶段。全能运动能更加全面地发展学生身体素质，更加全面地掌握田径运动各类项目的运动技术，并锻炼顽强的意志品质。

体育精神的育人作用是西师附小最为提倡的，如，一些基本理念中的合作、公平的理念与我国精神文明建设的要求一致。体育教育是以一种更直接、更有效、更利于学生接受的方式感染学生。任何项目的比赛留给我们的并不仅是金牌或奖牌数量的心灵冲击，而是一种精神文明的建设，通过这种无形的精神文明的建设，能够促使小学生形成正确的价值观，能够不被困难轻易吓倒，勇于拼搏，从而促进我们整个民族健康而快速地发展。

（3）发挥课内外体育竞赛一体化作用，升华"家校共育"

我校通过开展田径课余训练、竞赛，组织校内各种形式的体育比赛，提倡鼓励学生参与市级、区级等各类项目的系列比赛，有效促进学校体育工作全面发展。让学生能够在课内、校内参加各种体育比赛，给学生提供更好的学习和锻炼机会，为学生健康成长全面发展及终身体育习惯培养营造良好的育人环境。

"一次比赛，一次历练，比赛带来的成长与鼓励，会伴随一生，不为成星，只为成长。"每一次的中小学田径运动会，李庆元校长都会亲自到达赛场，为学生呐喊助威。与此同时，鼓励家长共同参与，见证学生每一刻的拼搏与成长。每一次比赛，场面都是那么激烈、那么热血沸腾，学生参赛者在场上拼尽全力，其他学生、老师、家长及更多体育爱好者在场下擂鼓呐喊，身处其中会很自然地受到这种气氛的感染，这是发自内心的触动，一分付出，一分收获，一场比赛，一次成长，所有的喜悦都来自学生的认真努力。

教育家苏霍姆林斯基曾说过："教育的效果取决于学校家庭的一致性，如果没有这种一致性，学校的教育教学就会像纸做的房子一样倒塌下来。"家庭、学校是学生成长的重要场所，对于学生发展均有不可替代的作用，并可互为补充。西师附小携手学生家长，构建新型的家校合作方式，使学校、家庭、社会教育形成合力，在成败转瞬的赛场上，体育精神成为学生洗练自我的有力方式，见证了田径比赛中学生的自我飞跃与成长。

3.家校共育——体能比赛

近些年来，无论是竞技体育还是大众体育，人们对体能的重视程度都越来越高了。国家体育总局就曾提出要强化基础体能训练，恶补体能短板。社会上针对青少年的各种体能培训班、训练营也是种类繁多，而学校作为体育教育的主阵地，更是社会关注的焦点。

2020年，受疫情影响，全市中小学采取居家学习的方式长达数月，对学生的学习和生活以及身心健康都产生了一定影响。为了提升学生体质健康水平，针对学生居家学习期间体能有所下降的情况，西城区教委组织举办了首届"西城区中小学生体能比赛"，在新学期开始开展体能恢复计划，通过设定简单易行的体能项目，以体育竞赛的形式促进学生参加体育锻炼的积极性。学校在接到此次比赛通知后，校领导充分利用本次"以赛促练"的机会，为促进学生"让健身成为习惯"，将西师附小秋季运动会与西城区体能比赛方案相结合，制订了主题为"让我们一起动起来"的《2020年西师附小秋季体能运动会方案》。通过举办此次比赛，引导全校师生人人参与体育运动，激发学生参与体育锻炼的兴趣，同时鼓励家校协作，助力学生"在校、居家，锻炼不停"的习惯养成，共同陪伴学生健康成长。

为此，李庆元校长在学校全体会上做了全校动员，鼓励师生全员参与，并在各班的电子班牌上循环播放体能比赛项目的技术动作视频，便于学生学习技术动作的同时，营造出体能比赛全校总动员的氛围；班主任教师引导学生制订自己的"十一"假期锻炼计划，激励学生在家中坚持锻炼；许多学生家长积极地响应学校号召，参与到孩子的锻炼计划中，成了孩子居家锻炼的监督员、教练员，甚至是队友、陪练，为孩子树立了榜样，帮助孩子养成良好的运动习惯；许多学生还通过绘画出别出心裁的海报、组建啦啦队为参加年级赛的同学加油助威。

　　为期3周的"西师附小秋季体能运动会"拉开帷幕，体育组全体教师以所教班级为单位，积极投入组织训练和测试工作中，将体能比赛的运动项目融入体育课中，在班级教学中开展"教会、勤练、常赛"，通过教师教授，学生练习，到组织班级比赛，各班都产生了班级前三名，并颁发获奖证书，再由班级冠军代表本班参加年级赛，最终在全校运动会上决出各个年级的冠军，组成"西师附小体能队"，承担参加区级比赛的任务。

　　本次体能比赛的备战时间较短，并且设置了许多人没有接触过的"原地爬行"项目，短时间内通过体能的提升达到提高成绩的目的较为困难，因此，学生的基础体能就显得尤为重要。要在有限的时间内提升体能，就要充分利用校内外的资源。在确定参加区级比赛人员后，由两名体育教师负责每天学生在校训练的工作，利用课间操以及社团训练时间，带领参赛学生进行专项训练。学生放学在家以及周末的时间里，家长则担起了家庭教练的任务：计时、计数，提示动作规范，为孩子加油鼓劲，激励孩子坚持不懈等等。学生在家长的鼓励和陪伴下完成了每一次的锻炼任务，同时还增进了亲子间的情感。家长还会将孩子锻炼的视频发到集训群中，体育教师随时进行线上指导。就这样，在家校共同的努力配合下，学生主动训练，十分刻苦，各项成绩均有很大幅度的提高，学生在家长和老师的陪伴下，怀着幸福感参与锻炼，无形中也对训练充满了期待，并逐渐养成主动、自律的良好品质。

　　经过一个月的备战，学生们带着良好的精神状态，在家长的陪伴下步入赛场。在紧张激烈的比赛中，孩子们表现十分出色，有些甚至是超水平发挥，给这段时间努力的自己交了一份满意的答卷。不仅如此，孩子们还克服了比赛规则临时调整的不利条件，在老师的指导下及时调整心态，按照新的规则出色完成了比赛任务。最终，功夫不负有心人，在孩子们顽强拼搏下，我校获得"首届西城区中小学生体能比赛"团体总分一等奖，其中，单项一等奖4名，二等奖3名，三等奖2名。看着孩子们拿着奖牌冲向自己的父母，那份满足感也充实了教师们的内心。

　　在学校"健康第一"的核心建设理念下，全校师生都十分重视体育锻炼带给人的积极影响，倡导"让健身成为习惯"为学生树立正确的价值导向。

校领导统筹安排学、练、赛各个环节，引导师生全员参与，不仅精准地选拔出参赛学生，还引燃了全校师生参与锻炼的热情。同时，学校十分重视构建家校共育的有利平台，借助此次比赛的契机，以学校和家庭为主阵地，再次掀起"家校共同陪伴学生成长"的热潮，使学生养成健康的生活习惯，于点滴中形成自律的良好品质。

4.家校共育——棒垒球比赛

我校棒垒球队员和我们在这几年中共同参与了北京市传统项目学校垒球比赛、北京市体育大会软式垒球比赛、西城区棒垒球比赛，并在这些比赛中获得了冠军或者亚军或者北京市前六的成绩。这些成绩的背后，同学们体验了成功、失败、兴奋、悲伤，体育给人带来的情感冲击淋漓尽致，这将在孩子成长过程中写下浓墨重彩的一笔。

现在回想起来，比赛的场面还历历在目，队员们高声呼喊加油，队员们拼尽全力跑垒，队员们使出全力打击，队员们扑在地上接球。教师、教练、队员们围成圈集合商量战术，战术成功之后孩子们脸上的得意笑容；还有队员们口中不断呼喊着"好球""好接""这棒打得真不错！"这些场景至今令人难以忘怀，可以深刻感受到孩子们的全身心投入，有的队员就算身体不舒服也要坚持参加，唯恐错过一次机会。参加比赛带给了孩子们太多开心、快乐及幸福的回忆，作为教师的我也能够感同身受。

通过比赛，我们对于训练有了不同的方向和目标。训练为了比赛，比赛反映训练水平，两相辉映更显示出了体育的魅力所在，在不断对训练有要求的同时，比赛的成绩反映出了训练水平，在对比赛成绩有追求时训练就会更加认真。这样，目标设定不断地逐层提高，慢慢也为孩子建立起不断追求且不停实现新目标的思想架构。

通过比赛，学生们对体育赛事有了更多的身体力行的体验。参加的这些比赛中，我们遇到了各种各样的对手，实力雄厚的、水平相差不多的、水平相差很多的、队伍凝聚力强的、队伍团结不够的，等等，多种多样。我们的队员见到各式各样的队伍之后对自己有了评价，也对各队伍有了评价。对于实力雄厚的对手，我们开阔了自己对于棒垒球的视野，学习了更高的技术知识和比赛经验；与水平差不多的队伍相遇时比赛胶着、比分接近、赶超分数等过程给孩子们的体验也是十分深刻且有意义的；与水平比我方队伍差很多的队伍比赛时，学会了谦逊，学会了尊重，学会了礼貌；与凝聚力强的队伍比赛下来后，内心震撼是很多的，能看到他们的整齐，他们的团结，他们的战斗力，对孩子们又有另一方面的教育意义；当遇到不团结的队伍看到对方散散漫漫、相互指责、不负责任时，又看出队员们的眼光有不一样的味道，不满意的表情，在他们心中也因为比赛对于团队合作、团队意识、团队概念有了自己的正确的定义。

棒垒球比赛跟其他项目有所不同，它以一攻一守的攻防相互交换的形式进行比赛。在进攻中得分，在防守时防止对方得分。你来我往，攻守转换。在转换的同时角色也在互换，进攻时，队员们要为队友冲锋，防守时要对队友负责或者弥补漏洞。在比赛的过程中，学生们有了更多深层次的交流，互相信任，互相依靠，互相支持，互相鼓励，这是训练时不能完全体验到的。比赛是同学们之间沟通的另一种手段，是友谊建立的完美桥梁，赛后你会发现，他们对于队友的一举一动，一个眼神，一个手势都能马上理解其中的意思。他们通过比赛这个形式不仅收获了成绩、荣誉、棒垒球知识，更重要的是还获得了友谊。当下这个时代，孩子们可以奉献自己成就别人，甚至可以牺牲自己的个人利益，换回集体的最终胜利，这是多么珍贵的品德啊！这是棒垒球带给学生们的，更是体育教会学生们的。体育不仅强身，育人的作用也得到了体现。

体育是直观的沉浸式的学习方法，体育是帮助学生们健康成长的重要手段。我们通过比赛感受体育，通过体育学会总结，通过总结让我们的学生们更加健康地成长。

5.家校共育——篮球比赛

"我们是冠军！"孩子们用他们震耳欲聋的欢呼声宣告着这次比赛的完美收官，孩子们相互击掌、拥抱，家长们拍照留念，而作为教练的我现在的激动心情不亚于我作为运动员时自己获胜，因为这不光是我们西师附小的第一个篮球冠军，也是我作为教练的第一个冠军。

思绪随着时间逆流而上，那是2014年的一天，学校正式建立篮球队，任命我为篮球队教练，接到这个通知时我也兴奋异常，我终于要组建自己的队伍了。在建队伊始，学校为我们准备好了一切硬件设施，干净的室内篮球馆，新买的学生专用球，崭新的自动篮球架，万事俱备，只差学生。在运动员选材方面我有着自己独到的想法，小学生以基础运动能力为主，不用刻意追求身高优势，但在灵敏性和协调性方面有较高要求，本着这个想法，我在两三千人的学校里大海捞针，功夫不负有心人，在其他体育老师的共同帮忙下，很快找到了我的第一批学生，训练就这样开始了，一切看似水到渠成，但新的问题又出现了，由于第一次带队小学生，很多训练方法并不适合他们，训练的强度又不能太大，这把我的预期计划全部打乱，一个简单的技术动作需要反复练习，如若不然，隔两天就会出现动作变形，很多孩子总是怎么练也练不会，以致队员出现两极分化，基础好的"吃不饱"，基础差的学不会，这些问题让我头疼不已，这个时候我的师父温老师给了我很多建议，他说，虽然他不是篮球专业，但从他多年的教学经验上发现，很多东西都是相通的，孩子们刚刚接触正规的篮球训练，起初出现很多不适应这是正常现象，就像教学一样，第一节课孩子们也是初步了解，但是如何深入学习和掌握使用又是一个层次，先不要着急，我们循序渐进。师父给我很大的鼓励，我也静下心来，帮孩子们专心做基础练习，万丈高楼平地起，夯实基础才能有更大进步，在基础练习的同时不断向孩子们渗透一些篮球理念，如何运用假动作，如何行进间传球，如何快攻，如何选择合理的防守位置，我发现这种点滴积累渗透的方式孩子们接受速度很快，训练时也能做得有模有样，时间转瞬即逝，我们终于迎来了第一场比赛，临上场前我都兴奋不已，但现实却给了我当头棒喝，比赛的发挥与平时训练相差甚远，这场比赛我们队近20次失误，全场如同梦游，当比赛结束后我在赛场上就开起了总结会，我看着孩子们一个个垂头丧气，有的孩子竟然问比赛结束了吗，我这时立刻警醒，这只是他们的第一场比赛啊，孩子们有兴奋但更多的是紧张，心理状态完全失衡，技术动作变形，也难怪那么多失误，我和孩子们说的第一句话是："这次比赛失利责任在我，孩子们发挥得不错，来，让我们一起加个油，争取下场比赛拼赢一次！"孩子们的眼神瞬间有了变化，有的兴奋，有的激动，还有几个主力有些羞愧，但这都不重要，我知道孩子们放松下来了，他们不再只是懵懂的学员，而是要参加激烈比赛的战士了，接着我也指出了孩子们在赛场的具体发挥，指出了问题但更多的是鼓励和赞赏，这个时候孩子们听得十分认真，也反复思考我指出的问题，寻找解决办法。很多孩子犹如顿悟一般在这一刻瞬间长大，他们正式迈入了篮球的大门。在这个系列赛中我们虽然没有取得好的成绩，但这次比赛经验就是一笔无形财富。赛后我主动和家长们进行沟通，这是孩子们的第一次比赛，比赛的体验和意义更加重要，成绩其次，有的家长说孩子们明显和训练时不同，从一些特别低级的失误中就能看出孩子的心态发生了变化，我安慰道，他们毕竟还只是一群孩子，他们的成就不是眼前一场比赛就能决定的，给孩子一些时间，也给家长一些时间，用时间的沉淀去铸就孩子们的未来，孩子们长大以后的竞争可能会比现在的比赛更加激烈，但我们能通过篮球这种团队竞赛的模式给孩子们心里种下一颗拼搏的种子，一种不服输的精神就是这场比赛最大的收获，任何形式的成功都和努力付出是不可分割的，当孩子们明白汗水和收获成正比的时候，他们将是未来可期的。家长们听完都特别认可，表示会继续支持孩子们的训练，而且周末在家时也会进行一些基本功的练习，这种家校陪伴共育的完美模式在后来也成了我们成功的一大助力。

　　在之后的训练中，我们练习得更有针对性，模拟比赛，实战练习，让孩子们习惯赛场的感觉，不能一打比赛未战先怯，孩子们的身体和技术要练习，心理素质更要加强，明确了训练目标后我们开始备战下一个系列赛，比赛一个接着一个，我们的成绩也越来越好，闯入八强，跻身四强，打入决赛，孩子们的状态越打越好，成绩越来越好，但与冠军总是失之交臂。去年的比赛我们两度打入决赛，但均未能站在最高领奖台上，孩子们出现了急躁的情绪，训练时也出现了心态问题，有的孩子觉得自己很强，出现骄傲情绪，有的孩子觉得总得不到冠军，出现气馁情绪，这些情况我都看在眼里，我决定给他们上一次不同寻常的篮球课。安排两组训练赛，第一组是把心高气傲的几个孩子组成一个队，和体校的队伍打比赛，体校队身体技术都很好，作风顽强，技战术素养很高，结果被人家打得"体无完肤"，防守处处是漏洞，进攻每每不得分；第二组是把略显自卑的几个孩子组成一个队，对战同年级的普通孩子，由于没有接受过训练，普通的孩子很快败下阵来，比赛后我把他们都叫在一起总结，在相互交流中收获颇丰，本来略显自卑的几个孩子异常兴奋，作为主力首发上场并且在比赛中战而胜之，这为他们树立起了自信，而原本心高气傲的几个孩子却垂头丧气，但在总结中说得很实在，对手很强，无论是身体素质还是技战术素养都比他们要好，他们知道了一山还有一山高，不能再夜郎自大了，最后，我让全部主力阵容和体校队又打了一回，虽然也是输了，但场面上有来有往，互有输赢，是一场质量很高的比赛，在这次总结的时候，我告诉了孩子们一个篮球场上很重要的道理，"人永远没有球快，个人永远打不过团队"，这是集体项目的共同点，团结合作，顽强拼搏是参加所有比赛都要有的精神，这也是篮球项目的乐趣所在，精神核心。孩子们经过这次练习赛后状态明显进步，训练时更加刻苦，更加认真，令我最高兴的是，他们训练时更加善于思考和总结了，感觉孩子们忽然之间长大了。在接下来的训练中，孩子们最大的改变就是更加自律了，练习时对每一个技术动作的要求变得更高，每一次战术演练时更加善于思考分析，每一次训练赛后更加善于总结分析，他们也更加乐于分享，享受团队合作带来的愉悦，技战术水平有了明显的提升。家长也感受到了孩子们的变化，发现孩子们最近的作业写得又快又好，因为他们想尽快写完然后进行篮球的基本功练习，有的孩子还把团队合作的方法运用到了学习中，几人组成合作小组，分享课堂上的心得体会，相互帮助，学习成绩也有较大的进步，有的孩子还把这种主动自律的运动氛围带到了家庭里，和家长一起进行体育锻炼，帮助爸爸把多年的"啤酒肚"都练下去了不少，整个家庭都变得阳光健康了。

光阴荏苒，思绪万千，回想这次冠军之路也非一帆风顺，拼过小组赛，拼交叉赛，拼进四强，拼进决赛，在决赛时遇到我区传统强队，之前两次系列赛都只夺得亚军，这次比赛前的训练孩子们心里憋着一股劲，就想拼出一次冠军，比赛开始，孩子们还是有些紧张，没有发挥出我队的内线优势，比赛进行得十分焦灼，一直在落后，在最后36秒才领先一分，我们靠着顽强的防守将这一分优势保持到比赛结束。当比赛结束哨音响起的那一刹那，我们所有人都欢呼雀跃了起来，我们通过三年的努力终于拿到了冠军，孩子们在这一次的比赛中学习到了战斗到最后一刻，永不言弃的精神，真真正正地打出了我们西师附小精神。在家校共育的努力下，这是孩子们用双手创造的巅峰，用汗水挥洒出的彩虹，用永不言弃的精神拼出的冠军，我想这些会是孩子们小学时光最闪亮的时刻，也是孩子们值得一生回味的第一个冠军。

（二）家校共同陪伴学生亲子比赛活动

1.附小登山娃

社会实践是学校教育的重要内容之一，根据国家课程标准要求，每学期开展10%的社会实践课程。体育社会实践活动也是培养人的基本途径和方式，是促进人全面发展、实现素质教育目标的路径之一。[①]我校认真贯彻落实以"健康第一"为指导思想，坚持"使每一天都有意义"的教学理念。活动本着人人参与、家长参与、教师参与的原则，使学生亲近大自然，了解大自然规律。这既是一次锻炼自己体魄，学习团队协作的养成教育，也是一次对学生综合能力的培养。

学校和家长不能整天把青少年禁锢在书本上和屋子里，要让他们参加一些社会实践，打开他们的视野，增长他们的社会经验，学会处理人与自然、自己与自己、自己与他人的关系。[②]学生只有拥有了健康的身体，才能更好地去学习和生活。为了健康，我们应该积极地养成良好的健身习惯。[③]爬山是一项利用自然条件进行全身性和群体性锻炼的有氧运动。山区林木繁茂、阳光充足、负氧离子含量高等优越的条件是得天独厚的运动环境。

这次社会实践活动，使学生更加亲近自然、回归自然、敬畏自然，充分发挥学生的主体作用，使学生在思想上取得进步，锻炼学生的意志品质，使学生达到锻炼身体、娱乐身心、陶冶情操、丰富知识的目的，将体育与德育相结合，提高学生的身心健康水平，进一步促进学生的全面发展。

西山国家森林公园位于北京西郊小西山，地跨海淀、石景山、门头沟三区，是距北京市区最近的一座国家级森林公园。西山的森林四季佳景早已名扬京城，尤其是春季桃杏满坡，山野吐翠。

为了活动的安全性，学校在制订活动前先由体育主任和中层干部按照规定路线登山一次，进行实地考察以确认是否适合小学生的社会实践活动，经

---

① 黄永莲.中小学社会实践存在的问题及对策思考［J］.思想理论教育，2013（14）：8-11.

② 王喜亭.体谅模式视阈下大学生思想政治教育创新研究［J］.理论观察，2021（11）：44-47.

③ 张金棒.试论学生良好健身习惯的养成［J］.安阳工学院学报，2014，13（02）：95-97.

过实地考察确定了实践活动的地点。为提高活动组织的科学性、操作性和安全性，学校制订了《附小登山娃、健身圆国梦》西山森林公园登山运动活动方案。

在活动前一天由体育主管和学校安保老师再次抵达西山国家森林公园进行一次登山的安全考察和提前安排，最后在登山当天由体育教师第一批到达指定地点进行比赛场地的组织，以及学生抵达后的场地安排等工作。

通过登山活动发挥社会实践活动的教育功能，学校在活动前两周开始布置相关工作，由班主任组织学生进行登山前的准备工作，并通过报告的形式将主题教育内容传授给学生，提高实践体验的目的性。活动中主要强化学生安全、师生交往和参与体验；通过登山活动开拓小学生的视野，丰富学生的阅历。

本次活动原则是全员参与，不同的年级出发时间不同，但都是统一在学校集合后由各班的班主任和配班老师带队出行。按照指定路线进行登山，从东门出发→英雄广场→梅园→花阳松→半山亭。然后统一调动下山，原路返回。比赛的方法是采用分年级分时段进行比赛。

为了让学生能够体验到登山的乐趣，在登山的过程中，各班教师组织班级进行丰富的行进活动，有的班级采用拉歌的方式边走边唱；有的班级是喊着口号前进；有的班级教师边走边讲关于登山的小故事以及关于登山的注意事项等。对于久居城市的小学生来说，登山是接触自然非常好的方式，能够与小伙伴们一起交流、沟通、登高望远，欢声笑语地投入到大自然的怀抱中，尽情享受美好的暮春景色，既享受了运动带来的乐趣，又增强了班级的凝聚力，让学生在登山活动中亲近自然、回归自然、敬畏自然，学会与大自然和谐相处。

在登山结束后，我们学校组织了学生的手抄报交流展示，有的学生写道："刚开始的时候，一个个生怕会落后。你追我赶，争先恐后。当兴奋过后，大家都积极往上走，抬头看看前面的同学，迈着矫健的步伐，自己心想也要坚持下去，我们是不会放弃的。即使是最后一个到达也是光荣的。因为我们战胜了自己，我们一定会到达山顶的。"有的同学说："我们走到累了的时候，小飞在我身旁，微笑着对我说'加油'我们最后一起手牵手走到了终点。"有的同学说"大家满脸的汗水和兴奋的表情，相互之间亲密的谈笑，从西山的山下到山上，在整个爬山过程中时刻都充满了温馨、愉快，大家相互搀扶，相互帮助，相互鼓励，充分发扬了团结友爱、努力奋进的精神，共同完成了爬山活动。"有的同学说："登山不仅锻炼了身体，还给我带来了乐趣，愉悦了身心，又看到了大自然的美丽风景，心情真是特别舒畅。"等等，看着同学们手抄报中的图片，每一张都洋溢着灿烂的笑容。由此可知，学生们在登山的过程中不仅享受美好的早春景色，同时相互关心，增进了同伴之间的友情，进一步增强了班级的凝聚力。

这次西山国家森林公园社会实践活动是学校进行探索社会实践教育的基础。在实践的过程中，需要不断完善方案和计划的预设，以开放的思想和创新的理念来进行社会实践教育活动，在校训"点滴积累，使每一天都有意义"的办学理念下，坚持在实践中研究，在研究中实践的策略，形成了西师附小的教育特色。

2.奥森亲子健步行

秋季到来时，北京的银杏叶渐渐泛黄，蔚蓝的天空下是孩子们你追我赶的快乐身影，每个孩子都参与其中，在家长的陪伴下，孩子们的劲头更足了。我校注重学生的全面发展，在每年的秋冬季都会组织运动会，不仅每个孩子都愿意参与其中，而且通过家校合作，家长们也参与到孩子们的锻炼当中，让孩子们明白锻炼的重要性，同时更加深入地诠释了我校"让健身成为习惯，让文明成为习惯，让学习成为习惯"的理念。

（1）健步走的特点和作用

健步走是一项以提高身心健康为目的，注重运动姿势、运动速度和运动时间的步行的体育项目。健步走的运动方法便于学习掌握，不易发生运动损伤；它不受年龄、性别、时间和场地的限制，不同人群可以自主地进行体育锻炼；健步走运动的装备简单便捷，是可以自己掌握监测的有氧运动项目。健步走运动可以提高心肺功能，提高血液质量；健步走运动可以提高血管机能和改善睡眠质量；健步走运动可以减缓骨质老化过程，增强人体的免疫力；健步走运动可以燃烧脂肪，有利于减肥；健步走运动可以提高大脑功能，延缓人体衰老，并可以改善心理，陶冶情操。①

（2）全员参与，促进学生健康成长

"全员参与"一直是我校多年来运动会参与的方式之一，目的就是让我校的每个孩子都能得到锻炼，在每一次参与中都能得到收获与成长，因此，我校根据学校的实际情况开展不同项目的比赛。2019—2020学年度秋季运动会我校结合"主动、自律"的教育主题，采用校内外结合的方式，一二年级在学校进行一分钟单摇、立定跳远、投掷沙包竞赛；三四年级在奥林匹克森林公园南园进行5千米健步行；五六年级在西山国家森林公园进行3.5千米登山。年级不同，项目不同，不一样的运动方式促进了学生参与的兴趣，比赛前期，家长与孩子一起制订秋冬季的锻炼计划，并坚持每天参加运动，有效地提高了学生的健康水平与素质。

（3）精心策划，保证活动的安全有序

由于此次运动会采取校内外结合的形式，为了确保学生在参与过程中的安全，我校教师在比赛之前进行了几次实地勘测，规划好学生的比赛路线，制订了详细的比赛方案。比赛前，学校为每一名学生下发了打卡卡片，通过绘制的路线使学生与家长提前熟悉场地，另外，在指定的地点盖章打卡也提高了学生的参与兴趣。

早晨不到7点钟，教师们就早早地来到奥林匹克森林公园进行各项准备工作，体育教师们分散到各个活动地点进行组织工作，校长及其他任课教师也参与到组织学生的活动当中，教师们的细心负责是活动顺利进行的有力保障。

（4）亲子齐参与，主动、自律共筑建

2019年11月16日、17日，西师附小三四年级的学生在奥林匹克森林公园进行了5千米健步行。孩子们与家长们按照规定的时间来到奥林匹克森林公园，孩子们的守时体现出了对此次活动的期盼和喜爱，同时也是自律的体现。家长与孩子们按照体育教师的组织进行站队，准备热身活动，随着一声令响，孩子们与家长们迈着矫健的步伐出发，沿途的风景让孩子们在活动中感受大自然，从而更加珍爱生命。家长们眼神的肯定以及话语的鼓励是孩子们前进的动力。

---

① 翟兆峰，翟连林，韩露.健步走——全民健身的最佳运动［J］.体育科技文献通报，2020，28（12）：43，51.

每到达一个打卡点，孩子们就离目标又进一步，主动、自律是孩子前行的推动力，到达终点以后，我们看到的是孩子们喜悦和兴奋的笑脸。

教师"教"授知识，家长养"育"孩子，家校配合，才是教育孩子的最佳方式。家长与孩子共同参与活动，在活动中养成主动、自律的好习惯。

结　语

学生懂自律的养成并非一日之功，这是一个漫长而持久的过程，需要每一位家长、教师、学生的共同努力。西师附小秉承着"点滴积累，使每一天都有意义"的教育理念，通过理解、引导、陪伴的教育方式，帮助学生形成懂自律的思想意识和行为习惯，为培养德智体美劳全面发展的社会主义接班人和建设者而不懈努力。

参考文献

[1]新华社. 习近平会见第31届奥运会中国体育代表团[N]. 人民日报, 2016-08-26(1).

[2]教育部办公厅关于印发《〈体育与健康〉教学改革指导纲要(试行)》的通知[A/OL]. (2021-06-30)[2022-06-23].http://www.meo.gov.cn/srcsite/A17/meo 938/s3273/202107/t20210721_545885. html.

[3]夏青. 特色体育及阳光体育研究[M]. 北京: 北京体育大学出版社, 2012.

[4]陆宇榕, 王印, 陈永浩. 体育文化与健康教育探究[M]. 北京: 新华出版社, 2018.

[5]夏小红. 教育学[M]. 南京: 南京大学出版社, 2020.

[6]万生更, 陕西学前师范学院省哲学社会科学重点研究基地核心价值观培育与红色义化基因传承协同创新研究中心. 构建以社会主义核心价值观为引领的大中小幼一体化德育体系研究[M]. 西安: 陕西人民出版社, 2020.

[7]田继忠. 追求与探索[M]. 银川: 阳光出版社, 2020.

[8]赵丹妮. 心教育概论[M]. 南京: 南京大学出版社, 2021.

[9]王耀进. 成都市武侯区篮球传统项目小学校对小学生体质健康测试指标影响研究[D]. 成都: 成都体育学院, 2002.

[10]唐祖燕. 浅析讲解与示范在篮球教学中的运用[J]. 高教论坛, 2003(5): 104-106.

[11]张昌林. 体育课教学应遵循学生身体素质发展"敏感期"规律[J]. 中国学校体育, 2008(05): 37.

[12]林炜鹏. 基于"马斯洛需求层次理论"的体育创新教学初探[J]. 教学与管理, 2009(12): 150-151.

[13] 赵艳衡. "引导体验式"教学模式的开发与实证分析[D]. 北京: 北京体育大学, 2010.

[14] 张佳, 李家成. 论学校大型学生活动的教育价值及其实现——以"新基础教育"学生工作研究中的学生运动会为例[J]. 基础教育, 2010, 7(12): 48-55.

[15] 张佳, 李家成. 论学校大型学生活动的教育价值及其实现——以"新基础教育"学生工作研究中的学生运动会为例[J]. 基础教育, 2010(12): 48-55.

[16] 黄立刚. 班主任如何有效开展大型班级活动——以学校运动会的开展为例[J]. 基础教育研究, 2010(17): 17-18.

[17] 邵路才, 金玉忠, 陈建松. 在开放环境中重建高等职业教育的主动性[J]. 科教导刊(上旬刊), 2010(19): 84, 91.

[18] 郭彭. 北京市太极扇项目开展的调查研究[D]. 北京: 北京体育大学, 2010.

[19] 牟道富. 网络对大学生综合素质影响研究[D]. 哈尔滨: 哈尔滨工程大学, 2011.

[20] 周吟. 论舞蹈解剖学与青少年舞蹈训练有机结合[J]. 黄河之声, 2011(06): 64-66.

[21] 王丽君. 浅谈如何有效提高学生专项身体素质——针对不同教学单元设计课课练[J]. 体育博览, 2011(19): 347.

[22] 易妍. 吉林省青少年学生身体素质发展敏感期的研究[D]. 长春: 东北师范大学, 2012.

[23] 高峰. 河北省青少年女子业余足球队体能训练研究[D]. 石家庄: 河北师范大学, 2012.

[24] 陈伟钢. "三维十二度"领导力[J]. 银行家, 2012(02): 134-137.

[25] 蒋爱辉, 高棣. 小学生身心发展特点和体育课程安排的几点思考[J]. 文体用品与科技, 2012(14): 113-114.

[26] 陈旭, 吴芸芸. 浅析少年儿童游泳运动员的全面身体素质训练[J]. 当代体育技, 2012, 2(10): 31, 33.

[27] 李玉田. 给大脑一点运动的空间[J]. 当代体育科技, 2012, 2(05): 12-13.

[28]朱梓清. 足球运动员专项体能训练的探讨[J]. 文体用品与科技, 2012 (05): 57-58.

[29]吴霞光. 低年级学生体育课堂良好行为习惯培养的实践研究[J]. 小学时代 (教育研究), 2012(06): 9.

[30]蔡新星. 高中励志生音乐素养调查分析与建议——以某校高中"励志班" 歌唱教学为例[J]. 音乐大观, 2012(07): 153.

[31]杨旭. 浅析青少年敏感期的训练[J]. 黑龙江科技信息, 2012(10): 182.

[32]李双军. 城市儿童"伙伴危机"成因及学校体育"同伴教育"教学干预实验 研究[D]. 上海: 上海体育学院, 2013.

[33]山棠. 西山国家森林公园景观独具特色[J]. 国土绿化, 2013(01): 45.

[34]鲁芡. 小学体育教学初探[J]. 科学大众(科学教育), 2013(09): 154.

[35]黄永莲. 中小学社会实践存在的问题及对策思考[J]. 思想理论教育, 2013 (14): 8-11.

[36]石铁. 高校体育课的重要作用[J]. 长春理工大学学报(社会科学版), 2013, 26(09): 204-205.

[37]李庆元. 构建"知识对接心灵"的教学文化[J]. 北京教育(普教版), 2014 (4): 41-42.

[38]张金棒. 试论学生良好健身习惯的养成[J]. 安阳工学院学报, 2014, 13 (02): 95-97.

[39]郑冬. 竞技与智慧的结合——棒球[J]. 青春期健康, 2014(19): 72-73.

[40]覃立. 他律与自律视角下的学校体育——兼议体育养成教育[J]. 体育学 刊, 2014, 21(05): 70-73.

[41]陈载阳. 武汉市中学篮球教育研究[D]. 武汉: 武汉体育学院, 2015.

[42]刘文利, 赖珍珍. 体育运动如何促进儿童大脑发育[J]. 人民教育, 2015 (05): 61-64.

[43]刘苏贤. 论体育游戏在小学体育教学中的选择[J]. 搏击(体育论坛), 2015, 7(03): 21-23.

[44]游泳或能激发青少年大脑发育[J]. 健康与营养, 2015(10): 17.

[45]周治中. 青少年身体素质发展的敏感期与体育教学[J]. 文体用品与科技,

2016（12）：97-98.

[46] 贾春玲. 爱, 让孤雁不再孤单 [J]. 教书育人, 2017（17）：23.

[47] 任艳. 棒球运动对小学男生健康体适能影响的实验研究 [D]. 苏州：苏州大学, 2017.

[48] 王自清. 学科融合视域下的中小学体育育德研究 [D]. 上海：上海师范大学, 2018.

[49] 梁亚宁. 北京市小学生家庭体育作业实施现状调查与对策研究 [D]. 北京：首都体育学院, 2018.

[50] 王博. 基于小学生身心特点的健美操创编与实施研究 [J]. 祖国, 2018（6）：280.

[51] 田哲嘉. 泳池艇船类项目开展的可行性研究 [D]. 北京：北京体育大学, 2018.

[52] 赵广东. 幼儿园开展小篮球活动的建议 [J]. 教育界, 2018（08）：147, 149.

[53] 孙玉科. 设置小学体育 "关卡" 教学, 促进学习过程自能化 [J]. 散文百家（新语文活页）, 2019（8）：139.

[54] 陈茹, 文静. 休闲皮划艇在杭州中小学开展的必要性与可行性分析 [J]. 当代体育科技, 2019, 29（9）：179-181.

[55] 邵伟德, 陈永倩, 齐静. 何为体育品格及其教学建议 [J]. 体育教学, 2019, 39（12）：8-9.

[56] 杨慧卉, 黎志芳. 课间操到大课间体育活动的发展思考 [C] // 第三十届全国高校田径科研论文报告会论文专辑. 2020：319-321.

[57] 赵鑫鑫. 对小学开展软式棒球运动的思考——以科技城实验小学校为例 [J]. 当代体育科技, 2020, 10（05）：146, 148.

[58] 苏阳. 习近平 "以人民为中心" "大体育观" 的内涵研究 [J]. 南京体育学院学报, 2020, 19（12）, 30-33

[59] 翟兆峰, 翟连林, 韩露. 健步走——全民健身的最佳运动 [J]. 体育科技文献通报, 2020, 28（12）：43, 51.

[60] 郑凯新. 体育强国进程中小篮球竞赛体系优化策略研究 [J]. 青少年体育, 2021（08）：51-53.

［61］周思旭. 安徽省宿州市小学小篮球校本课程研发［D］. 哈尔滨：哈尔滨体育学院，2021.

［62］王鸽子. 新时代体教融合背景下武术进校园路径研究［C］// 中国体育科学学会. 2021年全国武术教育与健康大会暨民族传统体育进校园研讨会论文摘要汇编（二），2021.

［63］王洋. 北京市西城区小学游泳课开展现状调查研究［D］. 重庆：西南大学，2021.

［64］马丽丽. 社会主义法治理念教育研究［D］. 保定：河北大学，2021.

［65］陈成玉. 习近平关于道德建设重要论述研究［D］. 贵阳：贵州师范大学，2021.

［66］周思旭. 安徽省宿州市小学小篮球校本课程研发［D］. 哈尔滨：哈尔滨体育学院，2021.

［67］吴戈. 对美感教育与艺术教育的思考［J］. 艺术教育，2021（01）：7-9.

［68］黎诗韵. 水中运动的功能特点［J］. 体育风尚，2021（10）：133-134.

［69］李云霄. 动商理念指导下的校园棒垒球跑垒研究［J］. 当代体育科技，2021，11（34）：51-54.

［70］王鹏. 武术教学中传承中国传统文化的优化路径［J］. 当代体育科技，2021，11（31）：165-168.

［71］王喜亭. 体谅模式视阈下大学生思想政治教育创新研究［J］. 理论观察，2021（11）：44-47.

［72］赵锦泽，余立. 新时代高校游泳课教学改革分析［J］. 当代体育科技，2021，11（29）：79-81，85.

［73］罗琪美，李良明，周小娟. 武术进校园的反思与优化研究［J］. 青少年体育，2021（12）：100-101.

［74］刘嘉敏. 浅析小学棒球运动发展及影响因素——以苏州工业园区星澄学校为例［J］. 文体用品与科技，2021（18）：74-75.

［75］蒋新宇. 小学体育篮球游戏模式教学分析［J］. 新课程教学（电子版），2021（19）：79-80.

［76］周亦丹. 小学生体育品德的培养策略［J］. 新智慧，2021（29）：58-60.

[77] 廖上兰, 刘桂海. "培养什么人": 学校体育改革的理性思考与价值重构——基于我国宏观教育目标演进考察 [J]. 天津体育学院学报, 2021, 36 (02): 151-158.

[78] 袁志欢. 指向质量提升的课堂教学设计与实施——兼论"教会、勤练、常赛"在体育课中的落实 [J]. 中国学校体育, 2021, 40 (06): 40-42.

[79] 张兴泉, 王亚乒, 龚建林, 景怀国, 张凤玲. 家庭体育视角下儿童青少年身体活动量提升研究 [J]. 沈阳体育学院学报, 2021, 40 (04): 33-41.

[80] 夏春亭, 陈竞博. 青年马克思主义者培养过程中的激励教育功能发挥研究 [J]. 品位·经典, 2022 (04): 107-110.

[81] 季浏. 我国《义务教育体育与健康课程标准 (2022年版)》解读 [J]. 体育科学, 2022, 42 (5): 3-17, 67.

[82] 廖素雯. 李柏. 廖必才. 多动症儿童血清去甲肾上腺素、多巴胺水平与病情严重程度的相关性研究 [J]. 实用临床医药杂志, 2022, 26 (9): 76-79.

[83] 王黎莉, 邱文伟. 基础、提升、实现: 当代大学生创新能力培养模式建构 [J]. 河北职业教育, 2022, 6 (01): 79-83.

[84] 尹志华, 刘皓晖, 侯士瑞, 徐丽萍, 孟涵. 核心素养时代体育教师专业发展的挑战与应对——基于《义务教育体育与健康课程标准 (2022年版)》的分析 [J]. 体育教育学刊, 2022, 38 (4): 1-9, 95.

[85] 李孟璐. 新时代高校体育文化育人内涵的探索与实践——以盐城工学院为例 [J]. 文体用品与科技, 2022 (07): 133-135.

[86] 王刚, 岳奎, 刘经伟, 郝佳婧, 刘先春, 佟玲, 夏永林, 赵光辉, 卓高生, 陈琳, 李传兵. 思政课的本质 (笔谈) [J]. 文化软实力, 2022, 7 (02): 50-72.

[87] 王志成. 运动健康新奥秘 [J]. 金秋, 2022 (8): 2.

[88] 王艳霞, 孙明彪. "校园武术"发展的困境与路径探析 [J]. 新体育, 2022 (14): 107-110.

[89] 周少伟, 陈军. 以特色体育促进农村薄弱学校内涵发展的路径探析 [J]. 现代农业研究, 2022, 28 (02): 48-51.

[90] 胡滨, 耿培新. 新时代中小学体育与健康教材建设的新使命与编写要求——对《义务教育体育与健康课程标准 (2022年版)》教材编写建议的

解读［J］.首都体育学院学报，2022，34（03）：263-274.

［91］潘绍伟.体育与健康课程的重要变化与基本理念——《义务教育体育与健康课程标准（2022年版）》专家系列解读之一［J］.体育教学，2022，42（05）：5-7.

［92］季浏.与时俱进，改革创新——写在《义务教育体育与健康课程标准（2022年版）》正式颁布之后［J］.体育教学，2022，42（07）：1.

［93］于素梅.从"双减"谈体育教育的价值走向与创新发展［J］.武汉体育学院学报，2022，56（01）：83-91.

［94］马芸青.核心素养视域下初中物理"探究—互动"教学模式的实践策略［J］.中小学课堂教学研究，2022（08）：55-57，66.

［95］研究称培养运动习惯有助学生远离"自杀"［EB/OL］.（2017-03-07）［2022-06-24］.http://edu.people.com.cn/n1/2017/0307/c1053-29128642.html.

后 记

这是西师附小体育学科集体出的第一本书，它的诞生，凝结了我校体育学科教师们的心血，见证了我们一路走来的点滴。我们在实践中研究，在研究中实践。此书的编写得到了西城区教育委员会、西城区宣传部的支持，得到了西城区体育局书记、局长郭家燊同志，西城区教育委员会副主任徐艳，西师附小体育家委会杨帆，西城区研修学院苏亦老师，北京教育学院体育系姜宇航主任的支持与帮助，在此，我们表达最真挚的感谢。

李庆元校长是此书的发起者、指导者、引路者。李校长在教育教学实践中，注重提升教师素质，促进教师发展的同时，注重学生自主能力的培养，通过学习、活动、锻炼使学生的潜能得到充分的发挥。李校长为此书确定了"爱运动、会健体、懂自律"的研究主题，全程指导我们的书写方向，不断改进我们的思维模式，并立足于我校实际情况，引导我们形成以"聚焦核心素养，涵养关键能力"为核心的体育学科特色表达研究。在这本书的创作过程中，我们不断总结思考我校体育工作的教育教学目的与意义，深刻体会李庆元校长提出的"使每一天都有意义"的核心办学理念和"知识对接心灵"的教育教学策略，在教育实践中唤醒教育中的生命——教师和学生，使生命中的每一天都有意义，努力践行"一切为了学生，为了学生的一切，为了一切学生"的教育三境界。

校长的人格魅力和学识魅力是学校发展的灵魂，他就像是磁石，把学校全体教职工凝聚在一起，围绕着学校共同的教育教学目标团结奋斗。不得不说，我们西师附小体育教师是幸运的，也是幸福的。感谢遇见李庆元校长

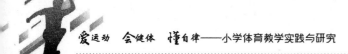

如此仁爱、智慧的人生导师，让我们在居静守敬中走在温暖光明的教育道路上，也找到属于自己快乐健康的生活态度。今天，我们将体育教育教学工作中的点滴积累凝练成此书，愿以此书为始，继续鞭策鼓励自己在教育事业中不断前行。

崔建　谢飞等编者